唐朝往事系列

耿元骊 主编

开元盛世
大唐的空前繁荣

靳小龙 著

辽宁人民出版社

© 靳小龙　2025

图书在版编目（CIP）数据

开元盛世：大唐的空前繁荣 / 靳小龙著 . — 沈阳：辽宁人民出版社，2025.1
（唐朝往事系列 / 耿元骊主编）
ISBN 978-7-205-11066-6

Ⅰ.①开… Ⅱ.①靳… Ⅲ.①中国历史—唐代—通俗读物 Ⅳ.① K242.09

中国国家版本馆 CIP 数据核字（2024）第 059530 号

出版发行：辽宁人民出版社
　　　　　地　址：沈阳市和平区十一纬路 25 号　邮编：110003
　　　　　电话：024-23284191（发行部）　024-23284304（办公室）
　　　　　http：// www.lnpph.com.cn

印　　刷：天津光之彩印刷有限公司
幅面尺寸：145mm×210mm
印　　张：10
字　　数：170 千字
出版时间：2025 年 1 月第 1 版
印刷时间：2025 年 1 月第 1 次印刷
责任编辑：赵维宁
助理编辑：姚　远
封面设计：乐　翁
版式设计：一诺设计
责任校对：吴艳杰
书　　号：ISBN 978-7-205-11066-6
定　　价：78.00 元

总 序

盛唐：中华文明的辉煌时代

唐朝有自己独特的气质。当我们提起唐朝，经过长达千年集体记忆形塑，大概每一个华人都会立刻呈现一幅宏大画卷萦绕脑海，泱泱大国典范形象勃现眼前，甚至还会莫名有一种自豪感油然而生。三百年波澜壮阔（实289年），四千位杰出人物（两《唐书》有姓名者约数），五千万烝民百姓（开元载簿约数，累计过亿），共同在欧亚大陆东端上演了一出雄浑壮丽、辉煌灿烂的人间大剧。

唐朝在中国历史上有着巍然的地位。它海纳百川，汲取万方长处；自信宏达，几无狭隘自闭之风。日本学者外山军治以域外之眼，推崇隋唐时代是"世界性的帝国"，自有其独到眼光。唐代在数百年乱世基础上，在经历多次民族大融合之后，引入周边各族之精英及其文化，融合再造生机勃勃的新一代文化，从而使

开元盛世：大唐的空前繁荣

以华夏文明为中心的中原文明再次焕发出生机与活力。唐朝，也成为中华文明辉煌的时代。如果在朝代之间进行比赛，唐代在大多数项目上都能取得前几名，"唐"也与"汉"共同成为中华代称。

唐朝有着空前辽阔的疆域。其开疆拓土之勇猛气概与精细作业之高超能力，一时无双。皇帝的"天可汗"称号，使唐成为周边各区域政权名义共主。这是一个大有为的豪迈时代，自张骞通西域以来，再次大规模稳定沟通西域，所谓"是时中国盛强，自安远门西尽唐境凡万二千里，闾阎相望，桑麻翳野"。在南方则形成了稳定通畅的广州通海夷道，大概是同时代世界上最远的航路。杜环、杨良瑶在中亚游历，促进了东西方海路沟通，大批波斯、大食商人来到广州，唐代和中亚、西方直接往来越来越密切，唐帝国是世界舞台上的优胜者。

大唐独有气质、巍然历史地位、空前辽阔疆域，共同形成了"盛唐气象"。"盛唐气象"也从最初描绘诗文格调的形容词，逐渐转变为唐代整个社会风范的代名词。"盛唐"逐步成为描绘唐朝基本面貌最常用词语，一个典范概括。唐朝各个方面，都呈现出进取有为和气质昂扬的面貌，无论是精神、文化还是生活上，都展现了独特时代风貌，其格局气势恢宏，境界深远，深深体现

总　序　盛唐：中华文明的辉煌时代

在盛唐精神、文化、生活等各个方面。

盛唐的精神

大唐精神体现在何处？首先是开放的心态，其次是大规模的制度建设。没有开放心态，就不会建成这些制度。唐朝有传统时代最开放的万丈雄心，不自卑，也不保守，更没有"文化本位主义"的抱残守缺。上层统治群体胡人血统很深，胡汉通婚情况很普遍，社会氛围基本不强调排外。唐高祖母独孤氏，太宗母窦氏、皇后长孙氏，这些都是鲜卑人。"胡客留长安久者，或四十余年"，来华的日本人很多在唐娶妻生子，大食国李彦、朝鲜半岛崔致远等，都考中进士，日本人阿倍仲麻吕进士及第后还当过官员。华夷观念上，没有鲜明对抗。唐朝人不自限天地，也不坐井观天。

在制度建设方面，唐朝延续了隋朝之初创，多方面建立了模板标杆，后代仿而行之，千年而未改，是盛唐精神最佳外在表现。在中央行政体制上，建立了完善的三省六部制，其体制健全，运行相对其他制度较为顺畅。结束了家国一体、门阀政治局面，以皇帝为核心，建立官僚政治制度，以严密官僚体系，分门别类推动行政运作，这个基本框架和运行模式历经改良在后世得到了长期沿用。在法律上，唐代创建了律令格式体系，形成了中

开元盛世：大唐的空前繁荣

华法系。特别是唐律，不仅仅在中国，在东亚历史上都有着重要地位，得到了长期沿用。在科举体制上，进一步完善科举模式，也得到了长期沿用。科举公平考试最受益者无疑是寒素出身者，推动并加快了社会阶层流动速度。在礼制这个社会等级秩序最鲜明标志物的建设上，唐代也有着最大贡献，形成了最早的国家礼典，在东亚文化体系当中影响巨大。

盛唐时期昂扬向上，走在各方面都开创事功的道路上，能出现贞观之治、开元盛世新局面，也就不足为奇。虽然安史之乱打破了原有局势，但是它并没有颠覆已经形成的大格局，所以唐朝仍能继续维系百年以上。

盛唐的文化

唐朝是文化的时代，各种艺术形式都让人有如臻化境之感。大唐是诗之国度，唐诗是诗之顶峰，唐诗至今仍是我们中国人日常最爱古典文化，谁不能脱口而出一两句唐诗呢！唐诗厚重与灵巧并重，对现实、人生总是充满着昂扬奋发的精气神，所体现出的时代精神是那么刚健、自豪！读李白诗，不由得让人有意气风发之感。读杜甫诗，不由得起家国之深思。才气纵横如李白，勤思苦练如杜甫，是唐诗当中最亮的双子星。读边塞诗，似亲行塞上，悲壮深沉。读田园诗，则宁静致远，平和悠适。即使安史之

总　序　盛唐：中华文明的辉煌时代

乱以后，大唐仍然有元稹、白居易、韩愈、柳宗元等诸多诗文大家。韩、柳更是开启古文运动，兴起一代文体新风。无论是诗还是文，大唐诗人都已长领风骚千年之久。即使到了白话文广泛通行的今日，唐诗、古文又有哪个华夏子孙不读之一二呢？

而绘画、书法、舞蹈与音乐、史学等都在中国历史上具有重要意义，是前此千年的总结，又是后此千年的开创。吴道子是唐代最有名的天才画家，"吴带当风"，被称颂为"气韵生动"，自成一派；而山水画也开始兴起，出现了文人画，两派画风都深深影响了宋朝人审美趣味，流风余韵至今日。书法在本质上已经脱离了记录符号，其实也是一种绘画，是绘画和文字本身含义的结合体。唐代书法大盛，书法理论自成一格。前期尊崇王羲之书法，盛唐之后形成了张旭草书新体，书风飘逸；又形成了颜真卿楷书，端庄正大，成为至今通行常用字体，其影响可谓远矣。舞蹈与音乐更是传统时代的顶峰，太宗时形成"十部乐"，广泛引入了域外曲调。盛唐时代，更是从玄宗到乐工，都精于音律，《秦王破阵乐》《霓裳羽衣曲》大名流传至今。唐代史学承前启后，《隋书·经籍志》确定了史部领先子、集的地位，一直沿用到《四库全书》。纪传体成为正史唯一体裁，也是在唐代得以确立，"二十四史"由唐朝修成有8部之多。设史馆，修实录，撰

开元盛世：大唐的空前繁荣

国史，成为持续千年的国家规定动作，影响之大，自不必言。

文化是盛唐精神的最佳展示，是大唐时代风貌的具象化展示，表达了全社会的心理和情绪。

盛唐的生活

盛唐时代经济富庶，生活安定，杜甫有一首脍炙人口之史诗可为证："忆昔开元全盛日，小邑犹藏万家室。稻米流脂粟米白，公私仓廪俱丰实。"这就是唐代经济社会繁盛的形象化表述。盛唐时代，"天下大稔，流散者咸归乡里，……东至于海，南及五岭，皆外户不闭，行旅不赍粮，取给于道路"，几乎是到当时为止农业经济条件下，所能取得的最高峰。南方特别是江南得到了广泛开发，开元、天宝之时，长江三角洲开发已经取得了显著成绩，工商业更加发达，经济水平在全国取得了领先性地位。

盛唐时代，也是宗教繁荣时代。高宗建大慈恩寺，请玄奘译经。武则天更是深度利用佛教，在全国广建大云寺，推动了佛教大发展。玄宗尊崇密宗，行灌顶仪式，成为佛弟子。除唐武宗灭佛之外，唐代其他皇帝基本是扶持利用佛教。在中国历史上，唐代是佛教全盛时代，整个社会笼罩在佛教影子之下。唐朝也崇信道教，高祖自称老子后裔，高度推崇道教，借道教提高李氏地位，建设了一大批道教宫观。太宗规定道士地位在僧人之前，高

总　序　盛唐：中华文明的辉煌时代

宗追封老子，睿宗两个女儿出家入道。玄宗对老子思想高度赞赏，尊《老子》为《道德真经》，并亲自为其注释，颁行全国。

在唐代社会生活中，婚姻、丧葬、教育、养老是最重要的内容。盛唐时代，婚姻仍然非常看重门第，观察对方家族的社会名望和地位，对等才能让子女结合，基本实行一夫一妻多妾制。丧礼是社会关系确认重要标志，唐代有厚葬之风。在丧葬仪式方面，朝廷出台了官方规定，形成了系统化、程序化仪式。教育在盛唐时代也被高度关注，中央设立六学二馆，地方上设置了郡学和县学，开元时期全国各州县普遍设学。唐朝强调以"孝"治国，唐玄宗亲自为《孝经》作注，提高了老人地位，对老人提供各种礼节性待遇。

盛唐时代，虽然围绕最高权力争夺不断，但是百姓生活尚称安乐。然而，"渔阳鼙鼓动地来，惊破霓裳羽衣曲"，大唐转折来得也很猛烈，安史之乱对盛唐造成了重大伤害。另外，在我们对大唐赞叹有加的同时，不得不说，唐代短板也很多，特别是原创思想开拓性不足，微有遗憾。在传统时代唐朝所具有的开放性足以为傲，但是对其相对的封闭性也要有明确认识，值得思考。唐朝社会精英可以对外开放，但是普通百姓必须遵守牢笼规则，遍布长安的高墙和里坊就是佐证。大唐女性，看起来可以袒胸露

开元盛世：大唐的空前繁荣

乳，气质昂扬，独立自主，但只是少部分贵族妇女。大部分普通女性，还是生活在枷锁之中，虽然还没有裹脚这种身体残害，但是被禁锢的附属品命运还是传统时代所常见。

总之，唐朝个性鲜明，"大一统"最终成为定局。在唐朝之前，只有汉朝在一个较长时期内落实了大一统。隋朝虽然恢复了大一统体制，但是流星般的命运让它没有时间稳固大一统。唐朝立国稳定，最终把大一统定局为中华政体的深层底蕴结构，从此，大一统有了稳定轨道和天然正义性，延续千年，成为中华民族社会心理的共同基本。

如此唐朝，谁又不爱，谁又不想了解呢？然而时代变迁，让每个人都从史籍读起，显然不可能。虽然坊间关于唐代的读物已有不少，其中品质高超者也为数甚多，但是在文史百花园当中，自当要百花齐放，因此即使关于唐朝的普及性读物已经汗牛充栋，我们还是要在这著述之海当中，继续增加一些新鲜气息，与读者共赏唐朝之美！我们曾表达过，孟浩然"人事有代谢，往来成古今"最能代表我们的心声。没有人，没有事，也就没有历史。见人，见事，方见历史。所以，我们愿意努力在更多维度上为读者提供思考和探寻唐代历史的基础，与已经完成的"宋朝往事"略有不同，在人和事两方面基础上，增加了典制内容。大唐

总　序　盛唐：中华文明的辉煌时代

三百年历程，人事繁杂，典制丰富。我们采中国传统史学模式当中的纪事本末、列传、典制体裁之意，并略有调整，选十事、五人、五专题进行定向描绘，各书文字流畅，线索清晰，分析准确精当，且可快速读完。希望读者能和我们一起从更多维度观察唐、了解唐、思考唐，回首"唐朝往事"。

公元617年，留守晋阳（今山西太原）的唐国公李渊起兵，拉开了大唐王朝序幕，攻势如破竹，一年不到就改换了天地。虽然正史当中塑造了一个平庸的李渊形象，但是实情是没有李渊的方略和能力，就不会建成大唐。玄武门之变，兄弟刀兵相见，血流成河；父子反目，无奈老皇退位。从玄武门之变到出现贞观之治，二十多年时光，选贤任能、开疆拓土、建章立制，李世民留给世界一段值得长期探讨、反复思考的"贞观"长歌。太宗才人武媚，与高宗李治一场姐弟恋，却开创了大唐一段新故事。武周霸业，建神都洛阳，成就武则天唯一女皇。神龙元年（705），李武势力默认，朝臣积极推动，"五王"主导政变成功，女皇被迫退位，重新成为李家儿媳。此后十年间，四次政变，四次皇位更迭，大唐核心圈就没有停止过刀光剑影，但是尚未伤到帝国根本。玄宗稳定了政局，"贞观之风，一朝复振"，再开新局，开放又自由，包容又豁达，恢宏壮丽的极盛大唐就体现在开元时代。

开元盛世：大唐的空前繁荣

"开元盛世"四字，至今脍炙人口。

盛极而衰，自然之理。盛世接着就是天宝危机，酿成安史之乱。这场大变乱，改变了中国历史走向，时间长，范围广，破坏大，影响深。战乱过后，元气大伤。河朔藩镇只是名义上屈服，导致朝廷也只能屯兵防备。彼此呼应，武人势力极度膨胀，群雄争霸，朝廷无力。唐宪宗元和时代，重新形成了短暂振兴局面，这也是唯一一位能控制藩镇的皇帝，再次构建了由中央统领的政治秩序。元和中兴也成为继开元盛世后，大唐王朝最后一次短暂辉煌。宪宗身后，朝廷局势一天不如一天，穆宗、敬宗毫无能力，醉生梦死。文宗时代，具体操办政务运行的朝臣，以李德裕、牛僧孺各自为首的政治集团党争不断，势同水火，"去河北贼易，去朝中朋党难"。宦官权重，杀二帝，立七君，势力凌驾皇权之上。导致皇帝也难以忍受，文宗试图利用"甘露之变"诛杀宦官，但是皇帝亲自发动政变向身边人夺权功败垂成，朝臣一扫而光，大唐也就踏上了不归路。

大唐功勋卓著的名人辈出，自不能逐一详细介绍，只好有所选择。狄仁杰，我们心目中的"神探"，实是辅周复唐大功臣，两次为相，为君分忧，为民解难。特别是劝说武则天迎回李显，又提拔张柬之等复唐主力人物。生前得到同时代人赞誉，死后获

总　序　盛唐：中华文明的辉煌时代

得了后世敬仰。郭子仪在战乱中显露英雄本色，平安史，击仆固，退回纥，是力挽狂澜的武将代表。长期位极人臣，生活在权力核心地带，谨慎经营，屹立不倒，"完名高节，福禄永终"，可谓文武双全，政治智慧超群。上官婉儿是唐朝著名女性代表，有着出色的文字能力，是可以撰拟诏敕的"巾帼宰相"，还可以参与军国权谋，但命运多舛，未有善终。近年来墓志出土，形成了一波婉儿话题。韩愈，千古文宗第一人。谏迎佛骨，显示了韩愈风骨。一代文化巨人，"匹夫而为百世师，一言而为天下法"，努力振兴儒学，文起八代之衰，推动"古文"运动，千年之后，仍然能够感受到他的影响。陆羽，唐代文人的代表，撰写了世界上第一部茶叶专著——《茶经》，号为"茶圣"，影响千年，成为古今中外吟咏不已、怀念不止的人物。

大唐创业垂统，建章立制。三省六部，成为中国古代官僚行政的典范。三省六部是决策机构，九寺五监是执行机构。虽然三省屡经变迁，但是所确立的中枢体制模式，却是千年如一。六部分科管理行政，其行政原理至今还在运行。九寺五监，今日"参公""事业"单位名目仍可见其遗意。唐代法律完善，律令格式体系齐备，是中华古典法系的杰出代表，对东亚影响可谓广泛。大唐生活，千姿百态。衣食住行，是维系每个大唐人生存的基

开元盛世：大唐的空前繁荣

本，婚丧学老，是每个大唐人成长所必有的经历。八件大事，又都和等级制度挂钩，是观察唐朝日常的最佳窗口。古都长安，是东亚中心，也是当时"世界"之都，是经济中心，是文化交流中心，是思想和学术的高地。巍巍长安，是盛唐气象直接承载体，长安风华引领着世界风潮，展示着盛唐文明所达到的高度。吐鲁番地处丝绸之路要地，是中外文明交汇融通之处。多元人口组成，多元文化集结地，是大唐开拓西域的关键节点，具有重要的军政和战略地位。凡此种种，理当书之。

以上，就是"唐朝往事"的总体设计。我们希望以明晰的框架，建设具有整体感的书系。既有主线，又可分立；有清晰流畅语言，有足够的事实信息，也有核心脉络可以掌握。提供给读者既不烧脑又不低俗的"讲史"，以学术为基础，但是又不是满满脚注的学究文。专业学者用相对轻松的笔调来记录和阐释，提供一点不一样的阅读感受。这个目标能否实现还很难说，但是我们正在向此努力。我们21人以一年时光，共同打造的20部小书，请读者诸君阅后评判！

感谢鲍丹琼（陕西师范大学）、侯晓晨（新疆大学）、靳小龙（厦门大学）、李航（洛阳师范学院）、李瑞华（西北大学）、李效杰（鲁东大学）、李永（福建师范大学）、刘喆（北京师范大学）、

总　序　盛唐：中华文明的辉煌时代

罗亮（中山大学）、雒晓辉（中国社会科学院古代史研究所）、孟献志（首都经济贸易大学）、孙宁（山西师范大学）、王培峰（山东师范大学）、许超雄（上海师范大学）、原康（淮北师范大学）、张春兰（河北大学）、张明（陕西师范大学）、赵龙（上海师范大学）、赵耀文（重庆大学）、朱成实（上海电机学院）等学界友朋（按姓名拼音为序）接受邀请，给予大力支持，参加"唐朝往事"的撰写工作，更要感谢他们能在一年多的时间内不停忍受我的絮叨和催促，谢谢大家！感谢辽宁人民出版社蔡伟先生及其所带领的编辑团队，是他们的耐心细致，才使得本书以这样优美的状态呈现出来。

现在，亲爱的读者，请您展卷领略"唐朝往事"，与我们一起走进大唐，思考大唐！

耿元骊

2024年3月26日于唐之汴州

目录

总　序　盛唐：中华文明的辉煌时代	001
序　章	001
第一章　后武则天时代：社稷宗庙不坠于地	005
一、诛杀韦后	006
二、太子监国	040
三、迎战太平	055
第二章　开元新政：贞观之风，一朝复振	074
一、姚崇救时	075
二、宋璟守正	089
三、张说尚文	118

开元盛世：大唐的空前繁荣

第三章　经济之盛：致天下之肥　　　134

一、宇文融括户　　　135

二、海内富实　　　153

三、吾瘦而天下肥　　　173

第四章　文化之盛：盛唐之音，光于前代　　　182

一、因时而兴的文学艺术　　　183

二、信仰多元兼容　　　195

三、胡风漫长安　　　204

目 录

第五章　盛世隐忧：先理而后乱　　　217

一、张九龄与李林甫：相位之争　　　218

二、高力士：宦官干政的前奏　　　244

三、浪漫天子风流债：华清一梦　　　258

四、气盛而微：盛世下的危机　　　280

尾　声　历史锦绣，人间盛唐　　　293

后　记　　　297

序　章

唐宪宗即位时，读到太宗、玄宗的历史实录时，"竦慕不能释卷"，感慨自己绩业"万倍不如先圣"。唐朝开元盛世是继太宗、高宗（武则天）之后的又一个辉煌时代，唐玄宗顺应历史潮流，改革不适应社会发展的治国理政政策，促使开元盛世的出现。

自神龙元年（705）武则天失权起，至先天元年（712）玄宗即位，历史进入后武则天时代。其间，政治风云诡谲，皇权易变迭起，朝堂斗争扑朔迷离。少年李隆基跟随父亲相王李旦，经历

开元盛世：大唐的空前繁荣

了复兴李唐的复杂斗争，政治磨砺使得他才能和经验增长，同样也培植了他的政治野心。诛灭韦后势力成为李隆基政治生涯的转折点。立储为太子的李隆基在与太平公主展开一场惊心动魄的权力斗争之后，先天元年（712）即位大统。

即位之初，踌躇满志的唐玄宗协调上层统治者内部关系，稳定政局的同时，意欲"贞观之风，一朝复振"。协助唐玄宗加强皇权、稳定政局的姚崇首先受到重用，君臣同频，开启开元新政的序幕。此后，在宽容治国理念的影响下，玄宗重视贤德人才，任用了宋璟、张说、张九龄、韩休等众多著名的文人学士，形成贤相满朝的格局。史学家称赞唐玄宗所任用的贤士是这样的，宋璟尚法，张说尚文，姚崇尚通，韩休和张九龄尚直，张嘉贞尚史，李元纮尚俭。在继承唐朝前期政治统治遗产的基础上，唐玄宗与朝臣励精图治，打造了唐代的政治稳定、社会安定、经济繁荣，将唐朝带入了文化和权力的巅峰，开创了唐朝的极盛之世——开元盛世。

除了吏治清明、开明治国外，开元盛世之"盛"还在于开元年间唐代社会经济进入全面繁荣的阶段。杜甫所回忆的"开元全盛日"，人口众多，仓廪丰实，物价稳定，百姓安居乐业。开元时期，宇文融的括户举措，为唐玄宗打开了解决开元初期经济问题的突破口。政府注意减轻农民的赋役负担，诏令蠲免租税和减轻差科役赋，以利农民休养生息。随着人口增殖和垦田面积的增加，政府重视发展农业基础，提升水利建设技术，鼓励农民开垦种植农作物，农业生产力不断提高。农业生产的发展，也刺激了手工业和商业的繁荣。

开元盛世所累积的文化成果无疑是中华文明史上最动人的乐章。诗歌的发展在盛唐这个绚丽辉煌的时代，达到一个高峰。除诗赋在科举考试中权重占比加大外，诗人们走出庙堂，歌咏自己的所见所闻，最显著者自不待言即李白和杜甫。玄宗时代，唐朝的文教事业也有很大发展。教育与科举的普及，带动了绘画、书法等文化艺术的勃兴，也影响了唐代社会时尚和审美情趣的变迁。

开元盛世是一个兼容并包、兼收并蓄的时代。英国学者威尔斯说，当西方的心灵被神学缠迷而处于蒙昧黑暗之时，中国人的思想却是开放、兼收并蓄而好探求的。盛唐的恢宏与博大，吸引了东亚诸国，中亚、西亚乃至地中海地区的一些国家，与唐朝建立朝贡关系。开元时代，大量的外国人来华使得出现了万国来朝的繁荣景象，长安、扬州、广州等城市，汇聚着四方而来的胡商蕃客，成为沟通中外经济、文化与政治联系的重要渠道。亚洲各

开元盛世：大唐的空前繁荣

国留学生来华留学，络绎于途。玄宗统治时期，来自波斯的商人带来了祆教、景教、摩尼教。长安也成为佛教世界的中心，中国化的佛教禅宗迅速兴起，儒佛道合流成为历史的潮流。来自东瀛和新罗的学问僧们，也把唐代的佛教文明传播至日本列岛和朝鲜半岛。唐型文明的开放与自由，包容与豁达，使得唐人具备"天生我材必有用，千金散尽还复来"的洒脱达观气质，无不彰显着开元盛世的时代特色。

毫无疑问，开元盛世是唐代极为繁荣的时代，但"气盛而微"，繁华背后，也隐含着危机。张九龄与李林甫相位之争，贤相统治格局的落幕，以及随之导致的政坛动荡，玄宗统治心态的转变，加之天子的风流韵事与奢侈享乐，时局与舆论已不是他关心的重点，伴随着新的社会矛盾不断累积、深化，开元盛世的历史也就画上了句号。

第一章

后武则天时代：社稷宗庙不坠于地

唐代政治有着内乱和斗争的传统，史家陈寅恪先生说，唐代皇位之继承常不固定，当新旧君主接续之交往往有宫廷革命。神龙元年（705），张柬之等人策动政变，逼女皇武则天逊位，还政李唐，史称"神龙革命"（或曰"五王政变"）。虽说"天之历数归睿唐，顾惟菲德钦昊苍"，但中宗和睿宗无力恢复正常的官僚秩序，政局仍无法走出"武周革命"的影响，后武则天时代的唐代政权在波诡云谲的宫斗剧情中动荡，直到开元政局开启才趋于稳定。而年轻的李隆基，这位曾受到祖母武则天青睐的王子，几

开元盛世：大唐的空前繁荣

经政治沉浮，踏过荆棘丛生的政争之路，力图社稷宗庙不坠于地，逐步迈向权力的巅峰，为盛世的开启奠基。

一、诛杀韦后

神龙元年（705）正月二十二日，在相王李旦、太平公主的支持下，张柬之、桓彦范、崔玄暐、敬晖、袁恕己等人发动军事政变，把身不由己的太子李显哄骗出东宫，率领羽林军冲进玄武门，诛杀张易之、张昌宗兄弟，迫使武则天退位，唐中宗复辟。正月二十四日，女皇传位于太子。次日，唐中宗即位于通天宫，立韦氏为皇后。二月复国号为"唐"，礼仪制度皆如唐高宗永淳以前故事，改"神都"为东都，以复李氏社稷。政变后不久，武则天病逝于洛阳上阳宫的仙居殿。随着掌政半个世纪之久的女主悄然离世，一代女皇武则天及其武周政权进入历史，但是女主政治的阴影仍然笼罩着长安城，女皇的政治野心也遗传给了她的后辈，譬如韦皇后、安乐公主、太平公主。

中宗李显，原名李哲，是唐高宗和武则天的第三子，永隆元年（680）其六兄章怀太子李贤被废后，高宗立其为皇太子，改名显。高宗驾崩时，遗诏太子枢前即位，并安排有政治经验的

第一章 后武则天时代：社稷宗庙不坠于地

武后在"军国大事之未能决者"时，可予以辅助。允许武后干政，使得中宗成为母亲称帝的障碍而迭遭磨难。即位后的中宗并没有摸透母亲只想要一个傀儡皇帝的心思，对当时的政治形势和自己的处境地位也没有清晰的认知，急于建立自己的统治基础，自作主张，倚恃韦后及其外戚集团，欲提拔刚出任豫州刺史不久的岳父韦玄贞为侍中，位列宰相正三品，并授乳母之子以五品官。从七品官坐火箭似的升至三品，除了是中宗皇帝的岳父身份，韦玄贞并没有显赫的声望和傲人的政治功绩，这个仓促而任性的决定，立马招致时任宰相裴炎的极力反对，也为武则天废黜中宗埋下伏笔。裴炎的反对既出于自身政治权势即将受到侵害的担忧，又基于这项人事命令是不合政治规矩而提出的，但视为貌似太宗、血气方刚的中宗并没有表现出高超的政治协调能力，对裴炎加以安抚，反而以为自己是当朝皇帝，大权在握，可以为所欲为，大为光火地怒怼挑战自己权威的裴炎："我乃天子，即便将天下交给韦玄贞，有何不可？何况还只是让他做一个区区的侍中！"裴炎一看劝阻无望，扭头就把这一冲动鲁莽的言论上报武后，废黜中宗的密谋迅速展开。

嗣圣元年（684）二月初六，武后在乾元殿召集朝廷百官，责备中宗有叛逆之心，随即裴炎、中书侍郎刘祎之与羽林军统帅程务挺、张虔勖勒兵入宫，宣布武后废中宗为庐陵王的命令，将称帝不到两个月的李显从皇帝宝座上请了下来。欠缺政治经验的中宗还费解地询问自己的母亲："我何罪？"武后平静地反问他："你将天下交付韦玄贞，还敢说无罪？"此时，早已不愿意再当配角坐第二把交椅的武则天，权力登顶的欲望已然凌驾于母子温情之上，即便是自己的儿子，只要是阻碍自己权力的力量，也会毫不留情地予以清扫。随后，武则天立小儿子豫王李旦为皇帝，即唐睿宗。听话的睿宗成了真正的傀儡皇帝，常年幽闭于别殿，一切政事皆决于太后，自己仅能垂拱，武则天圣衷独断的时代开始了。中宗被废的次年（685）八月初五，睿宗的第三子李隆基在洛阳出生。

被贬谪出京的李显开始流亡生活。嗣圣元年（684）二月初六，被放逐的李显带着怀孕的韦后迁往均州（今河北省均县），随后抵达房州（今河北省房县），过着"制约甚急"的生活，人身自由受到极大限制。虽说房州的地方官对他们加以保护，给予了丰厚的物质供养，但李显夫妇的日子如履薄冰。流放之时，李显犹如惊弓之鸟，母亲训斥自己的言语时常萦绕耳边，而废太子李贤被迫自杀的消息更让他的精神濒临崩溃，死亡的阴影时刻笼罩着他。每当有人打着"匡扶庐陵王"的借口造反，朝廷的使

第一章　后武则天时代：社稷宗庙不坠于地

者便会来到房州，李显总会"惧不自安，每闻制使至，惶恐欲自杀"。面对生死难料的困境，李显束手无策，这个昔日"素称勇烈"（张柬之语）的年轻人渐渐变成了胆小如鼠畏首畏尾的中年男子。唯有陪伴身侧的韦后果敢坚毅，不断开导和安慰李显，"福祸相依，此乃常事"，人毕竟会有一死，但并不是现在。虽是寥寥数语，但给予李显极大的支持和鼓舞，也幸有韦氏的陪伴和扶持，让李显总算安然地度过了心灵备受煎熬的流放生活。为了感激患难之妻韦氏，李显也敞开心扉允诺妻子，"一朝见天日，誓不相禁忌"，意思就是等到哪天我重登宝座，保证让你想干什么就干什么。相信这是李显对结发妻子发自肺腑的深情话语，也是他对这位同艰苦、共患难的战友的庄重承诺，但也为韦氏后来的干预朝政埋下了伏笔。

载初元年（690）九月九日，武则天诱使傀儡皇帝睿宗退位而自己称帝，改国号为"周"，改元天授，自称"圣神皇帝"，降睿宗为皇嗣，赐姓武。为了防止李唐宗室叛乱，武则天特地将李贤诸子幽闭禁宫。三年后，睿宗诸子也皆被幽闭宫中，十余年不出门庭，与外界隔绝。今天我们看不到对当年被幽闭禁宫的王子们生活的详细描述，但据高宗的长孙，同时被幽禁的嗣雍王李守礼数十年后回忆，"武则天称帝时，章怀太子被贬黜迁谪，我也被牵连幽闭宫中十余年，每年都会被敕杖数顿，现在身上所受杖痕，依然清晰可见"。可见，李唐宗室所受待遇之苛刻，打骂是家常便饭。尽管三岁就已封楚王的李隆基，七岁时叱责武懿宗拦驾，因为一句"吾家朝堂，干汝何事？敢迫吾骑从"，深得武则天宠异，甚至盛传被视为未来的"太平天子"，但生于武周革命所引发的大唐政治动荡之中，李隆基的年少生活注定与常人不同，"少历屯险"，促成了他年少早熟，塑造了他英武果断、不拘小节的性格，也培养了他在错综复杂的政治形势中，迅速做出判断的能力，宫里也喜用曹操的小字"阿瞒"来称呼他，足以反映年少的李隆基足智多谋。

直到李隆基十五岁时，武则天近似恐怖主义的执政方式才开始趋于缓和。圣历元年（698），武则天最后决定在她宾天之后，皇位回归李氏家族。做出这个决定的契机在于武氏集团的武承嗣、武三思都想做太子，三番五次去请求武则天立武姓族人为继承人，然而"自古天子未有以异姓为嗣者"。正是这样的催促，使得一直摇摆于传子还是传侄困境的武则天最终下定决心解决这个难题。而狄仁杰等一众朝臣的告诫，"未闻侄为天子而祔姑于庙者"，祭起只有亲子才能祭祀血食的理由，这临门一脚的助攻，彻底说服了武则天。在权衡利弊之后，武则天最终召回庐陵王，

第一章　后武则天时代：社稷宗庙不坠于地

立为皇太子。正史在记述武则天立子的史事时，描绘了狄仁杰解鹦鹉梦的桥段，更为立储一事增添了天命如此的色彩。皇储问题的解决，也给李隆基带来政治禁锢的松绑，重获自由。父亲李旦固请逊位，后被封为相王，自己的兄弟也被放出阁，结束了幽闭的苦难生活，在东都洛阳分院同居，所居之地时称"五王宅"。

大足元年（701）十月，17岁的李隆基跟随祖母回到西京长安。重返阔别二十年的长安，年迈染病的武则天一是睹物思人，欲重回故地；二是想在立储后，尽力消弭李、武双方的政治冲突，以保全自己百年后武氏的利益。与此同时年号改为长安，更说明了武则天重返西京的心思。李隆基趁着此次返回长安，作为皇室子弟，不仅负责宫廷的警卫事务，也职兼掌管宫殿舆辇，参与大朝会和大祭祀，渐渐熟悉宫廷名分礼仪。也因为居于长安城兴庆坊，李隆基也有了了解京城风物的种种机会。不过，因为病情突变，长安三年（703）十月，武则天在扈从的护持下，匆匆回到洛阳。随着女皇健康状况的每况愈下，归政李唐的呼声日渐高涨。病情的加重使得武则天"政事多委张易之兄弟"，作为面首，恃宠骄恣的张昌宗、张易之弄权专政，权倾朝野，政治环境乌烟瘴气。当批评二张的皇孙李重润和孙女永泰公主被祖母武则天下令活活鞭笞而死、永泰公主的驸马武延基被迫自杀时，二张

011

与以张柬之为首的朝臣的矛盾空前激化。神龙元年（705）正月二十二日，李隆基便目睹了在玄武门爆发的五王诛二张的神龙政变。

神龙政变后，唐中宗重新坐上了皇帝宝座，韦氏也顺利地成为皇后。但政治氛围并没有因为女皇的离世变得轻松和谐，支持政变成功的各方势力又开始力量的角逐，大家各自打着自己的算盘，中宗政局依然扑朔迷离，而这又深刻影响着李隆基的政治生活轨迹。

神龙二年（706）十月，唐王朝的统治中枢从东都洛阳迁回长安，流落民间的李唐宗室也纷纷回到京都。作为中宗的侄子，李隆基封临淄王，官拜卫尉少卿，从四品上，级别不低，虽说是个闲职，但事涉宫门卫屯兵值守，也可清楚了解宫廷内事。经历了幽闭、出阁，受到了女皇的青睐，也遭遇了武氏集团的冷眼，起起伏伏的年少生活让李隆基对自己的叔父中宗皇帝抱有希望，期盼可以拨乱反正，而韦后的擅权和安乐公主的跋扈让这一切均成泡影。

政治流亡生活产生的后遗症让中宗变得怯懦自卑，这位当年高宗皇帝就并不看好的继承人，如今更是没有心思重整旗鼓，维新变革，反而为了避免皇权动荡，即位之后，大力培植自己的亲

第一章　后武则天时代：社稷宗庙不坠于地

信实力。除非为了总结政治经验教训，后来的史家几乎不会谈起中宗执政的时期，即便谈起，话语的焦点也并非集中在中宗本人，而是在激烈权力斗争舞台上粉墨登场的宗室、外戚和宠臣，这些人左右着中宗执政的六年。首屈一指的便是韦后。

正是因为当年流亡时一句"誓不相禁忌"的承诺，中宗放任了韦后的干政行为。韦后自比则天女皇。每逢中宗上朝，韦后总是坐在皇帝身侧，"预闻政事"。当时大臣桓彦范向中宗提出要防止皇后干预朝政，中宗不以为然，听之任之，结果朝堂上"所有的正当事务办理都要用贿赂的方式才得以完成，想当官必须先获宠，发表正直的言论就有罪，采取行动的就会被怀疑"。韦后不仅仅是想把控朝政，其真正的政治野心是效仿自己的婆婆，有一天也可以登临皇帝宝座。为此，她竭力培植自己的政治势力，拉拢武则天宠信的女官上官婉儿，重用自己的兄长韦温等亲属，与女儿安乐公主一起，很快形成左右政局的韦氏集团。该集团另一位重要的成员，即当年争夺太子之位的武则天的小侄子武三思。因为支持神龙政变有功，韦后拉拢他成为自己的左膀右臂，甚至让他做自己的面首，使其身居相位，掌控朝政大权。为了让联盟更为稳固，韦后把自己最疼爱的女儿安乐公主下嫁武三思之子武崇训。正是安乐公主与武崇训的婚姻，将武三思、上官婉儿等武周官员与韦氏集团组合到了一起。借着韦后的床帏宠幸、儿子政治联姻的成功，武三思肆无忌惮，他意图让安乐公主取代中宗所立太子李重俊成为皇太女，在遭到魏元忠等朝臣的极力反对后，通过韦后，他开始对朝堂力量进行洗牌，斗争的矛头指向了当年策动中宗复辟政变的"五王"。"五王"竭力劝说中宗亲政，摆脱后宫和外戚的控制，结果韦后和武三思借以恃功专权，不利社稷为由，对"五王"明升暗降，先封王，紧接着削去实权，最终贬谪他们到远离京师之地。"五王"先出为刺史，继而贬为司马，在贬逐途中陆续死去或被诛杀，而这一切的发生仅仅是在复辟政变后一年多的时间内，也说明政变对武氏集团并未造成多少实质性的影响。在韦后的唆使下，武三思和上官婉儿策动朝廷群臣上表，尊中宗为应天皇帝，韦后为顺天皇后，欲仿武后时"二圣"共政的局面，历史似乎又要重演。

母亲韦后的为所欲为，成为女儿安乐公主的模范。中宗与韦后育有四女，安乐公主是最年幼的女儿，因为出生在中宗流亡地房州，夫妇对其极为宠爱。当年抱着刚刚离开娘胎的安乐，中宗视其为掌上明珠，当时连襁褓都没有，中宗脱了自己的衣服，把女儿小心地裹起来，亲昵地唤安乐为"裹儿"。女儿的出生的确也给中宗和韦后如丧家犬般的流亡生活带来些许安慰。由于唯一

第一章 后武则天时代：社稷宗庙不坠于地

的儿子李重润因言身死，加上安乐公主童年浮萍流离，又是韦后唯一活下来的子女，韦后更将万千宠爱都放在了这个小女儿身上。父母的溺爱加上又是武三思的儿媳，安乐公主极为放纵专横。在她身上，找不到皇家公主的端庄贤淑，浑身上下透露的都是颐指气使的气息。尽管连自己母亲手段的万分之一都不及，但是安乐公主在武三思的支持下，开始叫嚣要做皇太女，取笑反对她做皇储的魏元忠为"山东木强"，压根没资格议论皇储之事。面对质疑的声音，安乐抬出自己的祖母武则天当挡箭牌，反问："阿武子尚为天子，天子女有不可乎？"中宗还破例设公主开府，置官属，规模与亲王府同。仗着父亲的宠爱，安乐恃宠骄恣，卖官鬻爵，势倾朝廷，甚至出现自己草拟诏令，请皇帝父亲签名的闹剧，而中宗居然从不检视安乐所草内容，笑而从之。中宗时期，闻名于世的"斜封官"，就是以韦后和安乐公主为代表的韦氏集团的政治"杰作"。唐代规定，官吏任免需经过吏部审核议定，最终委任命令的出台，则需门下省的长官审批签字通过，才能正式颁布。一般来说，唐代五品以上高级官员的任免、考核和迁转，须由皇帝和中枢部门负责，六品以下的中低级别官员，则由吏部全权负责。即便皇帝想要直接提拔某人，也必须经过有司，走正常的行政流程才能完成任免工作。武则天执政时期，为了尽快形成支持自己的政治势力，打破既定的政治流程，不按常理出牌，绕过中书和门下这些决策部门，直接授意尚书省吏部任免官员，成为武则天称帝前培植自己势力常用的一种政治手段。尚书省虽说也参与决策，但主要是作为行政执行部门，无法拒绝武则天的个人指令，无奈只能违制授官。到了中宗、韦后时期，因为有武则天打破常规授官的先例，为了一己之私利，中宗、韦后利用这一制度灰色地带，效法武则天，不经正常流程，越过有司，擅自封官。由于斜封官的合法性不足，中宗和韦后大概也明白这种封官不合规矩，但又希望尚书省对自己批的条子不做审查直接任命，便在这些封官文书上都用墨笔画"敕"，在封装这些文书的时候，与中书省黄纸朱笔正封的敕命不一样，而是故意斜装封口。尚书省拿到这种斜封墨敕的文书，就知道多半是皇帝私旨，也就装作不知道，大多数情况睁一只眼闭一只眼予以执行。这种特殊的操作方式，使得皇帝私封的官有了一个专门的名称——斜封官，常有这样的官出现在朝堂上，以至于唐代将所有未经正式程序任命的官员都称作斜封官。因为是非正式渠道授官，所以在官僚系统中，这些斜封官并没有获得真正的政治权力。武则天时期，这些官员大多仅得拾遗、补阙这样的低级别的职官，所谓拾遗、补阙，均非实职，都是要再经策问以后，若有

第一章 后武则天时代：社稷宗庙不坠于地

才能才会授以实职。中宗时，韦后、安乐公主甚至拿斜封官当买卖来做，公开卖官鬻爵，"从屠贩而跻高位"，只要交钱三十万，就可买个斜封官，掏钱三万，就可获得僧尼身份，免税免役，韦氏赚得盆满钵满。凡是需要提拔或者走后门的官员，交钱就可以获得所谓"员外、同正、试、摄、检校、判、知官"的加衔，有时还会拿功臣才会配享的"司空""司马"这样的名衔来出卖，以至于"司空见惯"。中宗时，斜封官数量极大，对官场风尚造成极大影响，久而久之，劣币驱逐良币，"庸才者得官以为荣，有才者得官以为辱"，民间都在流传说，朝廷选官是狗尾续貂，近小人而远君子，乌烟瘴气，实为无道之朝。睿宗即位时曾想拨乱反正，下旨停废斜封官，但太平公主为了干预朝政，又利用斜封官安插自己的政治势力，这种非常态的人事制度又继续延续。政治秩序变换之际，制度的稳定性经常会受到各种各样的冲击。

当韦后和武三思加紧促成安乐公主成为皇太女的时候，有一个人坐不住了，政治斗争的血腥味又开始在长安上空飘散。中宗共有四子：重润、重福、重俊、重茂。韦后生长子李重润，因私下议论张易之、张昌宗出入宫禁事，于大足元年（701）为武则天所杖杀。二子李重福，神龙革命武则天退位后，韦后构陷他与武则天的面首有瓜葛，外放到了均州，远离政治中心。三子李

开元盛世：大唐的空前繁荣

重俊，中宗神龙二年（706）秋立为太子，但性喜玩乐不善政事，常与宫属相狎，蹴鞠嬉戏，做事也常常出格而招人不满。因为非自己亲生，韦后对太子重俊极不尊重，时常欺凌。为了加速女儿的上位，韦后伙同武三思开始向李重俊下手。武三思常常教唆安乐公主欺辱太子，借着其非皇后亲生，从不尊重俊为太子，而称呼为奴。因为中宗的不作为，韦后的地位无人可撼，李重俊也是敢怒而不敢言。直到安乐公主皇太女的请求成为压倒李重俊的最后一根稻草，他知道自己不仅政治命运岌岌可危，甚至生命也已经受到极大的威胁。神龙三年（707）七月，李重俊不堪忍受韦氏一族的压迫侮辱，遂拥兵造反。他暗中指使禁军羽林将军李多祚、李思冲等人，假传圣旨，调派禁军三百余人进攻武三思、武崇训府第，绞杀武三思父子及其党羽。紧接着太子和李多祚闯入禁宫，准备追索韦后和安乐公主，剿杀上官婉儿。兵变的消息传来之后，中宗与韦后带着安乐公主一道匆忙躲入玄武门楼，敕令左羽林将军刘仁景等率留军飞骑楼下列守，予以保卫。大臣杨再思、李峤、宗楚客等统兵二千余人扼守太极殿。紧急关头，唯诺的中宗居然出面，站在玄武门楼上对李多祚手下官兵喊话："你们都是我的部下，为什么要叛乱？如果现在就斩杀李多祚这些叛贼，缴械投降，我一定会犒赏你们！"太子"矫诏"兵变的叛乱

第一章 后武则天时代：社稷宗庙不坠于地

被当面揭穿，话音未落，城下便出现了骚动。很快，叛乱的兵士们便乱成了一团，李多祚手下迅速分化，千骑王欢喜等斩李多祚、李承况等叛乱首领于楼下，余党作鸟兽散。太子见大势已去，冲出禁宫，向终南山逃跑，结果途中休息时，为左右所杀，兵变结束。八月，中宗改玄武门为神武门，楼为制胜楼，来表彰镇压宫变的胜利，可见他还在为自己的平乱沾沾自喜，完全没有思索叛乱究竟因何爆发。九月，改元"景龙"，此次政变，也称景龙兵变。这一年，李隆基二十三岁，还是以旁观者的身份在注视着充斥丛林法则的宫禁斗争，但很快政治风波就扑面而来，将自己裹挟前行。

景龙政变后，韦后的专权不仅没有收敛，反而变本加厉。武崇训被杀后，他同族兄弟武延秀又娶了安乐公主为妻。武延秀在武则天称帝后，奉旨迎娶突厥默啜可汗的女儿为妻，结果被突厥以非李唐皇室之族拒绝，扣留在草原。因寓居突厥，精通突厥语，善胡旋舞，等到和安乐公主相识后，由于善突厥歌舞，深得安乐公主欢心。他们盛大而奢靡的婚礼，让外朝都误以为安乐公主真要做皇太女了。王公贵族的婚姻，本质上是和政治挂钩的，安乐公主和武延秀的政治婚姻让韦武集团得以持续，看上去中央王朝的政治格局并没有因为政变的冲击而有所改变。当有人进谗言，构陷相王李旦与太平公主和太子合谋叛乱时，中宗和韦后借兵变一事，将打击的矛头指向了相王和太平公主，宫禁内的政治生态出现剧烈变化。中宗和韦后的做法，打破了武三思在世时，安抚并限制相王和太平公主权力的努力。武三思的办法说白了也很简单，就是给予二人超越标准的经济待遇，包括允许太平公主自己开府，只要他们不干预政治。当韦后集团向相王和太平公主开刀时，武三思费心布局的权力平衡开始被打破。这时候，李隆基明显感受到政治斗争的压迫感，尽管他不知道父亲是否真正参与策划景龙兵变，起码父亲和自己并没有出现在斗争的现场，与残酷的血拼还是有相当的距离。如今一股不祥的政治气息正步步逼近，莫名的压力陡然而生。

中宗和韦后执意要将相王和太平公主"收付制狱"。制狱，实为诏狱，是皇帝亲理或者委派人员进行司法案件审理的政治形式。唐太宗时以御史参与审理"诏狱"，高宗朝及武则天时，改称"制狱"（武则天讳曌，遂称"制狱"）。因此，由皇帝专门指命关押犯人的监狱也被称为制狱。中宗指派吏部侍郎兼御史中丞萧至忠追查相王和太平公主的谋逆，至忠苦口婆心地劝服中宗收回成命："今陛下坐拥天下，却听信谗言，非要剪除自己的手足，怎么能下得了手？何况当年，陛下的弟弟一再向武则天请命，坚

第一章　后武则天时代：社稷宗庙不坠于地

持逊位，固请立陛下为皇储。为了让武则天应允，甚至绝食以明志，其心昭昭，天下可鉴啊！"很快，吴兢等朝臣也加入了反对中宗意见的行列。在强大的舆论压力下，中宗和韦后最终做出了让步，虽然不再追究相王和太平公主的谋逆事件，但相王的儿子们因为此事的牵连，逐一地被赶出了长安城，借以削弱相王的政治势力，首当其冲的就是李隆基。中宗将自己的侄子隆基发配到潞州，任潞州别驾。潞州，位于太行山区，因为地势险要，历来为兵家必争之地，隋代此地为上党郡。武德元年（618），改为潞州。唐代也曾在此设立都督府，治所在今天的山西长治。李隆基外任前为宫中卫尉少卿，官居从四品上，潞州虽为上州，但潞州别驾仅从四品下（唐代，上州别驾从四品下，中州别驾正五品下，下州从五品下），很明显，李隆基是降职外任。拿到任命书的那一刻，已经成年的李隆基深刻意识到，要靠自己的叔叔中宗来拨乱反正，匡扶李唐，恐怕无异于痴人说梦。

就在李隆基外任潞州的同时，一个传说在宫中悄然传播开来。景龙二年（708）春，宫中传出韦后衣箱中的裙子上出现五彩祥云，中宗还专门找了画师，描绘出彩云图样公诸朝臣，这一场景与当年武则天称帝前接受"宝图"是何其相似。"武周革命"的历史似乎又要悄悄上演，只不过是换作了韦氏而已。紧

开元盛世：大唐的空前繁荣

接着右骁卫将军、知太史事迦叶志忠不失时机地上书奏请："昔高祖未受命时，天下歌《桃李子》；太宗未受命时，天下歌《秦王破阵乐》；高宗未受命时，天下歌《侧堂堂》；天后未受命时，天下歌《武媚娘》。回想起应天皇帝（唐中宗）未受命时，天下歌《英王石州》；顺天皇后（韦后）未受命时，天下歌《桑条韦》《女时韦》。这就是天意啊，顺天皇后合为国母，主蚕桑以安天下，后妃之德，才能更有典范效应。"《诗经》开篇就是后妃之德，迦叶志忠借此比喻，认为韦后是天作之选，并请求将自己所作歌曲《桑条歌》十二篇宣布中外，进入乐府，等到皇后祭祀蚕神之时作为配乐使用。历史的任何时期都不缺马屁精，太常少卿郑愔趁势依葫芦画瓢，也作《桑条歌》十篇进奉，讨好韦后。其实，早在永徽年间，民间歌咏《桑条歌》，其中就有歌词云"桑条弟，女韦也乐"，说明这首歌与韦后毫无关系，就是因为韦后的政治野心日益膨胀，一些投机分子循其所好，附会编撰了政治谶谣，为韦后窃权干政大造舆论。安乐公主也是有样学样，不仅继续积极推动皇太女资格的确认，而且新驸马武延秀在公主的支持下，也是政治野心爆棚，无所忌惮，企图借助公主之力来参与权力角逐。公主府的仓曹符凤摸透了驸马的心思，就添油加醋地煽动他："如今的天下，驸马您也瞧见了，大家对武皇的思念有

第一章　后武则天时代：社稷宗庙不坠于地

目共睹，朝政大局还是需要女主在世，武周必兴。再说按谶书预言，'黑衣神孙披天裳'，驸马即神皇之孙也，也必然是大权的继承者啊。"在这些帮闲角色的忽悠下，武延秀也被吹捧得五迷三道，妄想与安乐公主一起成就一番"大事"。

就在韦后集团大肆揽权，恣意妄为之时，外朝大臣也并没有袖手旁观。景龙元年（707）四月，定州人郎岌上书明确宣称，韦后及其心腹宗楚客有逆乱之心。中宗不以为然，结果郎岌被韦后杖杀。五月，许州司兵参军燕钦融再次上书，毫不隐讳地直言："皇后淫乱，干预国政，满朝皆为韦氏集团霸占；安乐公主、武延秀、宗楚客则密图江山社稷。"虽说中宗碌碌无为，长期放任韦后与安乐公主为所欲为，使得自己仅仅是龙座上无足轻重的符号，对大臣们批评韦后及其党羽的警告也是置若罔闻。但中宗面见反对韦后的燕钦融时，看到他义正词严、言之凿凿地痛斥韦后的卑劣行径时，也不能不有所动容。当中宗得知宗楚客假传圣旨，将燕钦融残忍杀害于宫中的消息后，对宗楚客的恣意妄为深感不满，也对韦后集团的所作所为开始有所不满。

太平公主因为韦氏集团的疏离，也开始稳步培植支持她的力量。此时中宗也受到他的同胞妹妹太平公主的影响，公开表露了他的不满。燕钦融死后，中宗怏怏不悦。中宗虽然信任韦后，但他对"武周革命"是很有点看法的。作为皇帝，他被贬下台，都是因为"武周革命"的缘故，对于维护"李唐王朝"，中宗还是和韦后、武氏集团在政治取向上有所不同。不过，他虽深受"武周革命"之害，但当母亲武则天执政的时候，论才干，论谋略，中宗都不是对手。所以，在武周朝，他只得忍气吞声，敢怒而不敢言。起初出于落难时韦后日夜陪伴的感恩，中宗对韦后的权力没有特加限制，现在韦氏又要效法武周，他自然不能容忍。中宗态度的变化，使韦后及其党羽感到恐惧，史称"由是韦后及其党始忧惧"。韦后早想取中宗而代之，安乐公主希望韦后临朝称制，自己做皇太女。母女合谋，在精通医术的散骑常侍马秦客和善于烹饪的光禄少卿杨均的协助下，他们在中宗的饭食中下毒。六月二日，在病中的中宗被妻女毒死，时年55岁。这是《旧唐书》和《资治通鉴》记述的中宗之死。但后世史学家认为，中宗实际是患病而亡，毕竟中宗有心脑血管疾病的家族病史等情况，也有可能死于突发的心脑血管疾病。唐中宗死因如何，并不关键，关键的是，韦后把中宗之死作为自己临朝听政的一个跳板，但她和安乐公主在中宗死后的所作所为，也把她们母女置于一个不利的地位。实际上，韦后弄权，未执权柄，甚至不知权力为何物。她借助中宗的软弱和信任，弄权后宫，毁及朝野，声名狼藉，自然

第一章 后武则天时代：社稷宗庙不坠于地

人人得而诛之。她犯下的最大错误是毒杀中宗，自毁最后的防护堤。安乐公主意欲韦后效仿武则天临朝执政，自己做皇太女，相与合谋。虽说中宗是一个没什么权威的皇帝，但他是王朝政治的一面旗帜，也代表李家从武则天的大周王朝夺得权力，代表道统威权。而韦后的势力能一时间风生水起，都是在这种影响力庇护下才得以生存发展，而韦后等人在权力的诱惑面前完全失去了自我。不管毒死中宗在历史上的考证结果如何，韦后集团已经在这件事情上完全站到了道统和人心的对立面。而韦后似乎没有注意到相王以及李隆基已经虎视眈眈，更没有注意到另一个实力派人物太平公主的不满情绪，而是过于迫切地临朝称制，结果让反对派李隆基和太平公主抓住了机会，在面对李唐王朝又一次面临改朝换姓的威胁时，用政变的方式解决了这次由于中宗崩亡带来的王朝政治危机。

中宗死后，李唐王朝将何去何从，这是当时摆在所有人面前的问题。韦后自恃权倾朝野，要乘势攫取权力，但是中宗突然离世并没有对身后权力继承留有只言片语，因此，韦后一开始没有公布中宗的死讯，借此为政治权力交替，也为自己的上位寻求缓冲。当时能够影响政坛的两支力量分别派出自己的代表——韦氏集团的上官婉儿和相王李旦集团的太平公主，在中宗去世当晚完成了中宗遗诏。遗诏规定:"立温王重茂为皇太子,皇后知政事,相王旦参谋政事。"这份联合草就的短短遗诏蕴含了丰富的政治信息,也充分考虑了中宗去世后中央政府权力内部的相互平衡。由于李重福尚在幽禁之中,继承帝位自然无望。史载:"景龙三年,中宗亲祀南郊,大赦天下,流人并放还。重福不得归京师,尤深郁怏。"中宗死后,如果不考虑其他因素,仅在中宗之子中选择继位者的话,可选的对象只有李重茂一人。立中宗之子李重茂为皇帝,合乎父死子继的权力继承原则,具有政治合法性,但李重茂年仅十六,还未成年,仍需辅政力量,也为韦后集团和相王集团掌控权力提供了空间。尽管韦后的跋扈无时无刻不在挑战相王集团的政治底线,但就"皇后知政事""相王参谋政事"的制度安排,可以避免中宗离世后的权力真空,应该是比较理想的政治状态,至少能在短期内稳定朝堂政治。当然这种权力布局也有赖于起双方派出起草遗诏的代表互相博弈与妥协:起草诏书之一的太平公主,在韦后专权的过程中,丝毫没有示弱,而且行事风格颇似自己的母亲武则天,年轻时即已沉敏多权略,深受武则天的喜爱,而且女主当朝,自己常身在政治权力核心,也颇习得运筹帷幄之谋,因为武后的强势,太平公主也只能收敛锋芒,未敢招染权势。中宗即位后,她开始发展自己的势力。这是个权势欲极强，又颇有谋略的女人，和野心勃勃的韦后、安乐公主自然难以相容。她们互相诋毁，各树朋党，矛盾十分尖锐，弄得中宗束手无策。太平公主在起草中宗遗诏时，已经洞悉韦后的政治用意，韦后最终要的是由她自己来听政。太平公主本来就对韦后的专权不满，而且早已在私下里与相王李旦结交甚厚，在起草遗诏时，把相王推到"参谋政事"的地位，就是要限制韦后的大权独揽。另一位遗诏起草人为上官昭容即著名的才女上官婉儿。她是高宗时曾任宰相的上官仪的孙女，上官仪被杀后，没入掖廷。由于个性聪慧，又有很强的文字表达能力，熟稔日常的文书政务工作，武则天将她收留在身边，作为政治顾问，得到重用。中宗即位后，婉儿拜为婕妤，继续留在中枢，参知机务。因武后、中宗时期都受重用，上官婉儿与武氏集团和韦氏集团是处于同一个战壕，也成功地为武氏集团和韦氏集团做了权力桥梁。看到婉儿身陷韦武集团，她的姨表兄弟、左拾遗王昱就提醒婉儿的母亲郑氏说，现如今婉儿攀附武三思，稍有不慎，很可能会身败名裂，希望姨母能够有所防范，让她能够掌握分寸。婉儿听到这话，还埋怨王昱杞人忧天。当太子李重俊起兵杀掉武三思、武崇训之后，没有抓到中宗和韦后，便闯入肃章门，准备索拿上官婕妤时，婉儿才意识到王昱之言不假。经过太子重俊事件，富有政治斗争经验的婉儿，敏感地觉察到韦后势力的不可靠。她回忆起王昱的劝告，政治立场暗中也开始有所变化，逐步转向以相王、太平公主为代表的李唐王室一边。所以在起草中宗遗诏时，她也支持相王参谋政事。

但这份遗诏对韦后而言，权力牵制大于权力独专。韦后为了达到权力独尊的目的，出于程序上更为合理合法，四月三日，也就是中宗死后的第二天，召集了十九位大臣参加的政务会议，审查这份遗诏。唐代中枢机构为三省六部，议政方式大都是集体决策，所谓的政事堂会议，一般三省长官和临时加衔"参知政事"的政务官员都可以进入政事堂参议政事，所以唐代的宰相机构是委员会制的多相制，因此参加审查会议的有宰相重臣韦安石、韦巨源、萧至忠、宗楚客、纪处讷、韦温、李峤、韦嗣立、唐休璟、赵彦昭及苏瑰等人。讨论时争执的焦点是相王辅政的问题，如果相王辅政，必然会束缚住韦后的手脚，这是韦后及其党羽不能接受的。韦后集团的重要成员之一、当朝宰相（中书令）宗楚客提出异议：韦皇后和相王是嫂子和小叔子的关系，按照古礼，叔嫂不说话，怎么能既让韦皇后临朝，又让相王辅政呢？既然叔嫂不通问，索性把相王辅政一条拿掉，直接让韦皇后临朝称制吧！这个提议，彻底道出了韦后的心声，大多数宰相都随声附

第一章　后武则天时代：社稷宗庙不坠于地

和，认为应该将相王辅政一条从遗诏中删去。当时苏瑰正色拒之，明确反对，"遗制是先帝意，安可更改！"但反对的声音势单力薄。这次所谓的中央审查会议看似很符合程序，但又透露着明显的政治倾向，最终将遗诏的内容修正为小皇帝李重茂接班和韦皇后临朝称制两条，很粗暴地就将相王辅政一条废除，并对外公布。换言之，韦后集团为了独享权力，把相王李旦彻底排除在核心权力之外。之所以韦后如此顺利就达到目的，我们可以看看参加这次会议的宰相，韦温、韦巨源、宗楚客、纪处讷诸人是韦后死党，其余或为韦后拉拢，或屈服于韦后淫威，都同意删改遗诏，排挤相王参政。不过这些倒向韦后或者对修改遗诏不明确反对的宰相，随着韦后的倒台，最终的政治收场也是极为不堪。韦安石，因为当时宗楚客、韦温擅削相王辅政，没有明确表态，后来被监察御史郭震弹劾，被贬职。韦嗣立因遗诏之事没有公正地进行评判，最终贬岳州（今湖南省岳阳市）别驾。萧至忠自己觉得很可能没为相王说话，迟早会受到处分，好在太平公主最后帮他解围，朝廷派他出京为晋州（今山西省临汾市）刺史。李峤虽非韦氏集团，但在中宗去世后，向韦后秘密建议相王诸子不宜留京师，当然不会支持相王辅政。虽然宰相中苏瑰坚决反对删改遗诏，但他孤掌难鸣，不起作用。最终，六月四日，韦后于太极殿集百官发丧，宣布遗诏，改元"唐隆"。六月七日，皇太子李重茂即位，皇太后韦氏临朝听制，掌控大权。

为了让自己权力独专的计划进一步深入，在召开宰相会议的同时及其后，韦后作了如下部署，为自己上位铺平道路：一是掌控兵权，所谓枪杆子里出政权，韦后急调府兵五万人屯戍京城，实际就是进入军事管制状态，调用手段也极其高压，史称"榜棰"，并让韦氏宗亲职掌军权，由驸马都尉韦捷、韦灌，卫尉少卿韦璿等诸韦子弟统率，最高指挥则由韦皇后的堂兄、宰相韦温兼任，控制京师。二是监控李唐宗室，命左监门大将军兼内侍薛思简等将兵500驰驿均州，以监视谯王李重福。重福是中宗第二子，后宫所生。韦后所生懿德太子重润死后，重福是最有资格的皇位继承人。因而韦后此举就是为了防范李重福在均州起兵，同时命令刑部尚书裴谈、工部尚书张锡一并位居同中书门下三品，临时提升这些部门领导具中枢宰相之职，担任东都留守，即中央派往洛阳的政治最高指挥官，以防东都有变。三是制造"韦氏宜革唐命"的政治舆论。韦后集团的宗楚客、武延秀、诸韦子弟以及司农卿赵履温、国子祭酒叶静能等"共劝韦后遵武后故事"。史学家胡三省对此言做了注释，称韦后是要做真正的皇帝，要实现当年武后改朝换姓的最终目的。宗楚客更是秘密上书，称民间

第一章 后武则天时代：社稷宗庙不坠于地

出现政治图谶，说的是韦氏宜革唐命。而韦后的这一番操作，调用军队，安插韦氏宗亲，把枪杆子牢牢抓到自己手里，不怕你相王造反！韦皇后这样做，很明显，就是要称帝。韦后的这一系列动作，彻底激化了韦后和反韦后两种势力的矛盾。韦后不满足于自己皇太后身份的种种部署，让世人尤其是反韦后的势力明确感知到唐廷的政治危机，任其发展下去，大概率会出现第二个武则天，唐朝政治会进入又一个女主时代，而且可以肯定其政治统治完全不能和武氏相比，水平层次相差太多。也就在韦后频频出招的同时，以相王为代表的反韦集团也在为政变积极谋划。

李唐王室中，反韦势力真正的组织领导者，是当时并不起眼的李隆基，相王反而没有成为领导核心。遗诏修改风波中，相王成为权力角逐的焦点，韦后对其颇为忌惮，频频针对相王展开政治布局，这让相王反倒不容易去集结力量，因为目标太过明显，关键是相王本人性格恬淡，在经历了许多宫廷革命之后，不希望李唐王朝再出现政治上的你死我活的斗争，无意再身陷权斗旋涡。而李隆基不同，他早已在暗中联络、积蓄力量，进行捍卫李唐社稷，反对韦后篡权的斗争，准备在时机到来时一举消灭韦后集团。从中宗去世到李隆基的玄武门之变，只有19天，这19天是李隆基政治生涯中所经历的风险最高，回报也最大的一段时

开元盛世：大唐的空前繁荣

光。

前已提及，由于李重俊兵变失败的影响，韦后将李隆基兄弟赶出长安，借以削弱相王的政治势力。李隆基在被发配潞州担任别驾的任上，一方面意识到中央王朝政治斗争的激烈程度，另一方面在诸多风险和挫折之中，他并未消沉，反而燃起放手一搏的政治热情。在潞州期间，他带领僚属广泛接触基层社会，体察民情，结交地方豪杰，积累政治经验，网罗政治人才，形成了自己统治的基本队伍。从潞州回到长安之后，随着政治见识的增长，以及对兄长李重俊政变失败的教训总结，李隆基开始暗中积蓄自己的力量，以备不时之需，重要的工作就是在军队中培植自己的心腹，为日后战胜政敌奠定基础。回到长安后，李隆基便有意在万骑中培植支持力量，结识掌管皇帝服饰的尚衣奉御王崇晔，此人为人豪爽，交友广泛，李隆基通过此人，结交了押万骑果毅葛福顺、陈玄礼、禁苑总监钟绍京等后来政变过程中的关键人物，因此当万骑军队面临韦后高压时，葛福顺、李仙凫等就力劝李隆基诛灭诸韦，并愿生死相随。由此可见，诸韦对军队和各部门的控制其实并不牢固。密谋政变之前，李隆基为了避免政变过程中风波波及过大，也是为了机密的要求，严格控制密谋参与的范围，所有诛韦密谋的具体组织工作都是瞒着相王李旦进行的，但

第一章　后武则天时代：社稷宗庙不坠于地

这些活动作为父亲的相王不会全然无知。李隆基一开始就表明，我的行动完全是为国家社稷福祉出发，事成福归于父亲相王，不成以身死之，不会连累到父亲。如果事败肯定会牵连相王，但与相王直接参与政变的性质完全不同，李隆基头脑还是十分清醒。

之所以李隆基加紧了政变的脚步，主要是韦后称帝意图日益明显。与此同时，韦后的倒行逆施所形成的政治负面结果，给李隆基也提供了政变的契机。由于中宗的放任，使得包括韦后、安乐公主在内的韦氏集团恣意妄为，朝堂政治乌烟瘴气，诸韦及其党羽骄奢淫逸，激起了社会各阶层的强烈不满。遗诏风波过后，朝野上下又盛传韦氏要革唐命。在韦后制造宜革唐命的舆论时，李隆基也借韦后改元为自己创造更有利的政治条件，因为李隆基所居之地名为"隆庆里"，"隆"常为人讹为"龙"。韦后改元"隆庆"，本意是希望自己专政后朝政隆兴，但李隆基借以"隆"为"龙"的舆论，造成了"受命"的征兆。

当然，李隆基也深知诛韦是"危事"，形势严峻。韦后控制着小皇帝，可以挟天子以令诸侯，在政治上占有主动地位。韦后能够删改遗诏，抵制相王参政，说明她在宰相和朝臣中有相当大的势力。特别是韦氏宗亲占据着禁军和京城宿卫部队的要职，握有兵权。所以李隆基不可能轻而易举地战胜韦后，他积极寻求一切可以联合的力量，而姑母太平公主就是最佳的选择。由于在反韦利益上的一致性，李隆基得到了太平公主的支持，太平公主喜而相从，派自己的儿子卫尉卿薛崇暕参与了李隆基的诛韦密谋。姑侄联盟的成功，也成为李隆基下定决心政变的重要推手。

韦后也深知自己专政，相王和太平公主不会善罢甘休，于是在相王、太平公主、李隆基的府第遍插暗哨，重兵围困，严密监视。韦后意图通过内外阻绝，设兵暗防，来绞杀对手一切反叛的可能。就在斗争日趋白热化的时候，韦后集团内部出现分化和倒戈。原来党附宗楚客、武三思、武延秀的兵部侍郎崔日用，在韦后临朝称制时，即深感韦后的政治操作最终会祸及己身，所以他借助沙门普润、道士王晔作为中介，暗中和李隆基联络，李隆基也借助此二人在韦后的严密监视下和外界取得沟通。崔日用还向李隆基进言，诛韦之举，如果要一招制胜，就必须先发制人，需要迅速，出其不意，如果稍有迟延，很可能横生枝节，并促其早动手。可见韦氏集团内部也非铁板一块，这也给李隆基起事提供了里应外合的政变力量。

在韦后的高压下，形势异常紧张，李隆基决定不再等待，立即发动政变。

六月二十日傍晚，夜幕刚刚降临，趁着夜色，李隆基换上平

第一章 后武则天时代：社稷宗庙不坠于地

民服装，在道士冯处澄的掩护下，悄悄来到政变的指挥部——禁苑总监钟绍京的府第。就在当晚，他们准备对权倾一时的韦武一族实施斩首行动。虽说钟绍京隐约知道迟早要发生政变，但是他没有预料到来得这么快，而且行动的核心内容，其实钟绍京并不是非常了解，李隆基一行夙夜到来，就在临门一脚的时候，钟绍京有些畏首畏尾，开始犹豫，自己好不容易有了今天的地位，万一失败当如何是好？心思一动，他踟蹰了好一会儿，没有行动的迹象，也没有及时地把李隆基迎入府中。他的妻子许氏一见这种情况，责备丈夫，深明大义地说道："你们的行动是正义的，只要能忘身殉国，上天都会助你们成功。如今你们既然已经谋定开始行动，为何不敢下定决心，放手一搏？密谋了这么久，若是不行动，你就以为韦后会不找麻烦吗？"被老婆大人一番言语点醒后，钟绍京瞬间转念，将犹豫化为果敢，趋出拜谒。其实，此时门外的李隆基一干人等心里已经开始打鼓，准备另想出路，看到钟绍京急急忙忙迈出门槛，这才将悬到嗓子眼的心落了下来，一起商定晚上集合人马，准备政变。这将是一次以弱胜强、以少胜多的决战，李隆基未来的政治道路也真正从此开启。

大概到了二鼓天，联络好的万骑将士已经悄悄集结到玄武门。万骑将领葛福顺、李仙凫来到钟绍京府第，向李隆基报告军

开元盛世：大唐的空前繁荣

队集结情况，并请示进一步号令。李隆基政变最重要的力量、朝邑县尉刘幽求说道："天意如此，时不可失！"李隆基命令，行动开始。第一个攻击的目标是玄武门。玄武门的得失是唐代宫廷政变成败的关键所在。陈寅恪先生在《唐代政治史述论稿》中就详细论述了玄武门在唐代宫廷革命中的关键意义。唐太宗的玄武门之变及武则天晚年的"五王"之变，都是首先控制了北门禁军、夺取了玄武门而取得成功的。中宗时太子李重俊起兵，由于中宗控制了玄武门，李重俊门下受阻而失败。这些历史经验，出身宫廷的李隆基自然明白，只要拿下玄武门，据此可以迅速控制太极宫与皇城，政变成功唾手可得。葛福顺得令拔剑直入羽林营，斩韦璿、韦播、高嵩于寝帐，擒贼擒王，然后发布公告，安定羽林军心："韦后鸩杀先帝，危害国家社稷。今晚众将士共诛韦氏，拥相王登基，安定天下。谁敢首鼠两端，助纣为虐，罪及三族！"羽林将士皆欣然听命。掌握了玄武门及羽林军，政变已有了取得胜利的决定性把握。葛福顺送韦璿等人的首级给李隆基检视后，可以开始下一步行动了。当即刘幽求等出宫苑南门，会合钟绍京率领丁匠二百余人，执斧扛锯，杀向后宫。同时，葛福顺率领左万骑攻玄德门，李仙凫率领右万骑攻白兽门，约定会合于凌烟阁前，大造声势。在太极殿宿卫梓宫的诸卫兵都披甲响

第一章　后武则天时代：社稷宗庙不坠于地

应，韦后还不知道发生了什么，惶恐中逃入飞骑营，结果被飞骑斩首献之于李隆基，这个过程一点曲折都没有，让人难以相信，跋扈的韦后就这样魂飞魄散。安乐公主还在照镜画眉，被冲进来的军士斩首；安乐公主的丈夫武延秀被斩于肃章门外，内将军贺娄氏被斩于太极殿西。一夜之间，韦氏集团灰飞烟灭。

李隆基的此次行动思路应该是非常清晰，也很冷静地对行动得失做出评估，面对危急而又暗藏机遇的时刻，李隆基对形势的把握如同鹰隼在暗夜中紧盯着自己的猎物，因时而动，杀伐决断。为了不牵连相王，行动成功之后，李隆基才去谒见相王，向父亲告罪。在斩杀韦后之后，少帝就在太极殿。刘幽求提出大家干脆废了少帝，立相王为皇帝，看似是简单有效的处理办法。但李隆基没有被胜利冲昏头脑，立即制止这一鲁莽的举动，因为一旦如此行事，此次行动就会被扣上谋朝篡权的帽子，李隆基的人马就会被视为乱臣贼子，而李隆基更想让此次行动看上去是出于清君侧和去除女主危机的目的，而不是弑君反叛。所以相王见到李隆基时，非常肯定他此次行动中的表现，夸赞李隆基为安定宗社祸难，立下汗马功劳，并褒奖道："社稷宗庙不坠于地，汝之力也！"而对上官婉儿的处理，更显示出李隆基杀伐果决的特点。在绞杀韦后之后，上官婉儿也被李隆基处死。这位姿容美丽、文思敏捷的才女，曾经多次成功地渡过了宫廷斗争的风浪，这回却翻了船，她遇到一个强硬的对手。当李隆基进入宫中，婉儿持烛率宫人迎接，拿出遗诏草稿交给刘幽求，以证明她早已是支持相王的。刘幽求为她求情，李隆基不为所动，下令斩婉儿于旗下。既然已经举起了刀，只有快刀斩乱麻。上官婉儿作为韦后与武氏之间的重要协调人，有政治手腕，有复杂背景，还有潜在影响力，当晚不处决，恐怕就非此时的临淄王能杀得了。毕竟，他手里这把刀，在当时是最锋利的时候，错过这次机会，很可能就没有办法对这样一位足智多谋，在政治上左右逢源的女官下手，李隆基选择了最简单有效的处理办法。开元初，登上皇位的李隆基，下令收集上官婉儿的诗文，撰成文集二十卷，并令中书令燕国公张说为之序。可惜文集后来失传，但张说的序文和婉儿的部分诗作流传至今，我们还可以看到一个在政治之外的上官婉儿。2023年，陕西省考古研究院又发现了上官婉儿的墓志，让我们对这位唐代政治命运跌宕起伏的才女有了更多不同于正史记载的新认识。

政变成功后，李隆基迎相王入宫，辅佐少帝。同日，关闭宫门及京师城门，大肆搜捕诸韦亲党。韦温、宗楚客、宗晋卿、赵履温、韦巨源等都被捕杀。崔日用率兵诛杀聚居在京城南杜曲的

第一章 后武则天时代：社稷宗庙不坠于地

韦氏，基本斩尽杀绝。韦氏集团都被剪灭，相王和李隆基掌握了实权。相王辅政后，便以临淄王隆基为平王，兼知内外闲厩，押左右厢万骑，牢牢控制禁军。太平公主直接参与政务，其子薛崇暕为立节王。政变的功臣钟绍京为中书侍郎，刘幽求为中书舍人并参知机务，把持了发布政令的中书省。相王登基，只是一个时间上的迟早问题。

与李隆基在政变中小心谨慎不同，太平公主深受武则天的影响，办事干脆利落，当机立断。在太平公主的极力主持下，相王很快就成了名副其实的皇帝。六月二十三日，太平公主公布少帝的旨意，请让位于相王。至于少帝是否心甘情愿地让位，不得而知。与此同时，李隆基的地位也发生了变化，任殿中监，同中书门下三品，成为堂而皇之的宰相。六月二十四日，在太极殿正式举行传位仪式，相王立于中宗灵位旁，小皇帝李重茂还不知就里地坐在御座上，完全不晓得接下来会发生什么。这时，姑母太平公主冲着侄儿李重茂说道，皇帝是不是考虑一下，把皇位让给你的叔父李旦？朝堂上的刘幽求等大臣立刻跪奏，拥护太平公主的建议。还没等李重茂反应，公主极不耐烦，径直走向御座，一把提溜起侄儿，一边提溜一边说："天下已经归心相王，这个位子不是你这个小孩子能坐的了。"于是，在群臣山呼万岁中，唐朝第七任皇帝就这样被废黜，第八任皇帝唐睿宗登基。唐睿宗亲临承天门，下诏赦免天下罪囚，并恢复少帝李重茂温王爵位。到此，李隆基主持的唐隆政变，经太平公主之手，画上了完美的句号。原来的临淄王，现在的殿中监，随着政治身份的转变，李隆基也从唐王朝的政治边缘一步步走向了政治中心。接下来，政治权力场的旋涡也在极大地考验着这位即将上位的皇子，更凶猛的政治风波正向李隆基涌来。

二、太子监国

唐隆元年（710）六月二十日，李隆基发动诛杀韦后的政变，一举成功，推翻韦氏政权之后，困扰李唐王朝的女主问题也迎刃而解。这次政变也直接改变了唐代历史的走向，李隆基自身的政治见识和政治素质也得到莫大的提升和锻炼。当一切归于风平浪静以后，新的政治问题和政治潜流又慢慢浮现。太平公主导演的传位表演，实现了李隆基政变的真正目的，立相王以安天下。登基不久的睿宗，开始着手确立皇储的工作。从政变的结果而言，李隆基居功至伟，就是因为政变的胜利，才使得相王顺利坐上皇帝宝座，按说李隆基理所当然便是太子。但是睿宗从程序正义出

第一章 后武则天时代：社稷宗庙不坠于地

发，提出李成器作为嫡长子，是合法继承人，且成器六岁时曾被册立为皇太子。按照传统的嫡长子继承法，并没有问题。但是三子李隆基功业为首，李成器是无法匹敌的，而且追随李隆基政变的一批谋士，更是竭力拥护其成为太子，睿宗自己也是日久不定。当然睿宗提出这个问题，一方面是考虑政治继承合法性的问题，另一方面其实也是在为李隆基扫除障碍。若睿宗即位，即昭告天下立平王为太子，势必会给李隆基带来舆论压力，尽管其在政治上正处于上升阶段，但是难免会有臣僚非议是三子僭越。睿宗把问题抛出来，看似为难李隆基，实则用这种方式把问题表面化，从而避免因为皇储问题再生暗地里的内部争斗。也有学者提出，睿宗之所以要在长子和三子间徘徊，从后来睿宗和太子的关系看，很大程度是睿宗不太想让羽翼丰满的人当太子，而有意限制李隆基。当然，提出这种疑虑，也体现了睿宗行事的个人特色，力求平稳且规避风险，其中也不乏透露着性格上的优柔寡断。

好在问题提出来很快得到解决。首先，长子李成器自己出来表态。李成器史书着墨不多，从有限的记载来看，他是支持李隆基的政变行动的，但就个人能力而言，成器是远逊于自己的弟弟，李隆基在政变过程中培植了大量的心腹，且控制着北门禁军力量。实力不及弟弟的成器主动找到睿宗，固辞太子之位。李成器说："国泰民安，则以立嫡长为先；若社稷存危，则需论功为宜。否则，天下无法归心，纷争四起，国家无法安定。隆基厥功至伟，我作为兄长也无法居功于其上，立储应以隆基为先。"李成器的理由陈述非常到位且具说服力，他认为嫡长子继承制并非一成不变的准则，可以根据实际的政治环境和条件来做调整，和平年代可以用嫡长子制，如果遇到政治变故，需要先考虑功臣。现在政治局面的建立仰仗的是三弟的功劳，我不能因为是嫡子就贪功而妄居权位，绝不能当这个太子。为了能让父亲放弃立嫡子的主意，李成器三番五次去和睿宗请求，态度十分坚决。

随后，政变功臣李隆基的谋士刘幽求向睿宗进言："臣闻除天下之祸者，当享天下之福。平王拯社稷之危，救君亲之难，论功莫大，语德最贤，无可疑者。"直言天下都是李隆基打下来的，你这个皇帝也是拜李隆基所赐才当上的，你怎么能不让他当太子呢？我们知道，刘幽求不仅在政变中立了大功，而且在李旦当皇帝的过程中配合太平公主力主相王登基，又是李隆基的政治死党，他的意见成为太子确立过程中的关键因素。在面对立储问题时，李隆基也有表态，说："皇位继承的嫡长子制是传统定制，我只是在父皇登基过程中有些小小的功劳，怎可以此来逾制？论

第一章 后武则天时代：社稷宗庙不坠于地

功定位，既违反祖制，也非我所愿。"当然李隆基心底肯定是想做太子，但是还是需要从舆论上对这种心理稍作掩饰，不能赤裸裸地表明自己就是太子的不二人选。李成器的辞让，刘幽求的进谏，李隆基本人的表态，所有的政治表演都已做足，睿宗也承认李隆基挽救大唐政治于危难之际，功不可没，也做了最终决定，宣称"无私之怀，必推功业为首"，这就既满足了隆基的愿望，又顾全了成器的面子，同时也调适了立嫡以长和建储有功之间的矛盾。这样的结果也消弭了因为立储而发生的皇室内部的争权夺利，再一次避免政治内斗的创伤。睿宗即位后的第三天，六月二十七日，李隆基被立为太子。不承想，立储时睿宗极力想规避的权力斗争问题，在李隆基做太子四个月之后，又一次浮出水面，朝野之中"太子非长，不当立"的政治流言四处流播。制造这种流言的并非长子成器，而是太子的姑姑太平公主。原本姑侄联盟利益一致的政治局面，随着李隆基的上位，双方逐步走向分裂，可谓有难可以同当，有福不能同享。

唐朝是中国历史上女性参政最多的王朝，这完全拜李隆基的祖母武则天所赐。作为中国历史上唯一的女皇帝，武则天向世人展示即便是女人，也可以在朝堂上接受文武百官的朝拜，成为至高无上的主宰。李隆基在扫除了韦后的残余势力后，虽说与姑母

开元盛世：大唐的空前繁荣

太平公主站在了同一阵线上，但天下也并未太平。太平公主继承了武则天和韦后的野心，试图控制朝政，与李隆基的矛盾一触即发。

被拥立上位的唐睿宗性格优柔寡断，他也知道，自己再次登基背后是靠了自己的儿子和自己的妹妹。因此，在他执政期间，大家听到皇帝最常说的是"跟太平商量了吗""跟三郎商量了吗"，他也无力去平衡太子和太平公主之间的政治力量，只能眼睁睁看着双方矛盾日益激化。太平公主在武则天去世之后，一直活跃在政治舞台上，属于政治实力派。史称太平公主方额广颐，多权谋，武则天也认为这个女儿或许可以成为自己的继承人，恃爱特宠，常与她密议朝事。这也使得太平公主恃宠而骄。唐制规定，王子食邑千户，公主三百户，太平公主食邑可以达三千户，且太平公主还获得与亲王相同的开府权力，这是史无前例的。睿宗登基后，更将她的封户增加到一万户。凡是太平公主想做的事情，睿宗没有不答应的。当年，武则天将太平公主嫁给了太宗小女儿城阳公主的儿子薛绍，为了凸显太平公主的尊贵，甚至要求薛绍的两个兄弟休妻，原因就是她们并非贵族出身，太平公主不能与田舍女为妯娌，真是毫无原则地宠爱。后来薛绍间接牵连琅琊王李冲反武事件，最终饿死狱中。薛绍死后不久，武则天便让

第一章 后武则天时代：社稷宗庙不坠于地

太平公主嫁给自己的侄子武攸暨。但武攸暨已婚，武则天便将其正妻杀害，再让太平公主出嫁。这一切太平公主都欣然接受，可见感情、亲情在权力面前一文不值。

武则天去世后，太平公主在历次政变中，无论是在五王诛二张时，还是在灭韦氏时，站在复兴李唐立场上，都发挥了至关重要的作用。睿宗即位后由于太平的特殊功勋和地位，加之"沉谋有断"，作为哥哥，对其极为仰赖。虽说睿宗议事都要听取三郎李隆基的意见，但是太平议政的权力实超太子之上，正史中称"归妹失怙"。睿宗对太平公主言听计从，"进退系其一言"，宰相以下的官员，她的任命就意味着是最终任命。从此，她的家门庭若市，前来求官攀附之人络绎不绝，不计其数。因为攀上太平公主这条线，就等于登上"终南捷径"。虽说正史的历史书写不免带有对女性掌权的政治偏见，但还是可以从中看出太平公主此时权势的显赫。睿宗对太平公主权势一再迁就的政治态度，无形中也为姑侄俩出现政治裂隙埋下伏笔。此时的太平公主可以说是呼风唤雨，也完全没有把李隆基这个年轻的侄子放在心上，她正沉醉在权力的海洋之中，感受着众星捧月的尊贵。随着太平公主政治势力的不断扩张，她在生活方面的奢侈程度也与日俱增。在其纵容下，僧人惠范"逼夺百姓店肆，州县不能理"。尤其是睿宗登基之后，围绕在太平公主身边的人越来越多，她也就乘机在朝堂上开始布置自己的亲信，譬如窦怀贞、萧至忠、岑羲、崔湜等人，这几人都曾先后位列宰相，其中崔湜更是拜倒在太平公主的石榴裙下。有意思的是，崔湜的弟弟崔涤——即杜甫名诗"岐王宅里寻常见，崔九堂前几度闻"中的"崔九"——则是李隆基坚定的拥护者，两人的人生结局由于政治站队的不同而大相径庭。

在灭韦的过程中，太平公主和李隆基姑侄双方建立了良好的政治盟友关系，而且在李隆基成为太子前，双方也相安无事，尤其在立储的问题上，我们从史料中没有看到太平公主有反对的意见，可见，太平并未将李隆基作为政敌。在剪除了韦后势力后，作为政变的重要推手，太平公主的意识中李隆基羽翼未丰，政坛影响力有限，对于政治老手的自己来说，孙悟空不会翻出如来佛的手掌心，于是女主临朝的画面时不时出现在自己眼前，她也在想象自己像当年的武后一样，君临天下。太平公主不仅如此想，而且还真的朝着这样的政治方向去做。

随着睿宗即位，太平公主一方面依仗自己辅佐之功，另一方面利用皇亲的特有身份，在朝廷政治中上下其手，在短短的时间内，即形成了"自宰相以下，进退系其一言"，乃至"权移人主"的严重干政局面。当李隆基以功立储后，经过几个回合的政

第一章　后武则天时代：社稷宗庙不坠于地

治交往，太平公主发现李隆基虽年少，但是英明干练，尽管自己所欲，睿宗每每都会满足，朝堂上反对公主专权的政见还是不绝于耳，拥护李唐皇室的一批大臣如姚崇、宋璟等人屡次建议睿宗需要注意外戚与公主干预朝政以及政治请托滋生等问题，极力要求朝廷大革前弊，以免重蹈历史覆辙，这些建议说白了就是针对太平公主提出的。此时太平公主发现自己以前的判断似有失误，权势的扩张隐隐总有股对抗的势力在阻碍，太子李隆基的存在使得自己的权力打了折扣。于是太平公主开始谋划重新选择一个暗弱的继承人来当太子，好让自己能长久专权。当废黜太子的流言开始四处散布时，太平公主和李隆基之间的政治斗争正式拉开序幕。

太平公主开始针对李隆基不断布局。首先，太平公主在李隆基身边安插了自己的耳目，监视李隆基的举动。她常在睿宗那里告李隆基的状，挑拨李隆基父子间的关系，弄得李隆基惶惶不安。景云元年（710）十月，太平公主旧事重提，在她的授意下，不利于李隆基的流言在朝中迅速传播开来，流言的主题为"太子并非嫡长子，不应该当太子"。虽说中国历史上真正嫡长子即位的皇帝为数不多，"立嫡以长不以贤，立子以贵不以长"的原则没有几个人会真正当真，但是要拿它当作政治斗争的工具，那叫一个屡试不爽。在自己权力受到威胁时，太平公主就借嫡长子的问题开始发挥，先放出风来，搅乱人心，私下里还挑拨李成器，承诺可以帮助他取代李隆基为太子，看重兄弟之情、聪明且理智的成器没有答应太平公主。但流言还是迅速散播，满朝上下众说纷纭，李隆基也感到无形的压力，毕竟立储之时非嫡子的问题还是他的软肋。或许并不知道这次流言背后的推手是太平公主，关键时刻，睿宗出面支持了太子，他颁了一道诏旨，再次强调了立李隆基为太子的合法性，声明李隆基于国家有功，立为太子名正言顺，借此平息了此次流言。但这并没有浇灭太平公主专权的欲望，太平公主与李隆基之间的矛盾反而慢慢升级。

太平公主越来越不择手段，派去监视李隆基的特务越来越多，时刻在等待李隆基出错，好给睿宗打小报告，尽管李隆基也有所觉察，但是囿于太平的权势，只能隐忍不发。景云二年（711）正月，太平公主指使窦怀贞的女婿唐俊邀请韦安石到家中，以图联合对付李隆基。韦安石时任太子少保，东宫三少之一，为太子教导之官，也是三朝元老，与太平公主也颇有交情。没想到，韦安石知道太平公主正到处联络反对太子的活动，十分不满，对于太平公主三番五次的邀请，他无动于衷，坚决推辞没有前往。由于太平公主的运作，睿宗时不时会听闻太子负面的一

第一章　后武则天时代：社稷宗庙不坠于地

些政治动向，于是睿宗秘密召见了韦安石，想了解关于太子的相关情况："听说朝廷文武百官都倾心太子，你有没有听到或看到些什么动静啊？这事你可要多加关注，并及时提醒太子注意啊。"韦安石一听就知道皇帝是对自己的儿子有了疑心，转念一想肯定是和太平公主有关，毕竟太平几次都来撺掇他反对太子，于是说道："陛下从哪里听到这些亡国之言呢！这一定是太平公主的主意吧。太子为宗庙社稷立下了大功，而且仁明孝友，天下所称，希望陛下不要被流言误导。"说话间，睿宗突然觉察到太平公主在宫殿帐帘后偷听，立刻打断韦安石的话，说："朕知道了，爱卿不用再说了。"直言的韦安石没想到自己揭露太平公主的话都被躲在暗处的太平公主听得一清二楚，此后恼羞成怒的太平公主编造谣言欲置韦安石于死地，幸得郭元振的巧妙施救，才幸免于难。睿宗也意识到太平公主监控着宫中发生的一切事情，因为在太平的授意下，韦安石很快官迁尚书左仆射，兼太子宾客，依旧同中书门下三品，看上去诸官加身，实际上并无实权。不久韦安石被罢知政事，派去洛阳做东都留守。

太平公主暗地里的勾结和诬陷没有发挥有效作用，她干脆一不做二不休，索性把对太子李隆基的不满直接挑明，她不信就凭自己在政治上的权势扳不倒一个乳臭未干的少年太子。而太平公主目中无人的强势和自负，也让自己在这场没有硝烟的战斗中居于劣势。太平公主开始在公开场合宣扬"易置东宫"。景云二年（711）正月，在宰相们去往办公室中书省的必经之路光范门内，太平公主拦住刚下班的宰相们，说出一句让所有人都猝不及防的言论："李隆基不适合继续当太子，你们可以给皇帝建议考虑新的人选。"此言一出，大家都大惊失色，也感到此事有些过头。其实宰相中有相当一部分官员是支持李隆基的，譬如姚崇、宋璟、郭元振、张说等，他们也不想再重蹈韦后专权乱政的覆辙，希望回归到正常的政治和社会秩序之中，将内斗和谄媚的官僚风气扭转过来。就在大家犹豫如何来应对太平公主的话时，吏部尚书宋璟站出来直接反问太平公主："太子有功于天下，是真正的宗庙社稷之主，公主为何突然提出来要更换太子呢？"就连太平公主自己提拔的大臣陆象先也提出质疑："太子是因功而立，如今储君在位也无任何过错，为什么要被废？如果没有正当的理由，陆某实难从命。"让太平公主碰壁后，宋璟随后专程去找了兵部尚书姚崇，姚崇此时虽已年过花甲，依然老骥伏枥，由于亲历则天武帝和韦后专权的时代，他对于女主的问题也是耿耿于怀，当宋璟来找他密谋如何应对太平阴谋废黜太子事时，双方很快达成一致。

第一章 后武则天时代：社稷宗庙不坠于地

李隆基迫于姑母太平公主的威压时常感到不安，虽说没有正面对抗太平公主，但也并未束手待毙，在太平的严密监视下，他还是暗中也在布局化解太平公主明面暗里的挑战。面对非长子的问题，从立储一开始，李隆基就打感情牌，一方面向睿宗上表明言立储需坚持嫡长子制，另一方面不断增强与诸兄弟的情感联结，尤其是大哥李成器。譬如制作大被长枕来强化兄弟间的家族情感。看上去漫不经心的举动，却在阻碍太平教唆李成器时发挥了不小的作用。当太平说可以帮助李成器取代李隆基上位时，李成器立刻将太平的阴谋告知了李隆基，好让他有所防范。李隆基的另一优势是朝堂上有一批坚持李唐本位的朝臣支持，毕竟大家已经厌恶女主专权造成的朝政紊乱，更希望恢复正常的政治运行轨道，人心向唐，人心思定，所以即便李隆基不去拉拢朝中大臣，也会有人替太子李隆基来发声，譬如韦安石、宋璟、姚崇等人。前面谈到宋璟和姚崇密谋对付太平公主，历史记载中并未说明他们是否和李隆基联手，但他们密商后拿出的方案，的确是有利于太子一方的。

宋璟和姚崇向睿宗表明，他们要借助皇帝的力量给太平公主一记痛击。两人向睿宗建议："宋王李成器是陛下的嫡长子，豳王李守礼是高宗的长孙，太平公主老在他们和太子之间挑拨，这将使东宫不安。陛下应该将宋王和豳王都派出长安到地方当刺史，同时把李隆基的弟弟岐王李隆范、薛王李隆业的左右羽林军改编为太子的左右卫率侍卫军以加强太子的力量。至于太平公主和武攸暨，应该都放到东都洛阳安置。"姚崇和宋璟的这番设计，对李隆基而言，将是天大的利好。太平公主能够叫嚷着更换太子，是因为在李隆基之前有两个比他更有资格当太子的人，一个是他的大哥宋王李成器，一个是他的堂哥豳王李守礼。李成器是睿宗的嫡长子，李守礼是高宗现存于世的长孙，两个人都有资格当太子，姚崇和宋璟主张将这两个人都送出长安，便是为了隔断他们与太平公主的联系，这样即便太平公主上蹿下跳，也无法动摇李隆基的储位。至于将岐王和薛王的羽林军改编为东宫左右卫率，更是有利于李隆基，这样李隆基就可以把兵权收到自己的手里，防止太平公主利用这两支队伍作乱。最后姚崇和宋璟还准备将太平公主和武攸暨赶到洛阳，让他们彻底远离长安的权力中心。听完姚崇和宋璟的建议，睿宗稍作迟疑，皱了一下眉头："我就太平一个妹妹，难道也要外放到遥远的东都洛阳吗？还是从长计议吧！"景云二年（711）二月初一，睿宗对宋、姚的建议稍作变通，宣布以李成器为同州刺史、李守礼为豳州刺史，以李隆范和李隆业为左、右卫率，对太平公主则没有听从姚宋的办法，

第一章 后武则天时代：社稷宗庙不坠于地

就近于蒲州安置。蒲州在今天山西永济，自然要比东都洛阳离京都长安要近便很多。隔天，中书侍郎张说上奏请睿宗把东宫的实力进一步巩固，睿宗最终决定太子监国。事情是如何发展的呢？

所谓监国，是指皇帝外出时，留太子在京师镇守，代理国事。但睿宗同意太子李隆基监国，则并不是因为皇帝要出巡，而是来自中书侍郎、同平章事张说的意见。张说做过东宫侍读，曾陪伴李隆基读书学习。唐宰相李德裕所著《次柳氏旧闻》一书，记载玄宗时的政事轶闻，描写过李隆基和张说之间的亲密过往。其中就记载了因为担心太平公主会加害已有身孕的太子妃杨氏（后元献皇后），太子李隆基意欲让杨氏打胎，在张说的劝说下，最终没有将自己的儿子（后来的唐肃宗李亨）流产的故事，此事也被《旧唐书·后妃传》采纳编入正史，可见当时太平公主对李隆基的监视是何等严密，也恰好说明太子与张说之间的亲密关系。阴谋废黜的政治流言依然盘旋在长安城的上空。当睿宗向出任宰相的张说抱怨，最近谣言四起，总耳闻有人犯上作乱时，张说一听就知道这是冲着太子来的，立马上奏给睿宗说："这肯定是小人离间陛下和太子的荒唐之言，只要陛下下令让太子监国，这荒唐之言必定无疾而终。"睿宗若有所思地点了点头，这时一向与张说不和的姚崇也趁势推波助澜："张说所说的正是安定江山社稷之计，陛下真是应该好好考虑一下啊！"张说一语道破玄机，流言都是针对太子，如果睿宗能够出面为太子站台，宣布太子监国，所谓的舆情也就烟消云散。张说所言确实是安社稷之计，此计不再局限于嫡长制继承法的纷争，不再纠缠于该不该立太子的辩论，直接放权让太子监国，代行国务，向外界充分展示皇帝对太子的政治信任，堵住悠悠之口。换言之，李隆基的地位已是君王了，太平公主只能安守臣下的本分，否则，就是大逆不道。这样，各种谣言不攻自破，政局就会安定。

在张说和姚崇的合力劝说下，睿宗采纳了宰相们的建议，于是有了上述两位皇子出任地方刺史，太平公主和驸马武攸暨移居蒲州的决定。二月初二，又下制曰："皇太子（隆）基仁孝因心，温恭成德，深达礼体，能辨皇猷，宜令监国，俾尔为政。"充分肯定了皇太子的品德与能力，命太子李隆基监国，六品以下的官员任命及有期徒刑以下的刑罚均由太子说了算。太子监国对于太平公主而言的确猝不及防，犹如当头棒喝。在姚崇、宋璟、张说、韦安石等人支持下，"太子非长"给李隆基造成的困扰，正慢慢消解。二月监国的实现，事态似乎正朝着有利于李隆基的方向发展，但是政治永远充满变数，太平公主的势力已经盘根错节，想要撼动这棵大树，并没有那么容易。太平公主的权力回击来得更为迅速，也更为猛烈，更严峻的挑战马上来了。

三、迎战太平

看到睿宗的连续两道诏书之后，太平公主深感意外，当得知所有主意都是姚崇和宋璟出的，更是愤怒到了极点。太平公主找到李隆基，劈头盖脑一顿指责，从伦理亲情的角度，把李隆基骂得狗血淋头，接着又到哥哥睿宗李旦面前去哭诉，侄子李隆基不把她这个姑母放在眼里，居然找朝中大臣对她百般刁难，让她不得安生。睿宗当然清楚，这件事情不能让李隆基承担责任，建议是姚崇、宋璟提的，自始至终李隆基没有说只字片语，只不过诏令颁布，最大的受益人是李隆基而已。睿宗当初对太平公主采取怀柔态度，一方面是毕竟是自己的妹妹，另一方面也是念及如果没有太平公主当初的支持，他们何来重见天日的一天？不过没想到太平公主直接找李隆基发飙质问，睿宗父子这时也意识到太平公主的势力并非一纸诏书就能解除的。

正当李隆基惶恐不安，十万火急地想方设法应对太平公主的时候，张说建议李隆基以退为进，先给太平公主服软，不要和太平公主正面冲突，需要避开太平公主的锋芒。李隆基的办法是，既然你认为是我指使中枢找你太平麻烦，那么我和他们划清界限，把自己摘出来不就可以了？应该说张说的法子，李隆基是听进去了。于是他火速给睿宗上了一道奏疏，内容是这样的：姚崇、宋璟离间我和姑姑以及两个哥哥之间的感情，请陛下将他们处以极刑！然而奏疏到了睿宗那里，则将他俩双双贬出了长安。二月九日，贬姚崇为申州刺史、宋璟为楚州刺史。两天后，宋王李成器等贬为刺史的命令作废。然而，对太平公主维持原判，被迁到蒲州，离开了长安。不过岐王和薛王兵权被剥夺，羽林军归太子掌管，这对太平公主十分不利。这样的结果，也是睿宗权衡各方力量做出的。睿宗对这件事的来龙去脉本就心知肚明，他知道姚崇、宋璟他们的主意不错，这才听从他们的建议。但是，妹妹为自己当皇帝立了大功，自己对妹妹也有仰仗，不好得罪。到底怎么处理呢？两边平衡。他看到太平公主与太子之间的矛盾激化，既不想放纵公主，又不想废了太子，意图息事宁人，从中调和。他以贬谪姚崇和宋璟作为代价，来换取太平公主迁到蒲州。可是，双方矛盾不仅没有缓和，而且公开化了。

在姚崇、宋璟被贬两个月后，李隆基又遇到了一个难题：父亲李旦居然要把皇位传给他。这下把李隆基吓坏了！没有在那个时代生活过的我们无法真正理解皇帝和太子的关系，在一般人看

第一章　后武则天时代：社稷宗庙不坠于地

来反正是父子，谁当皇帝不是当啊。其实不然，中国古代的皇帝是终身制的，一般都是生命不息，战斗不止，不到生命最后一刻，坚决不会放弃皇位。一旦皇帝在有生之年提出要把皇位让给太子，太子就需要警惕了：到底父皇是真心实意，还是给自己挖了一个坑呢？所以宋仁宗当年就感慨，最是无情帝王家。

睿宗当时是这样讲的："我生性淡泊，不喜争权夺利，也不觉得当皇帝有多么尊贵。过去母亲则天武后让我当皇嗣，哥哥中宗也想让我当皇太弟，我都予以推辞。如今更是不想做这个皇帝，所以我决定禅位给太子，你们觉得如何？"皇帝话一出，大家一片沉寂。谁也不敢立马表态，但凡接话要么支持，要么反对，而无论哪种态度，都注定要得罪人，要么得罪李隆基，要么得罪太平公主。此时，太子右庶子李景伯站出来讲："陛下万万不可有此想法啊！"这个反对的意见大概率是李隆基授意李景伯表达的，因为他们知道以目前的政治环境接过皇位时机还不成熟，倘若勉强接任，这个皇位能坐多久要打一个问号。吃一堑长一智的李隆基果断地拒绝了父皇扔过来的馅饼，他知道此时的馅饼还不完全是馅饼，如果稍有不慎，就会变成一个陷阱，很可能让自己深陷政治的旋涡。与此同时，支持太平公主的人也站了出来，这个人便是殿中侍御史和逢尧。和逢尧说道："陛下年富力强,正为四海所景仰,怎么能就这样让位呢?"李隆基不接受让位,太平公主一派也反对,这次传位动议只好不了了之,不过睿宗最后还是下诏,国家大事全由太子裁决,军队中的死刑以及五品官以上的任命,先跟太子商议,然后再行给皇帝上报。等于说给了太子极大的行政处置权力。

拿到这纸诏书后,李隆基也开始有点迷茫,他也弄不清自己父亲真实的意图,不得已,他只好继续以退为进,让右庶子李景伯再去找皇帝,把自己不适合监国的理由再做陈述,结果睿宗完全不同意。李隆基这时还不敢明目张胆地从父亲手里夺权,所以坚决推辞。推不掉,又向睿宗提请让宋王李成器来做太子。为了证明自己没有"离间姑、兄"的阴谋,他又主动建议召回太平公主,既表明自己心思,又顾及睿宗仍念兄妹之情,让睿宗认为自己还是尊奉长辈的。睿宗处理矛盾仍用老办法:既维护太子的利益,又偏袒太平公主的地位,他不同意太子让位宋王,但批准了让太平公主回到长安。

太平公主从蒲州回到长安以后,她发现朝堂上真正站在自己一方的势力并不明显,于是不再大张旗鼓地就长子的问题做文章,因为再以废立太子说事,既会继续引起睿宗的不满,更容易招致宰相集团的反弹,不如积极布局,逐步打压反对自己权力的

第一章　后武则天时代：社稷宗庙不坠于地

异己力量，培植反对李隆基的政治集团，从权力内部给太子造成巨大挑战。很快，那些曾经反对过太平公主的人就遭到了清算。

最先遭到清算的是御史大夫薛谦光和殿中侍御史慕容珣，两人遭到清算是因为他们弹劾过一个人，胡僧慧范。所谓胡僧，就是不是汉族僧人。慧范通过太平公主的乳母投到了太平公主的门下，进而成为狐假虎威的和尚。慧范靠着太平公主的势力，在民间大肆侵吞百姓财产，官民敢怒而不敢言。等到太平公主被外放到蒲州，薛谦光和慕容珣以为可以揭发慧范的恶行，结果没想到恰恰相反，他们赌错了，太平公主非但没失势，而且还被太子请回了长安。经过太平公主的运作，睿宗指责薛谦光和慕容珣均身为御史，却想投机取巧，明明应该直言上谏，却畏惧权贵，专等太平公主离京后弹劾，不仅投机心理严重，而且涉嫌离间皇帝和太平公主的骨肉亲情。到了这个地步，薛谦光和慕容珣的御史生涯也就到头了，薛谦光被贬为岐州州长，慕容珣被贬为密州司马。在薛谦光和慕容珣之后，还有曾经得罪过太平公主的太子少保韦安石，前面已经提到，也被太平公主明升暗降，从中书令的实职，降为尚书左仆射、太子宾客、同中书门下三品的虚职，被剥夺实权。另一个宰相张说，被任命为尚书左丞，也发配到了洛阳。

为了达到目的，太平公主故技重施，和睿宗打亲情牌，甚至

开元盛世：大唐的空前繁荣

不惜用上一哭二闹三上吊的把戏，软磨硬泡让睿宗同意调整中枢机构人员配置。结果，十月三日，睿宗登上承天门，召集宰相们宣读诏书："政教多阙，水旱为灾，府库益竭，僚吏日滋，虽朕之薄德，亦辅佐非才。"一句话，现在国家的形势不好，一方面是因为皇帝的个人品德不佳，另一方面是因为你们这些宰相不是真正的辅佐之才。诏书宣读过后，全体宰相就地免职。也就出现了上述被太平公主借睿宗之手调任免职的一大批官员。睿宗同时公布了新任宰相名单：以吏部尚书刘幽求为侍中，右散骑常侍魏知古为左散骑常侍，太子詹事崔湜为中书侍郎、并同中书门下三品，中书侍郎陆象先同平章事。史书称，这份名单的确立，"皆太平公主之志也"。无疑，这是一份平衡各方面势力的名单。刘幽求大家都不陌生，唐隆政变的主力，李隆基的死党，之所以留着他，估计睿宗可能也有做过太平公主的工作，当然太平公主大抵认为，刘幽求不似姚崇、宋璟这些朝中忠臣那么有影响力，留着也不影响她的权力布局，也就给睿宗卖个面子。魏知古则是一个中间派，谁的人都不是。崔湜，太平公主的男宠，对于他，太平公主寄予厚望。陆象先可能很多人并不熟悉，但是，如果我们说"天下本无事，庸人自扰之"这句话，大家就都耳熟能详了。陆象先是崔湜的陪读，太平公主要提拔崔湜当宰相时，崔湜提出

第一章 后武则天时代：社稷宗庙不坠于地

了自己的想法：陆象先的名望很高，众人都认为他具备宰相之才，我没别的要求，就是希望能和陆象先成为同事。如果我跟他一起提名，我就接受，如果不跟他一起提名，我宁愿不当这个宰相。因为陆象先名气大，能和他成为同事，崔湜感觉自己脸面有光。如此，太平公主就把两个人一起推荐，进入中枢系统。就这样，太平公主回到长安不久，就将李隆基太子监国的政治局面，迅速地扭转为太平公主可以只手遮天了。朝廷里各方势力也都在观望和选边，姑侄之间的斗争也越来越白热化。蒲州刺史萧至忠主动依附太平公主，被提拔为刑部尚书。萧至忠素有雅望，名声在外。华州长史蒋钦绪是萧至忠的妹夫，这位当年反对韦后上位的书生被降职后，头脑更加清醒，劝说大舅哥萧至忠："像你这样的有才之士，完全没有必要为日后不能飞黄腾达而担心，何必做这种阿附他人之举？"但是萧至忠并没有将妹夫的话听进去，他希望在太平公主提供的终南捷径上迅速走向权力巅峰。蒋钦绪得知大舅哥一意孤行，不禁感叹："萧氏九代望门，到时一朝族灭，实在是可悲啊！"宋璟在路上碰到刚从太平公主家出来的萧至忠，直言道："这可不是大家对您的期望啊！"萧至忠笑道："宋先生说得很好！"说完就策马扬鞭而去，踏上一条不归路。

经过几个回合的较量，信心满满的太平公主一番布置后，朝堂上的力量对比发生了剧烈变化，看似太子监国，但是李隆基的权力实际上受到极大的限制，官员们论事皆言太平公主，而不知有太子，太平公主的实力大增。但计划远远赶不上变化。

延和元年（712）七月，长安彗星划过天空。在现代看来，这只不过是一次普通的天文现象，而在古代，这一切被神化了。众所周知，中国古代讲究"天人感应"，把自然界的一些现象归结为上天示警，具体到天文现象，就代表着王朝祸福的征兆。当然，太平公主不会错过借此大做文章的机会来彻底动摇李隆基太子监国的基础。太平公主指使一位术士进宫为皇帝占卜天象，说："彗所以除旧布新。又帝座及心前星皆有变，皇太子当为天子。"至于什么是帝座、心前星，恐怕皇帝也并不那么关心，术士所说的关键，一是除旧布新，二是皇太子当为天子，这是皇帝想知道上天的意思到底为何，也是太平公主希望睿宗从天象中获得的政治信息，太子要取代天子了！

看上去这个解读天象的说法是为太子李隆基着想，但实际上是给太子设置陷阱。中国古代的权力继承有一个缺陷，就是一旦确立皇储，皇帝和太子之间会形成二元权力结构，是一组博弈关系。一方面，皇帝需要有继承人；另一方面，继承人的存在会对皇权构成一定威胁。而此时突然出现术士解读星象，说太子要上

第一章 后武则天时代：社稷宗庙不坠于地

位做天子，按照常理，仅做了两年皇帝的睿宗肯定是不会答应的，这完全是在挑战皇权。沿着这个逻辑，睿宗借着这样的政治预言，肯定是可以废黜太子李隆基的。其实，之所以如此做局，也是太平公主的想法，最好能借着术士的话，趁着李隆基权力受到挤压的当下，不费吹灰之力就把太子拉下马，万事大吉。但睿宗不是一般的皇帝，他是历尽磨难、两次登基的皇帝，他并没有如太平公主所愿，大发雷霆，把天象的预言看作太子的谋朝篡位，而是轻描淡写地说："我已经下定决心，把皇位传给有才德的太子，而我又能避过灾祸！"这句话一出口，太平公主顿时感到自己费尽心思的谋算都打了水漂。其实，这就是太平公主不了解自己的哥哥了，自己这位哥哥半生在屈辱中度过，早就养成了宠辱不惊的习惯，对于他而言，皇帝也好，亲王也罢，一生平平淡淡才是真。他们兄弟八人，能得善终的又有几人？他早已看透了发生在皇位之上的上上下下，他真的有些厌倦了。在他年轻气盛时，他想过做一个好皇帝，可惜他的母亲不给他机会；在他年近五十时，他本已经做好当一辈子平安王爷的准备，可惜他的妹妹又把他推上皇位。知我者谓我心忧，不知我者谓我何求。淡定的李旦就此下定退位的决心，这一下让太平公主坐立不安，一旦睿宗退位，太子李隆基继位，自己这个姑姑还有好果子吃吗？

开元盛世：大唐的空前繁荣

太平公主偷鸡不成蚀把米，万万没有想到自己精心编织的天象预言，被睿宗顺水推舟拿来做了退位让贤的最佳借口，不仅她感到不可思议，李隆基得知父亲的决定后，也是不明就里，马上跑到宫里面见睿宗，叩头请罪："我就是在剪除韦氏的时候，立了芝麻绿豆大的功劳，现在做了太子，有时也觉得力不从心，您怎么会突然要把皇位传给我？还希望父皇能收回成命。"听完儿子一番话，睿宗说："社稷之所以再安，我今天之所以得天下，都是你的功劳。如今天有异相，帝座有灾，说明上天对我做皇帝还是有所不满，我才寻思将皇位传给你，希望能转祸为福。你也不要多想，安心接受就好！"甚至睿宗以一种威胁的口吻说："你如果是孝子，为什么不能让我享享清福，非要等我死了，然后你再来即位当皇帝吗？"到此，李隆基只好答应，流涕而出。随后，睿宗下诏传位给太子，诏文赞扬李隆基有大功于天地，监国日久，政清人和，也应该接续大统。睿宗自己则做起了"无为无事"的太上皇。

就这样，因为睿宗这么一个出人意料的传位决定，事情发生了一百八十度的大转弯，本来咄咄逼人的太平公主看上去已经大权在握，结果没想到送给太子李隆基一个大礼，从太子晋升为皇帝！延和元年（712）八月，李隆基接受了父亲唐睿宗的禅让，

第一章　后武则天时代：社稷宗庙不坠于地

正式登基称帝，改元先天。这一年，他刚刚28岁。

尽管李隆基已经登基称帝，但是太平公主依然没有死心，她因时而变，及时调整策略，力劝睿宗，虽然传位太子，政事却不能放手，企图架空年轻的新皇帝，目的当然是为自己下一步运作赢得空间和时间。睿宗也采取了折中的办法，虽然对外宣称自己要做"无为无事"的太上皇，但他也受太平公主的影响，知道自己平稳交接的任务还没有完成，于是对太子说："你是不是觉得国家事务重大，还需要我过问一下？那好吧，昔日舜禅让给禹，还要亲自出外巡守，我虽然退位，但还会过问国家大事的。"李隆基登基之初，朝廷的格局跟以往似乎没有太多的不同，只不过以前他和李旦是太子和皇帝的关系，现在则是皇帝和太上皇的关系。按照规定，太上皇李旦自称"朕"，发布的命令叫"诰"，皇帝李隆基自称"予"，发布的命令叫"制"。另外太上皇李旦每隔五天在太极殿接见群臣，皇帝李隆基则每天在武德殿接见群臣处理国家大事，三品以上官员、重大刑罚判定以及重大国事决策由太上皇决定，其余由皇帝决定，形成太上皇与皇帝二圣共主朝政的局面。

虽然在父亲有意无意的帮助下，李隆基对太平公主的斗争已经取得了阶段性胜利，但玄宗这个皇帝实在是不好当，一方面自己的权力受到太上皇的极大限制，甚至可以说他还没有真正掌握实权，另一方面太平公主紧紧缠住哥哥，擅权用事，无时无刻不在给自己制造权力障碍。处在夹缝中的李隆基愈来愈感到政治空间的逼仄，不仅要应对咄咄逼人的太平公主对自己权力的挑战，还要在太上皇与皇上的二元权力结构中寻求平衡。就在李隆基烦恼之际，意想不到的事情又发生了。刘幽求搞政变了！

在太平公主的谋划下，中枢机构几乎被太平公主的心腹和走狗占据，唯一留在宰相位置上还算是李隆基势力的就是刘幽求。虽说是李隆基的军师，但是在太平公主的威压下，在宰相群体里一直人微言轻，这让当年无比风光的筹划诛韦兵变的刘幽求日益感到前途无望，如果一味忍让，最终很可能会让太平将自己驱逐出宰相机构。百般无奈，刘幽求又开始策划新的一场兵变。刘幽求很清楚搞政变需要有军队支持，他找到中央右御林军将军张暐，与其密谋，并请他将政变计划告知李隆基。张暐将计划密告李隆基，也把政变的原因向李隆基做了解释，当前宰相集团多数都是太平公主安插的，这些人都不安好心，日夜都在想着如何抢班夺权，如果皇帝还不早做打算，一旦他们得逞，您和太上皇将如何得以为安？天下岂不又是不得安宁？最好的办法就是先下手为强，将太平的势力全部铲除。我和刘幽求已经定好计划，就等

第一章 后武则天时代：社稷宗庙不坠于地

皇上一声令下，开始动手！李隆基得知刘幽求的政变计划后，毫不犹豫答应了！为什么会不假思索，对计划深以为然，还得说起当年李隆基做太子的时候，曾与自己提拔的官员王琚促膝长谈的一件往事。那次长谈解决了李隆基处理与既是权力对手又是亲属姑母太平公主的关系的难题，王琚一番点拨让李隆基茅塞顿开：天子之孝，与凡人不一样，当以安祖庙社稷为重。汉朝时，盖长公主是皇帝刘弗陵的姐姐，从小把刘弗陵抱大，感情不能说不深，可是有罪时照样诛杀。天子为江山社稷着想，不能拘泥于小节！于是做了皇帝的李隆基，在太平公主和太上皇权力双重压力下，准备不拘小节，铤而走险，若是成功拿下太平公主，不仅扫除了政治道路上最大的障碍，也可以摆脱太上皇的权力牵制，大权在握。就在李隆基下定决心动手的时候，事情又发生反转。

按说密谋政变的事情，知道的人越少越好，不承想张暐将政变的计划泄露给侍御史邓光宾，结果一传十，十传百，政变成了公开的秘密。因为牵涉李隆基，无奈之下，李隆基只好弃车保帅，先发制人，给太上皇上奏说刘幽求和张暐搞政变！所以伴君如伴虎，真不知道在什么节骨眼上，自己要成为替罪羊、背锅侠。结果刘幽求被控离间骨肉，罪该处死。幸好，李隆基现在是皇帝，说话是有分量的，他将刘幽求等人的死罪予以减免，不过死罪可免，活罪难逃。刘幽求被流放到封州，张暐被流放到峰州，邓光宾被流放到绣州，全部是岭南地区，传统的南蛮之地。张暐所流放的峰州在今天的越南永安县，刘幽求流放的封州在今天的广东封开县，而邓光宾的绣州在今天广西的桂平市。在刘幽求踏上流放路的同时，崔湜下令给广州都督周利贞，密令他在刘幽求到封州后，斩草除根。周利贞不是一般的狠人，当年李敬晖等五王就是死于他之手，现在他把刀擦亮了，只等刘幽求来。但桂州都督王晙提前知道了崔湜和周利贞的阴谋，因此在刘幽求路过桂林时，就把刘幽求留了下来。周利贞不断用朝廷公文催促，崔湜也屡屡向王晙施压，敦促其将刘幽求送到封州。

刘幽求政变失败后，李隆基与太平公主之间的政治矛盾彻底激化。太平公主开始更频繁地调整宰相，先天二年（713），萧至忠取代刘幽求做了中书令，七个宰相中，窦怀贞、岑羲、萧至忠、崔湜四人依附太平公主，太平公主的亲信在宰相中已占优势。朝中"文武之臣，太半附之"。因为刘幽求调动了禁军，太平公主也开始在军队中寻求支持力量，她拉拢禁军中左羽林大将军常元楷、知右羽林将军李慈、左金吾将军李钦等领兵将领的力量，开始准备更大的动作。太平公主不仅在朝中形成了自己的势力，还勾结宫人元氏准备秘密毒死李隆基。无论毒害李隆基的历

第一章 后武则天时代：社稷宗庙不坠于地

史记载真实与否，可以想见太平公主和太子已经到了刀兵相向、剑拔弩张的地步。

政变的事情也触动到太上皇李旦，虽然矛头指向的是太平公主，但一旦事情成功，无疑也在宣示李隆基是真正的天下之主，所谓太上皇与皇上的权力共治很快会随着李隆基政变的成功而彻底结束。先天元年（712）十一月，李旦诰遣李隆基出巡边疆！这道诰命让李隆基感到自己的父亲在权力和亲情面前，选择的是权力。但在李旦看来，李隆基指向自己妹妹太平公主的政变本就不应该发生，虽说皇帝亲自揭发了政变，但刘幽求无论如何都是你李隆基的心腹，再怎么说你也脱不了干系。可能出于气愤，也可能是要给自己妹妹有所交代，李旦颁发了这条诰命。对李隆基来说，这道诰命的致命之处在于一旦离开京城，太平公主只手遮天，极有可能就完全将李隆基的权力清扫出朝廷，而自己的帝位肯定不保，人生中最大的一次危机考验着李隆基。但很快太上皇李旦喜于折中的处事方式，又一次让李隆基化险为夷。两个月之后，也就是先天二年（713）一月，李旦又宣布皇帝巡边改在八月进行。之所以改期，因为李旦也清楚，让皇帝出巡，时间一久，政局肯定会出现动荡，虎视眈眈的太平公主肯定旧事重提，皇帝谁来做的话题又会出现在朝野上，这又将让唐朝再次陷入动荡。正因为担心如此，他才提前退位，让儿子李隆基接班。可是如果废黜皇帝，自己在太平公主和儿子李隆基之间寻求的平衡不就不复存在了吗？一生出让三次皇位的李旦不希望双方的矛盾通过武力来解决，在此前长达几十年的政治斗争中，他已经失去了太多亲人。如今，他试图逐步让渡权力，让儿子顺利接任并巩固皇权，他既不想置儿子于死地，又不想太平公主过于跋扈，干扰政局。所以，他折中的办法是给李隆基来了个缓期执行，既没有取消巡边的安排，而是把巡边的日期推迟，也是给李隆基敲边鼓，不要忘了太平公主是你的姑姑。对于李隆基和太平公主而言，李旦的这个决定谁都没有取悦，两个个性都很鲜明的人，并不会因为李旦的和稀泥而停止你争我斗。

看到太上皇让皇帝出巡的决定，站在李隆基一边的人已经按捺不住了，他们都在催促李隆基动手。已经升任中书侍郎的王琚对李隆基说："事情紧迫，我们必须抢先动手。"被贬在东都洛阳的张说政治嗅觉敏锐，觉察到太平公主很有可能阴谋篡位，秘密献了一把匕首给李隆基，暗示要迅速决断铲除太平公主的势力。随后，荆州长史崔日用也劝李隆基尽快动手，并且建议动手之日，一定要先收取禁军兵权，然后铲除逆党，先后顺序一定要有主次。李隆基随后便调任崔日用到京都担任吏部侍郎，以佐政

第一章　后武则天时代：社稷宗庙不坠于地

变。

太平公主这边也没闲着，密谋举行兵变，废掉玄宗。他们的计划是在七月四日，由常元楷、李慈率羽林军攻入玄宗所在的武德殿，宰相窦怀贞、萧至忠、岑义等于南衙举兵响应。这个惊人的计划被看似中立的宰相魏知古知悉，迅速报告李隆基。李隆基准备反击。历史真是会重演，当年太宗李世民玄武门之变的记载，也是因为得知李建成意图谋反，太宗被逼无奈，选择政变。李隆基的选择如出一辙。究竟李隆基再一次的政变是主动出击还是被迫防卫，其实都不重要，重要的是魏知古带来的消息激发了李隆基的斗志，提前对政变做出周密的部署。李隆基立即与弟弟岐王范、薛王业、兵部尚书同中书门下三品郭元振、龙武将军王毛仲、殿中少监姜皎、太仆少卿李令问、尚乘奉御王守一、内给事高力士等亲信密商对策，决定提前一天动手，先发制人。至此，李隆基已经下定了决心，既然在政治上不能让太平公主集团消停，那就干脆直接绞杀他们。

你死我活的决战终于拉开序幕。李隆基和幕僚们商定了平乱除奸方案，由于吸取了刘幽求政变失败的教训，此次铲除太平公主计划的制定格外严密，参与计划的核心成员不是李隆基的亲戚，就是李隆基的亲信和家奴，且范围很小，这种事情知道的人越少越好。行动时间定在七月三日。行动倒也简单，李隆基也是听取了崔日用的建议，先清除依附太平公主的禁军力量，然后剪除太平逆党。李隆基安排家奴王毛仲领三百人马从武德殿入虔化门埋伏，命人召来常元楷、李慈，趁其不备，直接斩首；擒拿贾膺福、李猷于内客省；执萧至忠、岑义于朝堂，现场处斩。太上皇李旦闻变，在郭元振的护送下登上承天门楼，李旦还命人记录了护送太上皇的官员名单，准备日后论功行赏。后来玄宗让陆象先去搜集这份名单，看看当时谁站在太上皇的一侧，陆象先则回答，名单已经被烧了，巧妙地化解了名单上官员们的政治厄运。

登上承天门楼，迫于形势，太上皇李旦也只好无奈认可政变，随即李隆基赶到承天门楼向太上皇请罪。李旦随机应变，马上下诏宣布窦怀贞等人的罪状，并大赦天下。太平公主失去了禁军的力量，反击无望，逃入山寺，足足待了三天，才被迫出山。她完全没有想到自己居然败得如此惨烈，在极度的绝望中，她在家中自杀，结束了与人争斗的一生。同时太平公主几个儿子（除了薛崇简）及死党数十人也被处死。睿宗被迫退出政坛。事后，睿宗下诰："自今军国政刑，一律由皇帝来处理决定。我准备彻底退居二线，不再涉政。"自此睿宗彻底交出权力，徙居百福殿。开元四年（716）六月，睿宗去世。

第一章 后武则天时代：社稷宗庙不坠于地

在经历了诛杀韦后、铲除太平公主的激烈宫廷政变后，29岁的李隆基几经政治沉浮，踏过荆棘丛生的政争之路，力图社稷宗庙不坠于地，迈向权力的巅峰。先天二年（713）七月，太上皇李旦表示"无为养志"，不再插手朝政，玄宗真正掌握了政权。十一月，李隆基接受了群臣所上尊号，称"开元神武皇帝"。十二月初一，大赦天下，改元开元。从此，唐王朝进入了一个新的发展阶段，历史进入了"开元之治"的新时期，女主干政到此也画上了句号。可以说，唐玄宗与太平公主的斗争不仅仅是一场权力的角逐，这次胜利迫使太上皇睿宗交出全部权力，玄宗成为名副其实的皇帝。实质上玄宗也在不断肃清后武则天时代外戚干政造成的动乱、分裂的后遗症，拨乱反正，重新恢复清一色的李唐政权。没有这场斗争的胜利，就不可能有"开元之治"的局面出现，这是"开元盛世"出现前所必须具备的政治条件之一。

第二章

开元新政：贞观之风，一朝复振

开元之初，唐王朝面临着诸多困境。因长期的政局动荡，后武则天时代的弊政不断发展，特别是中宗、韦后统治时期，吏治腐败，以致到了开元之初积重难返，百废待兴。彼时内有王公贵族违法乱纪，朝中冗官充斥，百姓经济负担沉重，外则西域及辽西屡遭突厥、契丹侵扰，边境危机重重。如何重新振兴唐朝事业，踌躇满志的唐玄宗协调上层统治者内部的关系，稳定政局，效法唐太宗，决心要"改中宗之政，依贞观故事"。他夙兴夜寐，废寝忘食，勤勉奋发地工作，史称玄宗"自临御以来，卅年未曾

第二章 开元新政：贞观之风，一朝复振

不四更即起"。但政治改革之路须要革故鼎新的人才，协助唐玄宗加强皇权、稳定政局的姚崇首先得到起用，随后君臣同频，一批贤德人才陆续受到重用，开元新政的序幕开启。

一、姚崇救时

唐玄宗虽然不是开国皇帝，但他的权力获得，不是依靠所谓父死子继的政治惯例取得的，而是经过了长期奋斗，在复杂的宫廷政治斗争中夺取而来的。所以，在一定程度上，他具有开国皇帝的某些特色。夺取政权的经历，为他谋求王朝的长治久安和兴盛发达提供了丰富的经验。开元之初，玄宗所面临的首要问题是消除武周以后政变迭起、内乱不止的根源，彻底解决兄弟纷争、祸起萧墙、宫闱干政、功臣擅权等弊端。登上帝位的唐玄宗踌躇满志，力图重建一个贞观盛世，因此"擢用贤俊，改中宗之政，依贞观故事"。在唐玄宗的脑海中，一直都存在着一个突出的念头，就是要恢复"贞观之治"。众所周知，"贞观之治"在政治上的突出表现就是纳谏与任用贤相，譬如魏征、房玄龄、杜如晦等。而开元年间，结束了长期以来外戚干政的局面，政局稳定得以长期维持，恰恰是唐玄宗对中枢机构的人事配备适时调整的结

果。史书中也写道："开元中，上急于为理，尤注意于宰辅。"玄宗在开元前期是尽量师法太宗时期知人善用的做法，尽量擢用贤良，所谓"开元之盛，所置辅佐，皆得贤才"。

史书的描述总是胜利者的宣言，然一朝天子一朝臣，开元初年宰相班子的调整，实质上也是一场权力再分配的斗争结果。对一位经历多次政变，最终登上权力顶峰的君主而言，唐玄宗深知韦后、太平公主之乱的政治余波还需要进一步肃清，动乱的潜在危险依然存在；此外尽管睿宗退位，但还有部分朝臣是睿宗的支持者，如何摆脱太上皇的影响也是玄宗施政的关键。开元君臣是经过长期的权力角逐及政变后重新组织起来的，尽管他们个个不乏治国才能与锐意求治的良好愿望，然而在他们身上又清楚地留有动乱时期的痕迹，玄宗还要防范为政变出力的功臣恃功而骄。因此，在玄宗政权刚刚确立的时候，朝堂上便上演了这样一场权力之争。

先天政变后，虽然朝廷里太平公主提拔的宰相基本被剔除出权力机构，唯剩魏知古和郭元振两位大臣，但他们是睿宗的政治势力，魏知古很快被免去了宰相职务，派往东都洛阳主持选官工作；郭元振后来也被解了军职，外放任职，对此下文会详述。因此唐玄宗为了填补中枢机构的权力空缺，迅速提拔了参与政变的

第二章 开元新政：贞观之风，一朝复振

刘幽求和张说。玄宗召回了在外流放的刘幽求，封为徐国公，官拜尚书左仆射、同中书门下三品，平章军国大事，位列宰相。与刘幽求一样，当年被太平公主和崔湜拉下马，外放洛阳的张说，因为曾任太子侍读，与玄宗之间的亲密关系，随着玄宗的上位，被封燕国公，由尚书左丞直接擢升为中书令，再次成为宰相，这是他第二次出任宰相。玄宗惦记的还有一位宰相人选就是姚崇。

姚崇，本名元崇，武则天时曾改名元之，后玄宗改元"开元"，为避讳改名为崇。姚崇历任唐朝政府要职，历任武则天、睿宗、玄宗三朝宰相并兼任兵部尚书，司马光对其评价很高，说"唐世贤相，前称房（玄龄）、杜（如晦），后称姚、宋（璟），他人莫得比焉"。先天政变前，姚崇和宋璟曾向睿宗秘密上奏，请将太平公主调离中央，到东都洛阳安置，反被太平得知机密，指责李隆基背后暗算。迫不得已李隆基只好牺牲姚崇、宋璟，以姚宋离间太平和李隆基姑侄之间的关系，请睿宗降旨处死。睿宗改贬姚崇为刺史，让他远离京城。年轻的皇帝与姚崇的这一段过节，也促成玄宗在即位后第一时间思考要通过何种方式让姚崇重回朝堂权力中心。

之所以要起用姚崇，第一，此时姚崇已过六旬，由地方而中央，由文官而武官，在政治上已相当成熟，且更为可贵的是，他

有不阿附权势、敢言直谏的性格，譬如他坦言向武则天直谏诏狱冤滥的实情，直接促成了酷吏政治的结束；在玄宗还是太子时，姚崇就曾建议睿宗将宋王和豳王都派出长安到地方当刺史，同时把李隆基的弟弟岐王李隆范、薛王李隆业的左右羽林军改编为太子的左右卫率侍卫军，太平公主迁到东都洛阳安置，目的就是为了加强太子的力量。这些都是玄宗意欲恢复贞观之政所看重大臣的政治品格。第二，姚崇不属于功臣集团，不会恃功而骄。政权稳定后，重新起用他，亦不会居功自傲，忠诚度是有保障的。第三，姚崇确有杰出的才干，是诸葛亮式的官员，善于从错综复杂的政治秩序中抓住要害，既注重效率，更注重实效。平乱诛暴之后，摆在玄宗面前的重要任务是要将政局由昏暗转变为清明。姚崇极负才华，有长期的行政经验，于政治细节了然于心，处理事务能力强，应对有度，有很高的政治威望。最后，从君主的统治效果看，玄宗起用姚崇，很大程度上也是意欲姚崇、张说互相牵制，达成权力平衡，以便稳固皇权。

但是得知玄宗意欲召姚崇回中央，素与姚崇不睦的张说敏感地意识到政治危机的来临。从政治资历来看，姚崇年长持重，在政治权力场的打拼和经历远比张说丰富，特别是在重资历、讲年龄的传统社会，这种年龄、资历上的差异往往是政治角逐的一个

第二章 开元新政：贞观之风，一朝复振

重要因素；从政治智慧和能力而言，唐代社会流传着"死姚崇犹能算生张说"之说即是明证，宋代李清照也写诗云："君不见当时张说最多机，虽生已被姚崇卖。"可见姚崇多智是公认的；从政治友谊而论，姚崇早年和做太子的玄宗同仇敌忾，共同迎击太平公主，虽说张说为太子侍读，"情义至密"，但在斗争决策上，姚崇的发言权明显高于张说，而且玄宗尤为欣赏的是姚崇敢作敢当的胆识。一番权衡后，张说决定立马出手阻挠姚崇拜相。他指使御史大夫赵彦昭在玄宗面前弹劾姚崇，但没想到玄宗完全不予理会，根本不采纳弹劾意见。一计不成又生一计，张说又找到殿中监姜皎——玄宗政变时的"铁瓷"哥们儿——共同商讨对策。姜皎找机会对玄宗说："陛下不是一直苦于找不到河东总管的合适人选吗？臣下如今帮陛下物色了一个。"唐玄宗一听，很感兴趣，急忙问道："谁？"姜皎一看玄宗的态度，内心暗自窃喜，于是朗声答道："同州刺史姚崇曾经辅佐周武、中宗二帝，文武全才，是河东总管的不二人选。"姜皎原本以为和张说合计的计策十分巧妙，这样一来，既可不着痕迹地阻止姚崇入朝，又能在天子面前表现自己为君分忧的忠心。但是他和张说都低估了玄宗的政治敏感度，玄宗听了姜皎的推荐，沉吟半晌，前几日有人"弹劾"，今天又来个"推荐"，这里头有问题！问题的症结在哪

开元盛世：大唐的空前繁荣

里呢？半天没有说话的玄宗突然变了脸色，呵斥道："这都是张说教你的吧？你胆子真大，以为和我关系近，就可以当面编造这样的话来骗我，不怕治你死罪吗？"听到此话，姜皎脸色唰的一下就白了，知道大事不好，慌忙伏地叩首，拼命谢罪。玄宗升任姚崇做宰相后，张说仍然未善罢甘休，以致最终玄宗将其贬出朝廷，这是后话。

由于张说从中阻挠，玄宗加快了对姚崇任用的政治议程，但是通过什么方式召回，既可以彰显皇权的威仪，让姚崇顺利听从朝廷的决定，又可以化解当年以姚崇为替罪羊的尴尬。于是玄宗冥思苦想之后，借骊山阅兵的机会，很巧妙地创造了一个与姚崇君臣会面狩猎的机会，这次机会不仅再一次使姚崇臣服玄宗，也是玄宗进一步扫清政治障碍的一场大戏。

先天二年（713）十月，长安近郊的骊山人声鼎沸，一片喧嚣，玄宗集结二十万大军，在骊山进行规模宏大的阅兵演习，正是为了向天下昭示，作为新君登基，"上应于天也，下顺于人也"。之所以选择在骊山讲武，也是为方便召见姚崇而精心选择的，因为姚崇就在距离骊山很近的同州做刺史。可以说讲武为虚，召姚崇为实。不过在阅兵时，玄宗首先给政变的功臣们一个下马威，这次的矛头直指郭元振，前已指出，郭元振是太上皇的

第二章 开元新政：贞观之风，一朝复振

政治势力，而且执掌军权。对于郭元振的权位，已经发动过两次宫廷政变的玄宗不会没有警觉，削夺掉郭元振的权力，免去其"天下行军大元帅"，将军权控制在自己手中，皇权才能真正稳固。因此，如前所述，这次骊山讲武，明面上是解除郭元振的兵权，暗地里是借打猎的机会，和姚崇会面谈宰相的事情，因为罢免郭元振的第二天，姚崇就以同州刺史"走马上任"兵部尚书、同平章事。

十月十三日，玄宗昭告天下举行阅兵，征兵二十万参加，并委派兵部尚书与"天下行军大元帅"郭元振担任阅兵的总指挥。玄宗为这次讲武阅兵也做足了准备，他身着华丽的戎服，手持沉香大枪，检视万军，威风凛凛。此时闻风赶来围观的长安百姓多达数十万，奔走纵观，将讲武场围得水泄不通。《新唐书·礼乐志》记载，唐代阅兵一般由兵部尚书承诏主持，有专职军将击鼓举旗，指挥士众行进，皇帝只需在军前看台观礼即可。但玄宗皇帝一时激动，径直走到阵前，拿起鼓槌亲自擂鼓，这就违反了常礼。唐代小说《异杂篇》记载了这件事情，说玄宗皇帝兴致勃勃地拿起鼓槌击鼓，还没击几下，现场总指挥兵部尚书郭元振骤然宣布仪式结束。郭元振的骤停仪式，后来从《郭元振行状》中可以了解到是出于玄宗人身安全，"虑有大变"的考虑，但显然未

顾及玄宗的脸面，可以想见当时场面之尴尬。仪式突然停止，几乎所有受检阅的军队都不知所措，玄宗勃然大怒，立即把郭元振绑到自己面前治罪，准备斩首示众。刘幽求、张说等人赶紧出来劝谏，"元振有大功，虽得罪，当宥"。的确郭元振对唐朝可谓功劳显赫，帮助武则天平定吐蕃，经营西域；先天政变时，率兵维护睿宗，巧妙化解了玄宗政变可能会背上篡权夺位骂名的危机。而玄宗也并不是真正想要处死郭元振，本身骊山讲武是政治表演，是玄宗初登大宝后，通过国家仪式来彰显自己权威的重要时刻，而郭元振的鲁莽行为刚好给玄宗提供了立威的契机，借处罚郭元振给政变的功臣们提醒，即便是拱卫我上位的功臣，我也照样可以使用雷霆手段。只要立威的效果达到，郭元振死与不死其实都不重要，加上群臣劝谏，玄宗这才宽赦了郭元振，将他流放新州，不久后又让他担任饶州司马。被贬的郭元振此后一蹶不振，郁郁而终。简而言之，郭元振就是帝王政治的牺牲品。罢免郭元振后，郭元振最亲密的老部下朔方道后军总管解琬便请求退休，交出兵权。通过阅兵过程中戏剧性的夺兵权计划，玄宗有效地打压了政变功臣权势扩张的可能，为皇权独尊奠定了基础。

骊山讲武后的第二天，玄宗到渭川狩猎，借此专门安排与姚崇会面的机会。玄宗派了使者去传唤姚崇，经验老到的姚崇知道

第二章　开元新政：贞观之风，一朝复振

皇帝不会无缘无故召见一个外放的臣子，必定是有重要的事情发生。见到玄宗后，玄宗便随口问姚崇："你喜欢打猎吗？"姚崇回答道："小时候贪玩，整天就爱打猎，此后出仕为官，工作忙，也没时间去猎场，虽然现在也老了，但陪皇上打猎还是没有问题的。"聪明的姚崇岂会不明白玄宗这一提问背后的深意。所以，顺着玄宗打猎的话头，姚崇巧妙地道出了虽然自己已经上了年纪，但是还是有报国之志。双方都明白各自的弦外之音，于是，玄宗让姚崇加入了打猎的行列。君臣二人尽情享受围猎时光的同时，玄宗乘机问道："自从你外放地方任职，也有很长时间没有再见到你，每每朝堂议事，脑海中还是会浮现与你一起商讨政务的画面，你还有没有回中央任官的心思啊，再回到朕的身边？"

姚崇没有马上回应玄宗，沉吟不语。玄宗见姚崇迟迟没有说话，便接着问道："你是有什么为难之处吗？"

姚崇答道："臣外放为官太久，中央很多情况都已陌生，不适合再入主中枢了。"玄宗立马劝道："如果让你担任兵部尚书、同平章事，你是不是可以考虑回来？"所谓同平章事即宰相的职务，唐初为了让富有才能但职位上并不是那么出众的官员参与政务决策，集思广益，所以设参知政事、同平章事、同中书门下三品等使职，让这部分人能有机会进入政事堂议事。至高宗时，遂

成为定制，凡领参知政事、同平章事、同中书门下三品等衔的官员，无论是否为三省长官，皆为宰相。玄宗试图利用官复原位来拉拢姚崇，并借此弥补当年因为自保而让姚崇替罪的过失。对玄宗开出的如此丰厚的条件，姚崇也还是不为所动。所幸玄宗也并未催促姚崇给出答复，而是耐心等待姚崇考虑，很快他的耐心得到了回报。就在玄宗等姚崇回话的时候，姚崇从马背上下来，向皇帝上奏："刚才臣之所以没有给陛下明确的答复，是因为臣有为政的十事要禀告。如果陛下对这十事都能应允，臣则不敢不奉诏！"姚崇所说"十事"是：

一、"垂拱以来，以峻法绳下；臣愿政先仁恕，可乎？"武后以来，实行严刑峻法，臣主张为政以仁恕为先，皇帝意下如何？

二、"朝廷覆师青海，未有牵复之悔；臣愿不幸边功，可乎？"朝廷用兵青海，招致失败，而不进行反省，总结教训。臣建议不鼓励以边功邀赏的做法，皇帝认为是否可行？

三、"比来壬佞冒触宪网，皆得以宠自解；臣愿法行自近，可乎？"近来奸佞之人触犯刑律，却因受宠而不受惩罚，臣希望施行法令要先由近及远，施行刑罚也要先亲而后疏，一视同仁，皇帝可以做到吗？

四、"后氏临朝，喉舌之任出阉人之口；臣愿宦竖不与政，可乎？"历来皇后临朝，都由宦官出纳王命，臣主张宦官不参与政事，皇帝认为是否可行？

五、"戚里贡献以自媚于上，公卿方镇浸亦为之；臣愿租赋外一绝之，可乎？"皇亲国戚多以贡献讨好皇帝，朝廷公卿和封疆大吏也纷纷仿效，臣建议凡租赋以外的各种贡献，全部杜绝，皇帝可以这样做吗？

六、"外戚贵主更相用事，班序荒杂；臣请戚属不任台省，可乎？"先朝外戚、公主交替掌权，朝廷秩序杂乱无章，臣建议外戚、亲属不任朝廷要职，皇帝能否这样实行？

七、"先朝褒狎大臣，亏君臣之严；臣愿陛下接之以礼，可乎？"中宗时，对大臣不严肃，有失君臣名分，臣希望皇帝对大臣以礼相待，皇帝可以做到吗？

八、"燕钦融、韦月将以忠被罪，自是诤臣沮折；臣愿群臣皆得批逆鳞，犯忌讳，可乎？"朝中有大臣因忠于朝廷反而获罪，以致耿直之臣深受挫折，臣主张鼓励群臣勇于进谏，敢于触犯忌讳，皇帝认为可以这样做吗？

九、"武后造福先寺，上皇造金仙、玉真二观，费巨百万；臣请绝道佛营造，可乎？"武后营造福先寺，睿宗营造金仙、玉真二观，费巨百万，臣建议禁止道、佛营造，皇帝可以实行吗？

十、"汉以禄、莽、阎、梁乱天下，国家为甚；臣愿推此鉴戒为万代法，可乎？"汉代因外戚吕禄、王莽、阎显、梁冀等而乱天下、国家，臣希望把这一鉴戒作为永久性的法度对待，皇帝可以做到吗？

"十事疏"前后过程来源于吴兢《开元升平源》一书，后被《新唐书》引用，《旧唐书》未引。司马光认为是好事者假托吴兢之名而杜撰，因此对"十事"予以否定，认为是后人编造的，《资治通鉴》正文中不取，仅在考异中记载了原文。《新唐书·艺文志》记载为陈鸿撰，《崇文书目》不著撰人，《郡斋读书志》《直斋书录解题》皆题唐吴兢撰。因此学者们对于《开元升平源》真正撰者存有分歧。暂不论作者为何，姚崇"十事要说"的确反映出玄宗初年所面临亟待解决的政治问题，其一，拨乱反正，以仁行政，加强中央集权。具体而言就是施行仁政，废除严苛的刑法，严禁皇亲国戚、幸臣、宦官等政治势力参与朝政，维护君主权力的权威性。其二，整顿吏治，实行法治。废止酷吏政治，礼待群臣，虚心纳谏。其三，关注民生，改善国家财政状况。休养生息，不要因贪图边功而发动战争；限制宗教与国争利，限制奢靡之风，不得增建道观、佛寺；要轻徭薄赋，杜绝除国家规定赋

第二章　开元新政：贞观之风，一朝复振

税之外的一切"贡献"，减轻百姓负担，避免劳民伤财。

姚崇提出的十条建议围绕"抑权幸，爱爵赏，纳谏诤，却贡献，不与群臣亵狎"等都是针对当时的政治弊端总结出来的经验教训，条条切中要害，是开元年间的施政纲领。姚崇"十事"建议结束，玄宗毫不犹豫地说"朕能行之"。看到玄宗首肯"十事"，姚崇答应出任宰相。而姚崇提出"十事"纲要，也是出于君臣相知的前提，他知道玄宗即位后政治整顿的痛点和难点，所提政策亦直击玄宗求治的急迫心情，而玄宗也清楚，姚崇的建议能切中中枢政局软肋要害，而且没有虚言，句句恳切，从宏观到细节，既有明确的政治改革方向，又有可操作的改革策略，所以玄宗答应的态度果断而坚决，姚崇最终也被委以大权，入主中枢。

唐玄宗经过一系列权力调整，疏远"谲诡纵横之士"，访求"纯朴经术之士"，开元初年最终形成了以姚崇为核心的宰相班子。作为本身就亲历过唐代政治风波的人物，为了使国家的政治进入正常轨道，姚崇提出的十事，可谓切中要害，对症下药。这样做，是在追求施政的最佳模式。可以不夸张地讲，姚崇是"开元盛世"的设计者。玄宗非常信任姚崇，他对姚崇的要求是大事同我商量，其余事务均放手让姚崇自行处置。姚崇出任宰相时，

开元盛世：大唐的空前繁荣

承太平公主干政之后，纲纪大坏，朝政紊乱，他围绕当初提议的"十事"，积极调整政治格局，大力推行社会改革，汰旧换新。整顿吏治，抑制功臣和宗室擅权，裁汰斜封冗官，选贤任能，恢复法治，理顺政务正常流程，减少不必要的财政开支，裁减僧尼，政府统一赋税征收，逐步恢复国家机构正常运作的秩序。开元初年，出现了"进贤退不肖而天下治"的局面。史书载，姚崇问自己的属员紫微舍人齐澣"我当宰相，可以与古代哪个宰相相提并论"时，齐澣还在飞速转动脑筋想怎么回答，姚崇立马追问一句："要是和管仲、晏婴相比如何？"齐澣不假思索地答道："管仲、晏婴所行的政策虽不能传诸后世，成为万世之法，但在他们执政时期却能一直保持不变。您所制定的法度则随时更改，从这一点来看，您似乎比不上他们。"姚崇一听，脸上有点挂不住，于是又问："那我是一个怎么样的宰相呢？"齐澣脱口道："公可谓救时之相耳。"齐澣意思是说姚崇是一个拯救时弊的宰相。姚崇大喜道："救时之相，这个评价也是难得的！"

编修《新唐书》的宋祁在谈论姚崇时讲道："姚崇以十事规劝天子而后辅政，厥功至伟。然而，旧史没有记载。回顾开元初期的政治改革，的确都是姚崇当时所提建议的具体实施，是真实而不是捏造的……姚崇善于应变得以完成天下事务，宋璟善于恪

第二章 开元新政：贞观之风，一朝复振

守成文以巩固天下正气正统。二人为政方法不同，而都使天下得到治理……姚崇劝天子慎重开疆拓土，宋璟不意重用边臣，而天宝之乱，还是因为边臣所害。姚、宋可说具有先见之明。有唐三百年间，辅政大臣很多，而独前称'房、杜'，后称'姚、宋'，这是什么原因？君臣之间相辅相成，相互协行，真是可遇不可求！"所以，安史之乱时，在西逃蜀地途中的玄宗无比感慨，如果姚崇在，一定不是这个样子！可以说，玄宗初年，时代需要姚崇，姚崇理顺了整个官僚制度，将几近瘫痪的唐朝政治逐步带入稳定的态势，为"开元盛世"的出现奠定了良好开局。

二、宋璟守正

伴君如伴虎。玄宗时期的政治环境比起太宗时期已经有了明显的变化，太宗时期的贤相可以长期任职直至鞠躬尽瘁，玄宗时期即便是贤相，地位也是不稳定的，从姚崇只做了三年的宰相就可以得知，玄宗对于中枢的信任随着政治环境的变迁而出现波动，由此也影响到玄宗适时调整中枢权力体系中宰相的人选，以利皇权的主导力量立于不坠之地。

开元四年（716）闰十二月，姚崇罢相。虽然开元初年，玄

宗与姚崇两相协作，玄宗非常信任姚崇，每次殿见，必定起立相迎，告别时又临轩相送，这是其他宰相未曾受到的礼遇。姚崇也兢兢业业地辅佐玄宗。但是姚崇的儿子姚彝、姚异却自毁长城，在东都洛阳任职，四处请托，招权纳贿。知东都选事的魏知古回长安述职时，把姚崇两个儿子的违制之事汇报给了玄宗。待玄宗过问此事时，被姚崇略施小计化解，两个儿子不但没受到处分，魏知古反被降职。此事助长了他两个儿子的气焰，不知收敛，反倒变本加厉，"广引宾客，受纳馈赠"，被当时的官僚诟病。中书主书赵海是姚崇亲信，虽说政治才干不错，熟悉文书工作，且长于察言观色，深得姚崇青睐，但极为贪财。因胡商想打通朝廷关节，便贿赂赵海，结果受贿事发，唐玄宗亲自审问，论罪下狱处死。姚崇却百般为其辩护，施手营救。玄宗大赦天下时，宽赦名单里独独没有赵海的名字，赵海以"杖一百"发配岭南结案。至此，玄宗不再给姚崇任何的颜面。聪明的姚崇一看就知道中枢已不是自己继续能待的地方了，趁玄宗还没有亲自动手前，不如自己请辞，结局可能还不会那么难看。于是姚崇几次请辞避位，直到开元四年（716）年底，玄宗批准了他的辞呈，免去了他的中书令职务。

虽说姚崇对子弟和亲信的约束不足，任其恣意妄为，给自

第二章 开元新政：贞观之风，一朝复振

的政治生涯带来危机，但究其深层原因，这也是玄宗初年权力布局所造成的。前已述及，一方面，玄宗放手让姚崇拨乱反正，重振纲纪。姚崇入相以来，大刀阔斧地整治动乱，抑制功臣，调整地方政治权力布局，将政治动荡尽可能防范到最小限度内。改变官员冗滥局面，限制佛道发展的行为，以稳定国家，促进经济发展。到开元四年，后武则天时代所遗留的政治问题基本得以解决，各种威胁皇权正常运作的力量都已解除，政治已走上轨道。可以说，姚崇的作用至此完毕。另一方面，姚崇精于吏治，同时善于权术，唐玄宗看重其革中宗弊政、进忠良、退不肖的政治勇气以及其罚尽公，纲纪修举的政治原则，所以让姚崇临危受命，并想借助他的果敢与干练，政治智慧与应变手段，迅速稳定政治乱象，将原本混乱的局面理顺。但玄宗的放权也带来姚崇的专权。所以，通过开元初年对多相班子的调整，基本确立了这样一条组织原则，即必须保持宰相内部的统一，需要宰相权力的集中，我们看到玄宗在给姚崇搭建中枢班子的过程中，凡是与姚崇有正面冲突的官员，基本调任他职，避免其与姚崇直接合作，以此保证姚崇在中枢机构中的政治权威。这也是玄宗时期，唐代中枢体制在制度层面——从三省六部向中书门下体制——发生转变的前奏。但与此同时，玄宗也时刻注意趋于专权的宰相权力的变

091

化，如果一味坚持自我，不能与皇帝步调一致，也很难获得玄宗长期的信任，一旦出现不协调，宰相的位置依然难保。因此，姚崇政治功能的充分发挥以及皇帝专相不久任的任官原则，玄宗需要另一类守成的人物来主持朝政。

按照唐代的政治惯例，前任宰相离任，需要向朝廷举荐下一任宰相的人选。姚崇提交辞呈的同时，也向玄宗推荐了可以接替自己的人选，他推荐的是谁？宋璟。这个人选应该也是姚崇揣摩过玄宗的意图所作出的决定，大概正是因为这一明智之举，使他在下台后仍未完全失去玄宗的宠待。其实宋璟被推荐不是一次，和姚崇搭班子的另一位宰相卢怀慎离职后，也推荐了宋璟作为自己的接班人，可见宋璟是继任宰相的热门人选。但玄宗最后选择接替卢怀慎的官员是源乾曜。和姚崇极具个性类似，宋璟也是一个特立独行的政治人物，史称其"狷介忿燥"，因此一山难容二虎。虽说两者在睿宗时期同为中枢，因当时面临共同的政治对手，双方可以一致行动，但政局稳定后，如何重整统制秩序，很可能两人都有各自的执政意向和政治主张，何况玄宗首选姚崇作为开局救时宰相，需要执政方向的一统，因此无须在中枢体系内再培养一位强势宰相，形成分裂不和的中枢，从而引致政局动荡。源乾曜为人行事类似卢怀慎，卢怀慎自以为才能不及姚崇，政事议论决策都以姚崇为重，时人称其为"伴食宰相"。源乾曜也是行事低调，不居功，遇事稳重，不激进，其政治角色犹如玄宗形容卢怀慎一样，朕把天下之事委托给姚崇，爱卿就做个垂手宰相就好了！源乾曜与姚崇相配，会使姚、卢权力结构延续下去，而这对于开元初期的政治治理十分有利。由此看来，这种人事安排并非出自偶然，玄宗借助高超的政治力量制衡和协调的治理手段，任用姚崇全面辅政，同时防止宰相之间人事摩擦而妨碍决策和施政，从而尽快完成政治上的拨乱反正。等到姚崇也推荐宋璟时，玄宗终于下定决心起用广州都督宋璟。

宋璟一生两次入相。首次入相是睿宗景云元年（710）秋，与姚崇同朝为相。后因太平公主责难，姚崇、宋璟二人同被罢相。第二次即开元四年（716）闰十二月，姚崇罢相，玄宗任命宋璟出任宰相。

宋璟性格沉稳，老成持重，深谋远虑，胆识过人。十七岁即中进士，初授上党尉，后被武则天慧眼识中，入朝升任监察御史、凤阁舍人。武氏重用宋璟，除了宋璟个人能力突出外，也是武氏借助如宋璟这样一批从政正直清廉的廉吏，来平衡当时的酷吏政治，对酷吏政治权力形成一种制衡。

武则天时，宋璟不满武则天宠幸的张昌宗、张易之兄弟恃宠跋扈，上书痛斥二张的逆行，完全不会因为其仰仗武则天的权势而有所忌惮，对于阿附张氏兄弟的官员更是嗤之以鼻。武则天长安三年（703），张易之构陷宰相魏元忠和司礼丞高戬谋反。武则天召集重臣亲自审问，并让张氏兄弟和魏元忠当朝对质，双方争执不下。此时凤阁舍人张说迫于二张诱逼，准备去对质现场作伪证。同为凤阁舍人的宋璟，为维护正义，极力规劝张说莫要助纣为虐。他说："人生在世，名誉和道义最为重要。不能因为个人一己私利，苟且偷生，去诬陷正直之人。为人需要明辨是非，坚持正义，不能委曲求全，而人生最为重要的莫过于名节，决不能只顾个人苟生，诬陷好人，人命关天，应是非分明，坚持正义，倘若因此而被谪官流放或致其他不测之祸，宋璟可以冒死叩请天子赦免张说，如若真的难免一死，和张说一起赴死也心甘情愿，虽死犹荣。若能如此，必会万世景仰。"殿中侍御史张廷珪说："朝闻道，夕死可矣！"左史刘知几也奉劝说："不要玷污了青史，成为子孙的拖累啊！"当武则天召见张说当庭对质时，张说坦陈张氏兄弟逼迫他作伪证，并声称魏元忠没有谋反。

中宗即位后，有人告发武三思和宫中之人互相勾结，很有可能要行叛乱之事。武三思和韦后听闻后，立刻反咬一口，向中宗诬告揭发之人大逆不道。中宗听信谗言，下令将揭发之人处斩。

第二章　开元新政：贞观之风，一朝复振

黄门侍郎宋璟以为案情不实，请求查实验证。中宗盛怒之下，连衣冠都没有整理好，出来对宋璟一顿呵斥，朕已决定处斩，你要抗旨不遵？宋璟不慌不忙地说："武三思私通中宫之事，朝野早已议论纷纷，陛下理应彻查，岂能不加查实，即下令问斩？臣请陛下查实后处置。"宋璟的不卑不亢彻底惹恼了中宗，而宋璟依然丝毫没有退步，反而激将中宗："陛下若定要处斩揭发人，就请把臣杀了，否则，臣必不能奉诏。"中宗无奈，只好将揭发之人免除死刑，命加杖百下，流放岭南。不久，中宗即下诏降宋璟为检校贝州刺史。唐代职官制度中，检校之意为临时派遣的职任，并非正式职官，就是要将宋璟彻底排挤出朝廷。尽管宋璟为此付出沉重代价，但也博得了刚正不阿的政治声誉，而且这次外放，宋璟历任并州长史、贝州刺史、杭州刺史和相州刺史，也积累了丰富的地方治理经验。

　　睿宗复位后，宋璟被调回中央，出任检校吏部尚书、同中书门下平章事，依然不改秉公办事的行政风格。位居中枢的宋璟开始大力整饬吏治，清退权贵安插在中央朝廷里的亲信眼线。由于睿宗仁慈懦弱，太平公主专横跋扈，干预朝政，权势倾天，但宋璟面对太平公主依然不卑不亢，当太平要集结朝廷的力量更换李隆基的太子之位，宋璟明确表示反对，宋璟是坚定的李氏皇室支

持者。他联合姚崇，要求将太平公主夫妇迁往东都，建议太子监国，强化太子的地位。然而，太平公主的政治反击，睿宗的游移不定，使得太子李隆基面对政治压力，最终妥协，上奏睿宗，说姚崇、宋璟离间太平公主与皇帝、太子的关系，请求处分二人，让他们为自己垫背，当替罪羊。尽管睿宗罢免了姚崇、宋璟的宰相职务，但宋璟这种不畏强权，看似不识时务的"硬汉"作风给玄宗留下了深刻印象。

开元四年（716），在姚崇辞职前，玄宗已经任命广州都督宋璟为刑部尚书，西京留守。这就摆明了，即便姚崇不自行退位，玄宗还是会找理由让他卷铺盖走人，如前所提，姚崇此时雷厉风行、大刀阔斧的政治改革任务已经完成，制度成型，再加上其子弟和部下的劣迹斑斑，罢相也是早晚的事情。果不其然，玄宗提拔了宋璟后，一个多月，姚崇就降任开府仪同三司，与姚崇搭班子的源乾曜也被指派做了京兆尹、西京留守，离开中央。顺势，玄宗将姚崇推荐的宰相候选人宋璟从刑部尚书升任为吏部尚书兼黄门监，任命紫微侍郎苏颋为同平章事，让其成为宋璟的副手。这样玄宗完成了中枢权力的再一次调整，其目的就是利用宋璟"守法持正"的执政风格，改变姚崇不拘一格、随机应变的作风，使姚崇政治措施被实践证明是行之有效的部分，能持续发挥

第二章 开元新政：贞观之风，一朝复振

作用。

十一月，玄宗派内使杨思勖专程前往广州迎接宋璟进京。宋璟离开后，广州百姓十分感激和怀念宋璟的功绩，立《宋公遗爱碑》以纪念宋璟的惠政。之所以如此受到肯定，主要是宋璟执政广州，完成了广州的城市规划，亲自带领粤人夯筑土墙，烧陶制瓦，将原来简易的茅草屋变成了砖瓦房，消除火灾隐患；教粤人改造邸肆，允许临街房屋开店铺做生意，鼓励夜市经营，大大活跃了广州地区的商业氛围，吸引大量蕃商来广州经商贸易。杜甫写诗赞扬宋璟："番禺亲贤领，筹运神功操。大夫出卢宋，宝贝休脂膏。"诗中的"宋"即宋璟：宋璟任职广州期间，广州出现一派大治景象，粤人称这时期为"民丰物阜的太平盛世"。当听闻广州百姓要为自己立碑时，宋璟立刻向玄宗请旨，坚决要求制止，他在上疏中写道，立碑是为了传德载功，臣在地方上的功绩微不足道，不值得纪念，希望陛下能借此纠正阿谀的风气。而这种有功不自恃的特点，恰恰也是玄宗在选人过程中所看重的品质。

当杨思勖接到宋璟，传达玄宗请宋璟入京旨意后，宋璟风度凝远，迎诏登途。在广州赴任长安途中，虽与杨思勖同行，宋璟竟未同其讲一句话，甚至连客套话都没有说。杨思勖是什么人？

虽说他是宦官，但并非一般的只是服侍皇帝起居生活的侍从人员，他在协助玄宗剿灭韦后的政变中立有大功，被李隆基视为心腹，时任左监门卫将军，也曾帮助玄宗领兵平定过地方叛乱，生性刚毅果决，但也十分残暴。因为宋璟受玄宗器重，加之宋璟又气度轩昂，不露声色，"人莫涯其量"，旁人也难以揣度他的脾性，杨思勖只好对宋璟十分客气。虽说杨思勖一路对宋璟照顾有加，很想与宋璟攀缘结交套近乎，但或许宋璟对宦官敬而远之，而且依宋璟不攀附显贵的性格，越是得宠的人，宋璟越是保持距离。于是上京路上，两人没有产生任何交集。大家要知道，从广州到长安，今天可以飞机当天往返，当年这一路可是要花上两个月的时间。这么长时间里，宋璟一点没搭理过杨思勖，这下搞得杨思勖热脸碰到冷屁股，非常憋屈和尴尬，一回到长安，立马做了长舌妇，向玄宗打小报告，痛诉自己一路上受宋璟冷遇的委屈和不满，他说宋璟看不起我，打狗还要看主人呢，他宋璟这是看不起陛下您啊！聪明的玄宗自然不会因为这一点小事去质问和惩罚宋璟，反而因为杨思勖的告状，对宋璟不谄近贵幸的性格有了更为直观的感受，这就是一个加分项，于是更加信赖器重宋璟。

前已提及，玄宗初年，起用姚崇，拨乱反正，以解决政变后

第二章 开元新政：贞观之风，一朝复振

的政治遗留问题，将连续波动的政局予以理顺稳定，奠定政治走向清明的基本盘。恰巧姚崇是善应变以成天下之务的政治高手，迅速地在乱局中找到突破口，选贤任能、奖励清廉、精简机构、厉行节俭、裁减冗员、惩治贪污、爱护百姓，不仅建章立制，树立朝廷权威，也获得唐玄宗的肯定。擢升宋璟拜相，则是玄宗不想已经走上正轨的政治秩序，因为中枢行政的灵活善变而出现太多的不确定性，所以借助宋璟善守文以持天下之正的特质，让姚崇时代的制度和政策更趋稳定和具有连续性。姚崇政策的精粹体现在当年他进呈给玄宗的"十事要说"，拜相的宋璟，他没有大刀阔斧地进行政治改革，而是沿着姚崇"十事"所开辟的政治基本路线，萧规曹随，亦步亦趋，尚法守正，维系纲纪，保证了姚崇所开创的较为安定的政局得以延续，史称宋璟执政大有"贞观遗风"。这里，择几则史例予以佐证。

宋璟用人，务在择人，随才授任。宋璟为相，不仅知人善任，任人唯贤，而且反对任人唯亲，不畏权贵，力求百官各安其分，各称其职。开元七年（719）十一月，时任岐山县令的王仁琛向唐玄宗求官。王仁琛是李隆基当年做藩王时的旧吏，又是王皇后的族亲，既是故吏又是亲戚，碍不过情面，玄宗准备曲线救国，他知道要让主管人事任免的宋璟去提拔王仁琛，几无可能。

开元盛世：大唐的空前繁荣

于是玄宗想法绕过正常的铨选程序，通过墨敕斜封擢升其为五品官。墨敕斜封自中宗朝以来颇为盛行，五花八门的"斜封官"多达数千，泛滥成灾。彼时女主当权，面对皇帝的敕封，主持铨选的官员无可奈何，只能照单全收。当玄宗绕过人事部门，直接批条子让宋璟给自己的旧部加官，宋璟却不吃这一套，立马上疏让皇帝收回成命，他是怎么说的？"故旧日恩私，则有大例，除官资历，非无公道。仁琛向缘旧恩，已获优改，今若再蒙超奖，遂于诸人不类；又是后族，须杜舆言。乞下吏部检勘，苟无负犯，于格应留，请依资稍优注拟。"说得有理有据：一是，"除官资历，非无公道"，官员提拔朝廷是有规矩和程序要求的；二是，"向缘旧恩，已获优改"，就是因为王仁琛既是旧部，又是皇亲，已经破格照顾了，再要破例提拔，会落人口实，影响不好；三是，"依资稍优注拟"，既然皇上您都开口了，人事部门会根据此人的政行，适当照顾，但肯定不会破格越级提拔。既秉持了原则，又没有驳玄宗的面子，违制擢拔的事情自然是没有发生。

还有一例，宁王李宪奏"选人薛嗣先请授微官"。李宪就是李成器，睿宗的嫡长子，当年让太子位给弟弟李隆基。开元四年（716），因避昭成皇后之讳，改名为李宪。因为李宪本人不争不抢的性格，玄宗一直对其颇有照顾，连宋代的苏辙也感叹，李

第二章 开元新政：贞观之风，一朝复振

宪与玄宗兄弟相安，终身无间，恐怕历史上少有。李宪有一个亲戚叫薛嗣先，以前的工作是斋郎，负责宗庙祭祀洒扫工作，此人想通过李宪帮忙调整一下岗位，希望得个小官来做。于是李宪找到了玄宗，既然哥哥有事相求，玄宗也不想回绝，但他也知道宋璟的脾气，直接下命令批条子，宋璟肯定不干，于是走流程。玄宗把李宪为亲戚请官的奏章交给了中书、门下省。宋璟看到奏章后，立刻就给玄宗书面回话："嗣先两选斋郎，虽非灼然应留，以懿亲之故，固应微假官资。在景龙中，常有墨敕处分，谓之斜封。自大明临御，兹事杜绝，行一赏，命一官，必是缘功与才，皆历中书、门下。至公之道，唯圣能行。嗣先幸预姻戚，不为屈法，许臣等商量，望付吏部知，不出正敕。"依然摆事实，讲道理。宋璟的意思是说：薛嗣先之前当过斋郎，虽然没什么优越的表现能够留用，但毕竟是皇亲国戚，按理说也应该给个小官做。可是在景龙（中宗年号）年间，常有天子授官不通过中书、门下二省，随意封官，冗官泛滥成灾。自陛下登基以来这样的事应该杜绝了，无论发赏赐还是封官都要经过中书、门下二省审核。正所谓天下至公之道，唯有圣人能行。薛嗣先虽是皇家亲戚，陛下却将这事交给臣等决定，臣很感动，但是臣还是把这事交给吏部，让他们照章办理。这里宋璟把景龙年间中宗干的前车之鉴

的事先讲给玄宗听,如果皇亲国戚都来找皇帝要官,结果会怎样。然后给玄宗戴了一顶圣人的高帽子,圣人皇帝是不会干蠢事的,要行"至公之道"。至于薛嗣先请受微官的事情,宋璟表示,不是不能办,得按规矩办,等中书、门下商定后裁定,但是任命"不出正敕",其实就是给玄宗一颗软钉子,可以批准李宪的奏请,但是不会公开任命,言下之意其实就是委婉地拒绝。在宋璟的改革努力下,斜封墨敕的惯例被废止,这种非法的任官模式也基本退出历史舞台。

宋璟作为主管官吏任免升降的吏部尚书,用官志在择人,因才授人。选找官员主要看能力和职位匹配度,资历被放到次要的位置,有破格提拔的,也会及时动态调整,不是单纯地机械升黜。从对李邕和郑勉的任免建议可见一斑。宋璟考察地方官吏时,发现括州员外司马李邕、仪州司马郑勉两人很有才情,尤其是李邕,在唐代文坛享有盛誉,且与杜甫是忘年之交,传世的《李思训碑》为其所撰,尤为著名。但在宋璟看来,此二人"性多异端,好是非改变",政治思想品性还不是很稳定,文人气质过强,官员政治素养还有所欠缺,如果放手让他们在现任的职位上继续干下去,保不齐哪天就会给地方带来问题,后悔都来不及。但是如果把他们都免职,两人的才华都会浪费。于是宋璟根

第二章　开元新政：贞观之风，一朝复振

据两人不同特点，分别调任两人为渝州刺史和硖州刺史，所任职位并非能牵动全局的，也可以让他们继续在岗位上实践锻炼，增加工作经验，培养政治才干。还有另一个类似的例子，大理卿元行冲在上任前，大家普遍认为其才行兼备。但上任后，却发现并不称职。宋璟立刻调整，将其迁回原职左散骑常侍。给人升了官，又因为人不称职要打回去，既要有识人的本领和人尽其才的协调能力，还需要了不起的政治魄力。

宋璟选拔官吏大公无私，以身作则，用人不论皇亲国戚，还是亲朋挚友，一视同仁。开元七年（719）九月，选人宋元超在吏部应选官吏时，为得以重用，吏部考察质询时，他特别向负责考察的官员申明，自己是宋璟的叔父，希望得到特殊关照。宋璟得知此事后，立刻函告吏部，说："宋元超的确是我三从叔，平日也没有太多联络，如今他要参选任官，出于公正，我既不能为他讲好话，也不能给你们施压让吏部滥用权力授官。如果他不说是我亲戚，吏部自然可以依例选人，但现在他想借我的关系谋求官位，那就必须矫枉过正，我建议直接把他从录用名单上删去。"吏部按照宋璟的意见，随即将宋元超除名。

宋璟也不喜自吹自擂、绣花枕头包草之人。开元六年（718），落榜文人范知璇屡次参加科考，但时运不济，常常名落

孙山，最终意图走终南捷径。他挖空心思，费尽心力写出一篇《良宰论》，署名山人范知璇，文章内容满篇皆是对宋璟的赞扬之词。四处请托，希望将《良宰论》送呈宋璟，以求找到进身之阶。宋璟一看文章，就十分纳闷，作为山人，应该是没有经过科举考试的读书人，这样的身份应当有一些不同于寻常举子的高远见识，可这位山人却都是一些阿谀迎合的思路。拍马屁拍到了马蹄上，宋璟阅罢立即回绝，告诫说，如果文章真的好，就应该走正规渠道选拔，不要走终南捷径。没有比较就没有伤害，宋璟罢相后，裴光庭任吏部尚书，用人思路大变，一切按资历来，退一个补一个，不问能力，只按年头一一递补，不破格提拔，不犯错只升不降。结果是劣币驱逐良币，浑水摸鱼、投机取巧之人个个欢喜，才俊之士苦于无出头之日，无不怨叹。

宋璟从政，行事狷介耿直，在政治决策过程中，时常要与玄宗斗智斗勇，为玄宗有时不明智的决策纠偏。按照《新唐书》的说法，即宋璟"顾天子年少"，还需时常"危言切议"。宋璟直言极谏的史例俯拾即是。

开元五年（717）年初，玄宗巡幸东都洛阳，宋璟伴驾随行。出巡队伍行至崤谷（今河南省陕州区），山高路窄，车骑拥堵，行进艰难。巡幸队伍行进迟缓，玄宗心生怒意，于是传令罢免河

第二章　开元新政：贞观之风，一朝复振

南尹李朝隐和负责旅途事务的知顿使王怡。宋璟一看不妙，立马出面去灭火，劝谏玄宗说："陛下此次巡幸本来就是非必要之举，既然开始出巡，如果因为交通不畅，道路狭隘，就罢免二位负责的官员，恐怕接下来全国各地其他地方会因此而大修道路，届时征调大批劳役，凿山开路，大兴土木，劳民伤财，老百姓肯定苦不堪言，必然会招天下人谤议，将陛下辛苦建立起来的养民恤民的基础毁于一旦啊！"玄宗听之有理，压下了自己的火气，让宋璟去免了他们二人的罪名。宋璟连忙劝奏，称此不妥，虽说是我建议不要处罚他们，但由我去出面宣旨，他们是无法感受到陛下的恩典，还是让他们在朝堂上待罪，请皇帝亲自去赦免他们。玄宗深赞宋璟见识过人，处事有度。

开元五年（717）十月，玄宗请宋璟和苏颋为诸皇子、公主更定名称、封号，他特别叮嘱宋璟，要给自己最疼爱的武惠妃所出子女专门挑选一美称和佳邑封号呈上。要是不较真的官员，一个起名字的小事情，皇帝怎么说，按照要求处理即可，可惜碰到的是宋璟。宋璟一看改定封号皇上都要区别对待，于是语重心长地开始"教育"玄宗，一上来就给玄宗讲《诗经》的"七子均养"。"七子均养"出自《诗·曹风·鸤鸠》："鸤鸠在桑，其子七兮。"鸤鸠（shījiū）就是布谷鸟。古人认为此鸟哺育自己的雏鸟，

开元盛世：大唐的空前繁荣

从不会厚此薄彼，有所等差。儒家后来借此比况人君对臣民当一视同仁，所谓"尸鸠之平"。宋璟劝谏玄宗，陛下若同等别封，或以母宠子爱，不能一碗水端平，那是连布谷鸟都不如啊。现在我们帮皇帝命制了三十多个称号，个个都是美称，您可以毫无差别地赐给各位皇子和公主，让他们都能沐浴陛下的无偏之德。最终玄宗接受了宋璟的意见。

开元七年（719）夏四月，唐玄宗的岳父祁国公王仁皎去世。王仁皎生前官居从一品，当然只享受待遇，不执掌实权。如此礼遇，是因为王仁皎对于玄宗有恩。长寿二年（693），武则天杀了李隆基生母德妃窦氏。作为皇储的李旦，地位岌岌可危，只好眼睁睁看着自己的儿子们被武则天幽闭宫中。十二月，李隆基被降为临淄王，李隆基为临淄王时纳王仁皎之女王氏为妃，这一年李隆基9岁。此后王氏陪李隆基度过了五年的幽禁日子。患难期间，岳父王仁皎还时不时去照顾他们。而王仁皎的儿子王守一，王氏的孪生哥哥，也是李隆基在平定太平公主之乱中的功臣，李隆基登基后，就将自己的妹妹清阳公主嫁给了王守一。既是患难之交，更是亲上加亲，玄宗亲自御书了《王仁皎碑》，所以王家在玄宗这里享尽恩宠。王仁皎去世后，王守一恳请玄宗突破成例，仿玄宗外祖窦太尉（孝谌）故例，为王仁皎修一座高五丈一尺的

第二章　开元新政：贞观之风，一朝复振

墓冢。唐尺大概长度为30厘米，五丈一尺高度为15—16米，若建成应该是一座规制相当宏伟的墓冢。玄宗顾念旧情，就应允了妹夫的请求。按说这事是皇帝家事，但宋璟偏偏给皇帝挑刺，极言于制不合，劝皇帝作罢，因为按照唐代法令，一品官员坟高一丈九尺，即便是陪陵者高也仅三丈而已。玄宗则不肯让步，但在宋璟执拗的劝谏下，玄宗不得已做了妥协。但是第二天，玄宗还是执意要给王仁皎修筑五丈一尺的墓冢。宋璟不得已只好再次力劝玄宗，从戒奢和立制角度，请求玄宗收回成命。宋璟指出，僭礼厚葬，历朝都予以防范，窦太尉当年逾制修墓，已经招人非议。贞观时，长乐公主出嫁，魏徵认为嫁妆超过长公主，出面反对，太宗欣然接受予以纠正。如果陛下还是一意孤行，就像韦庶人当年那样妄自加高父亲的坟墓，还妄称酆陵，结果走向覆亡，为天下耻笑。皇后之父位尊，要修五丈高坟，一点都不难，但国家治理如果依靠人情，制度制定出来就完全没有约束力，国家树纲立纪，就是希望"不因人以摇动，不变法以爱憎"，非受人情所干扰，否则遗患无穷。听完宋璟的话，玄宗不无感慨地说道："朕一直想要以身作则，作天下表率，怎敢因为家人而徇私情？但这事一般人难以像你这样犯颜直谏，你能够严格按照典法礼仪的规定办事，说别人不敢说的话，朕感到十分欣慰。"

开元盛世：大唐的空前繁荣

宋璟入相后力主恢复被废止已久的"谏官议政制度"。这一制度本是太宗贞观初年所创，当时的规定是，但凡中书、门下两省长官和三品以上大员上朝奏事时，谏官和史官必须随同宰相们上殿。谏官和史官的职责是"有失则匡正，美恶必记之"。各部长官在朝会上向皇帝奏事时，御史有当面弹劾的权力，并当众宣读弹劾奏章。这一制度的厉害之处在于，高级官员无法蒙蔽皇帝，不能堵塞皇帝的视听；而下级官员也无法暗中向皇帝进谗言，这就是唐太宗能"兼听则明，择善而从"，开创贞观之治的一个重要制度原因。后来，这项制度在高宗时代被废止了，此后，奏事官员都是等到朝会结束后才向皇帝呈上密奏，谏官、史官都不在场，高宗以来，君王独断专行，听信谗言，妾臣乱政，酿成诸多祸端。宋璟提请玄宗重新恢复这一制度，最终玄宗同意，决定恢复谏官议政制度，广开言路，议政生态日趋健康。

宋璟延续姚崇抑功臣、不幸边功的政治策略，节制对有功边臣的封赏。延载元年（694），突厥可汗阿史那骨笃禄去世，他的弟弟阿史那默啜自立为可汗。自此，突厥屡犯唐朝边境。神功元年（697）三月，武则天派阎知微、田归道一同出使突厥，封阿史那默啜为可汗。田归道建议接见突厥使臣，不必大张旗鼓，突厥忤逆朝廷多年，如今归顺，不能礼遇太过。不想阎知微中途遇到

第二章 开元新政：贞观之风，一朝复振

突厥使者，立马馈赠厚礼，还准备大设帐帷接待。等见到阿史那默啜，田归道只是行礼而不跪拜，阎知微则跪地亲吻默啜的鞋子。认为田归道怠慢了自己的阿史那默啜于是囚禁了田归道，扬言要杀死他。田归道一点不为所惧，言词神态坚强不屈，指责阿史那默啜不知满足。默啜的大臣劝阻道："大国的使者，不可以杀。"阿史那默啜便将田归道拘留，不许回国。默啜趁机要求唐朝赏赐丰、胜、灵、夏、朔、代六州降户和单于都护府所属的地方，以及谷种、丝帛、农具、铁器等，武则天盛怒之下并未答应。但当时契丹也在和唐朝作战，朝廷认为不可再分神对付突厥，于是建议武则天满足默啜的要求。执掌文书档案的负责人李峤认为，戎狄贪婪而无信用，不能无节制地满足突厥的欲望，否则就是给敌人递刀子，养虎为患。但在朝廷的坚持下，还是满足了默啜的要求，并且答应了突厥的和亲请求。即便如此，突厥的边境威胁依然没有解除，到了中宗、睿宗时期，反而变本加厉，制造各种边境事端，成为唐中央的心腹之患。开元四年（719）六月，阿史那默啜袭击拔曳固部落获得全胜，得胜班师途中，不承想遇到拔曳固部落的进卒颉质略，埋伏在树林中，突袭刺杀了默啜，砍了默啜的人头迅速逃脱。机缘巧合，颉质略偶遇出使突厥的唐朝大武军子将郝灵荃，两人商议后，决定携突厥默啜的人头去长安请功

领赏。恰好玄宗颁布诏令，只要拿获突厥默啜，必定厚赏。

虽然不是郝灵荃亲自斩杀突厥默啜，但是进献首级的功劳不可小觑，擒贼擒王的战略震慑效果，对于玄宗而言可谓太重要了！于是玄宗下令将阿史那默啜的人头悬挂在中街，显示大唐军威。踌躇满志的郝灵荃也沾沾自喜，等待朝廷的封赏。不过，郝灵荃想到了事情的开始，但是没猜到事情的结尾。时任宰相的姚崇拒绝执行玄宗的命令。当年姚崇拜相前，就给玄宗约法"十事"，其中一条即"不贪图边功"，如今要以边功赏赐郝灵荃，门儿都没有。事情就这样搁下来了。原本以为姚崇罢相后，可以把功劳的事情给玄宗提提，结果在宋璟这里又被泼了冷水。宋璟担心的是什么？他怕玄宗盲目地犒赏有边功者以夸威武，从而热衷对外战争，为国生事。郝灵荃邀功的事情又继续搁置，等到第二年，才授他为右武卫郎将，一个五品级别的郎将，郝灵荃干等了一年多，最终在绝望中痛苦抑郁而亡。

同时宋璟也紧守姚崇不与群臣相狎的原则，时常以此约束朝臣，也提醒玄宗勿亵狎大臣，接之以礼。前已提及，太常卿姜皎与玄宗是故交，其祖父姜行本曾跟随太宗征战高丽，为国捐躯，太宗特命行本陪葬昭陵。姜皎在玄宗做临淄王的时候成为朋友，平息太平公主政变中参与策划出谋，深得玄宗宠爱。玄

第二章　开元新政：贞观之风，一朝复振

宗在藩时，姜皎做了尚衣奉御，主管皇帝日常服饰，有机会常入宫禁，宫廷宴会可以与皇帝后妃并排而坐，连榻欢饮，与后宫击球斗鸡，一点不受君臣礼仪的限制，这引起朝臣私下非议，却无人敢谏。一日，玄宗正在赏玩一棵嘉树，姜皎见到不禁赞叹，怎么有这么好看的树，玄宗一听，好看的话，那就让人给你搬家里吧！别说一棵树，玄宗赏赐姜皎的宫女、马匹、奇珍异宝不计其数。玄宗即位，累官至太常卿，封楚国公。他的弟弟姜晦也加官至吏部侍郎。宋璟意识到玄宗对姜氏兄弟恩宠过度，决定赤手批鳞，直言劝谏玄宗不应太多保全功臣，宠狎如此过度，于玄宗与他们自己都不利。开元五年（717），玄宗即下诏，将姜晦调任宗正卿，姜皎免去一切政治职务，放归田园，但是经济待遇不改，原有的散官、勋官和封爵均保留。玄宗诏书中的理由是，西汉高祖时的开国将领，皆因权力太重而无法保全身家性命；东汉光武帝时一起征战天下的南阳故友，则因悠闲无事而长保福禄。说白了，玄宗的意思是我这样做，也是为了你姜皎好。

还有一位与玄宗过从甚密的宠臣是王毛仲，高丽人。其父因事获罪而没入官府，王毛仲成为临淄王李隆基的奴仆。因为王毛仲聪明机警，且骁勇善骑射，深得李隆基喜欢，便经常让他服侍左右。李隆基诛杀韦后、安乐公主以及太平公主过程中，王毛仲

开元盛世：大唐的空前繁荣

均起到了重要作用，特别是诛灭太平余党，他作为李隆基和万骑之间沟通的中介，为玄宗政权的建立搬掉了最大的障碍，立下了汗马功劳，故政变后擢为将军，被玄宗视为心腹，身置"唐元功臣"之列。玄宗即位后，王毛仲检校内外闲厩兼知监牧使，进封霍国公，实封五百户。开元十八年（730），王毛仲嫁女儿时，玄宗问他需要什么，王毛仲说，要请一些重要的客人。玄宗疑问，不是宰相张说、源乾曜都已经答应要出席了吗？王毛仲一脸愁容，他们自然会来。玄宗转念一想，笑道，你是请不到宋璟吧。于是玄宗令宋璟前往祝贺。到婚期之日，朝中达官重臣齐聚王毛仲家，直到中午还不见宋璟出现，大家都不敢动筷子。盼星星，盼月亮，宋璟终于来了，王毛仲大喜过望，宋大人您终于赏光了。宋璟落座，端起酒杯，西向朝着皇宫的位置一拜，喝了半杯，突然给王毛仲致歉，起身离席，王毛仲纳闷，宋大人去哪？宋璟摆摆手说，我肚子痛，不是很舒服，就先走了。说完头也不回地离席而去，搞得王毛仲一脸诧异。宋璟此时已不担任宰相一职，但是在朝堂中仍具有很高的政治地位，他奉玄宗之命才来参加婚礼，不好驳玄宗颜面，但又厌恶王毛仲这种攀附小人，所以只向皇宫所在位置拜谢后就匆匆离席，尽显耿直特色，其实也是提醒玄宗注意朝臣恃宠而骄。果不其然，过了几年，王毛仲借握

第二章 开元新政：贞观之风，一朝复振

有兵权，骄肆跋扈，意欲谋乱。

作为守成之臣，玄宗对宋璟的执政十分倚重信赖。唐代笔记《开元天宝遗事》记载了一则逸事，玄宗举行春宴，邀请朝臣参加，宴饮正酣时，玄宗突然拿起自己用的金筷子递给宋璟，宋璟手持金筷不知所措。玄宗解释道，赐你金箸，并非赐你黄金，而是表彰你具有筷子一样刚毅正直的高尚品格。开元十二年（724），玄宗再一次东巡洛阳，宋璟受命留守京师。临行之际，玄宗对宋璟说："卿乃国家元老，为朕之股肱。今朕东巡洛阳，卿有什么好的方略，好的主意和建议，是时候告诉朕了。"宋璟一一进言。玄宗书手诏告诉宋璟："所进之言，我都书之座右，作为座右铭，时时观省，以诫终身。"正因为宋璟具有这些超人的才干与品质，玄宗对宋璟十分尊重和信任，即便和自己的意见有分歧，但玄宗还是能接受宋璟的劝谏。虽说宋璟作为守正大臣延续了姚崇掌政时期的策略方针，保证了较为安定的政局得以延续，但开元社会发展中，一系列新问题已现端倪，唐廷亟须在制度创新上来应对时局的变迁，而宋璟重守成，少创新的风格，适应不了形势的变化，玄宗也意识到一味守成可能无法开创新的政治格局。社会矛盾日趋显现，玄宗的统治风格也在逐步变化，宋璟在应对社会矛盾过程中的失误，也招致玄宗的不满，最终逐步

开元盛世：大唐的空前繁荣

淡出中枢。禁断恶钱就是诱因之一。

所谓"恶钱"，其实就是假币，下文会对此有详细叙述。唐高祖武德年间，为了整治混乱的币制局面，废止隋钱，仿效汉代"五铢钱"的式样，开铸了"开元通宝"（亦有一说为"开通元宝"）钱，"开元通宝"钱遂成为以后历代王朝铸钱的样板。开元通宝铸行以后，民间私铸、盗铸"恶钱"也相伴而生。虽然唐中央政府屡加禁止，却屡禁不止，而关于"恶钱"的记载也是史不绝书。恶钱掺杂使假，所铸铜钱质量低劣，严重干扰和破坏经济发展，并加剧通货膨胀。宋璟拜相以后，治理恶钱问题是政府工作的核心之一，宋璟的办法是什么？一是严格禁断恶钱，收敛人间恶钱，甚至让太府及各府县衙门拿出了十万石粮食来兑换百姓手中的恶钱，熔炼更铸为法币；二是让太府出钱二万缗购买市场上因为货币短缺而无法交易的囤积货物，以此来平抑物价；三是借用两京官员的俸资，增加市场货币流通。这些办法在两京治理恶钱取得了较好的成绩，但是在南方地区的治理过程中出现了问题。宋璟没有注意到唐代经济发展的地域差异，用一把尺子量到底，也透露出宋璟在经济工作层面上还是欠缺治理经验，守正有余，灵活不足，与姚崇的随机应变形成鲜明对比。唐代是中国古代经济重心南移的重要转折时期，南方地区商品经济发展日益繁

第二章 开元新政：贞观之风，一朝复振

荣，市场上货币的需求量越来越大，日常生活中人们使用铜钱的场合越来越多，而国家囿于矿产资源和铸造技术等方面的原因，不能根据市场的需要铸造足量用以流通的铜钱，恰恰就是市场上货币供求关系不平衡给了私铸、盗铸的机会，从而从中牟利。连宋璟自己都诧异，为什么南方社会恶钱数量如此惊人？但宋璟不加变通地把两京治理恶钱模式移植到南方，希望治理手段尽快见效，操之过急，调节手段太过强硬，结果一方面政府投放市场的铜钱量不足，另一方面从民间收缴恶钱，补偿不足，又规定了缴交时限，老百姓为了配合政府的收缴恶钱的行动，迫于无奈甚至把法币也当作恶钱上缴给政府，结果这种简单粗暴的治理行动，让百姓"怨嗟盈路"，"市井不通，物价腾起"。治理效果的反差让玄宗对禁恶产生怀疑，不仅罢弛钱禁，也导致玄宗开始酝酿免去宋璟宰相之职的计划。

我们说宋璟入主中枢缘于耿直的理政风格，离开中枢恰恰也是因为耿直。由于宋璟为人狷介，嫉恶如仇，如果仔细梳理宋璟的政治生涯，你会发现他应该是有道德洁癖的一个人。所以，宋璟是那种眼里揉不得沙子的人。汉唐时期宰相权力较大，一般所涉政事颇多，也多参与审理司法案件。《资治通鉴》里记载宋璟"疾负罪而妄诉不已者"，他十分厌恶本来有罪，但是总是不断上

诉，狡辩自己无罪的人，凡是这样的犯人，皆由御史台处置。宋璟曾给御史中丞李谨度交代，凡是已定罪的犯人，老老实实认罪的，可从轻处理；如果不认罪，总是纠缠不清屡要上诉的，就一直拘禁到认罪为止。这种一刀切的方式，彻底剥夺了犯罪嫌疑人的上诉权利，错案也没有翻案的可能。终止上诉的制度还没施行，就引发了舆情，朝堂上下议论纷纷。不知是事出凑巧，还是史书记载过程中有意为之，朝议沸腾之时，民间又出现干旱，于是有人便导演了借"烧旱魃"来影射宋璟"上诉未已者系"制度的政治戏剧。

古人对于天旱总以旱魃作怪为由。《诗经》里形容旱魃所到，赤地千里。《山海经》把旱魃看作女魃，赋予性别属性，也可能是从《诗经》里附会的。在科学技术手段有限的传统社会，解释天气干旱的原因就是依靠这种传说来完成。怎么来解决干旱问题，就是消灭旱魃，方式就是通过烧旱魃，让天下雨。今天听起来有些匪夷所思，清人纪晓岚在《阅微草堂笔记》里早就已经质疑这种办法是不是真的可以降雨。但是唐代的办法的确如此，而且由皇帝出面来主持烧旱魃的仪式。开元八年（720），关中大旱，玄宗在宫中举行求雨仪式，仪式过程由伶人以戏剧方式表演烧旱魃。这场演出是不是有人专门安排，史无明载，但明眼人

第二章 开元新政：贞观之风，一朝复振

一看，就知道表演的内容无不指向宋璟不让人申冤的事情。旱魃的扮演者上场后，一起演出的另一位伶人就问：妖怪，你怎么出来了？旱魃回答：我是奉相公的命令出来的。这里的相公就是宰相宋璟。伶人立马呵斥道：你怎么敢说是宰相让你出来的？旱魃立马回答：想申冤的有三百多人，但是宋相公都把他们关在监狱里，严禁他们上诉，结果怨气太重，上天震怒，只好放我这个妖怪出来啊！这场戏的策划者不管是有心无心，玄宗皇帝看完演出是上了心，《通鉴》明言，"上心以为然"。当然也不排除，这出戏的导演很可能也是玄宗本人。此后，玄宗对宋璟的态度也明显发生改变。加上恶钱整治效果差异的叠加影响，玄宗决定继续调整宰相班子，以适应新的政治环境。于是宋璟罢相，颇有意味的是，时隔三十五年之后，在安史叛乱时，玄宗在逃往蜀地的途中对属下说，"若姚崇在，贼不足灭也"，而论到宋璟时则称"彼卖直以沽名耳"。对姚崇平乱治理才干的激赏，也正反衬出宋璟的忠直有余而应变不足，这也是他下台原因的最好注脚。宋璟被调任开府仪同三司，但仍享有宰相待遇。与宋璟配合的副宰相苏颋降为吏部尚书。当年五月，玄宗提拔了一位新人——并州长史张嘉贞为中书令，把原来姚崇的搭档，执掌长安的京兆尹源乾曜召回中央做了侍中，配合张嘉贞的宰相工作。当然这两位中枢，也

仅仅是政治过渡，因为玄宗此时心里已经在计划提拔另一位重要人物，一年多后，玄宗又委任了新的中枢，与此同时也在规划着新的政治蓝图。

三、张说尚文

张说原本祖籍河东，但是他自己经常以范阳郡望自居。学者傅璇琮先生考证，张说出身寒微，当以河东较可靠，自称范阳实有越族冒姓，攀附高门大姓之嫌。史学家岑仲勉先生认为，唐人经常有冒认祖先的毛病，当然这也是魏晋南北朝以来士族政治的后遗症。张说于天授元年（690）登第，正式登上政治舞台，这一年正是大周革命之时，武则天亲自到洛阳城南门举行殿试，张说当天考试对策天下第一。成绩虽然第一，但是武则天以近古以来，未有甲科，让第一名空缺，点张说为第二名，拜太子校书。因为文字功夫出众，张说的考卷经誊写后进献到尚书省，作为范本，予以展览。武则天当政后，崇尚文章之选，破格用人，寒庶出身的张说适逢其会，受到了武后的极大恩宠，开启了登上朝堂的政治坦途。张说还专门赋诗将武则天比喻为"中国圣人"，借此表达对武则天赏识自己的感恩之意。

第二章 开元新政：贞观之风，一朝复振

景云二年（711）正月，张说正式担任睿宗朝的宰相。在太平公主与太子李隆基权力斗争中，作为太子侍读的张说站在李唐王朝的立场上，力排众议，请太子监国，限制太平公主权力扩张，由此招致太平公主嫉恨。张说辅政不久，太平公主便迫使睿宗御承天门公开宣称，张说"辅佐非才"而罢相。先天二年（713）六月，张说从东都洛阳给玄宗寄了一把匕首，坚定了玄宗诛灭太平之党的决心，为当时政局稳定做出了贡献。待玄宗平定太平之乱，"御承天门，赦天下"。当日征召尚书左丞相张说于东都，这是张说第二次拜相，并受封"燕国公"。

唐代初期，宰相大多出将入相，张说也不例外。文学一流的张说，同样可以率兵出征。开元七年（719），张说检校并州大都督府长史，兼天兵军大使，摄御史大夫，主要任务是与驻扎在宁夏的朔方军大使王晙形成掎角之势，防御突厥。并州与朔方（现宁夏灵武）都是农耕民族与游牧民族交界。朝廷对于归降的突厥部落，大都安置在这些地域。天兵军的建立，就是为了震慑和防御这些突厥人。开元四年（716），突厥默啜被刺后，九姓铁勒各部叛降不定，大体处于守势。而唐代边将不知趁机安抚劝降，却一味在边境挑衅，希望借助战功来获得朝廷厚赏。开元八年（720）秋，王晙诛杀河曲降虏阿布思等千余人，引起了并州大

开元盛世：大唐的空前繁荣

同、横野等军的九姓同罗、拔曳固等部落的震惧。张说在汇总各方消息后，知道如果不采取防范措施，将会引发一场大规模的骚乱。这时的张说，显示了异乎常人的胆略。他手执皇帝赐给的符节，只带领二十名亲随，轻骑简从，直接来到这些部落。到了这些部落之后，他就住在首领的牙帐里面，安抚、劝慰部落酋长。天兵军副使李宪认为胡虏不可信，立刻飞书阻止张说。张说在给李宪的回信中慷慨陈词："吾肉非黄羊，必不畏吃；血非野马，必不畏刺。士见危致命，是吾效死之秋也。"张说很形象地表明了自己只身前往突厥部落的用意，我身上长的并非黄羊之肉，不怕他们会吃了我；我身上流的也不是野马的血，不怕他们杀了我饮血。士大夫临危受命，当舍命报国，难道不就是当下吗？张说能放低身段，推心置腹去说服各个部落，用自己非凡的胆识让这些突厥部落的疑惧与不安一扫而光。用不以杀伐邀功，唯以安人为务的绥服政策，正确处理了民族间关系，一场可能发生的骚乱被张说以一己之力平息在萌芽状态。止戈息武，化战争于无形之中，相比王晙的武力镇压，高下立判。开元九年（721），张说同样利用绥服怀柔的方式，安置党项降众，化解边境危机，表现出高超的文治手段。他这种绥服怀柔、以纾边人的思想，在边衅渐启的开元前期是有积极意义的。

第二章 开元新政：贞观之风，一朝复振

张说因文学而擢拔，虽说明吏治，也具武略帅才，但不切于情事的行事风格和富含文治王道理想的辅政策略，并不能满足玄宗在即位初急切需要明敏于吏事之人，大刀阔斧地改革吏治，稳固政权的需要，张说逐步退出中枢与姚崇拜相的过程，就是这种政治背景下，玄宗展开的朝廷人事调整，同时也上演了姚崇和张说之间的权力恩怨，这一点我们在前面介绍姚崇拜相经过时，曾做过解释。

前已述及，为了阻挠姚崇上位宰相，张说使尽浑身解数使绊子，结果都被玄宗四两拨千斤一一化解，姚崇成功入主中枢。即便姚崇受到重用，张说还是未善罢甘休，一山难容二虎，在既得政治利益行将受到损害时，张说继续寻求外援的帮助，便悄悄跑到岐王府里寻求支援。岐王李隆范是玄宗的亲弟弟，不仅是平定太平公主的功臣，而且好学工书，与张说在志趣上投合，私交甚好。张说专门寻了一天晚上到岐王府拜访，他并没有明说自己和姚崇的竞争关系，只是和岐王叙了叙旧，谈了谈文学，表了表忠心。两人是朋友，岐王也并未在意张说来的真实用意。岐王没在意，但有人在意。就在张说心满意足离开岐王府后，没想到姚崇很快知晓了张说夜访岐王府的事情。怎么把这件事情让玄宗知晓，姚崇足智多谋的特点立刻派上了用场。与玄宗议政结束后，退朝之时，大臣们都出了朝堂，姚崇落在最后，而且故意走路一瘸一拐，慢慢吞吞。玄宗一看便叫住姚崇，爱卿脚是怎么回事？姚崇说，我脚没什么大碍，但是我心里有事。玄宗听出姚崇话里有话，于是把他召至偏殿，详细询问，到底怎么回事？姚崇幽幽地说，陛下，我前些日子发现张说偷偷跑到岐王府去拜会岐王，和岐王商量什么事情，这个只有他俩知晓，其他人都不知道。岐王是陛下的至亲兄弟，张说又是宰执之臣，这俩人凑在一起，我怕岐王会受人诱导。玄宗一听，大吃一惊。要知道，中国古代皇帝最担心的事情就是朝臣与宗室之间出现结党，汉代的皇帝之所以喜欢宦官涉政，给出的理由就是阉人专精无结党。现在宰相张说私访藩王，玄宗心里埋下了不仅是对张说、也对岐王怀疑的种子。

本来玄宗已开始在功臣问题上布局，由于姚崇的告密，刚好借此调整张说的职位，把他外放为相州刺史。与此同时，姚崇建议玄宗皇位还未稳固时，为了避免节外生枝，还是考虑让几位藩王离开中央为好。开元二年（714）六月，宋王李成器为岐州刺史，豳王李守礼为虢州刺史。七月，岐王李隆范为绛州刺史，薛王李隆业为同州刺史。玄宗外刺诸王，给出一个十分堂皇的理由，是朝廷群臣建议所为，并不是自己的本意。加之平日玄宗善于维系兄弟间的家族感情，外放的藩王也没有出现抵牾情绪，避

第二章 开元新政：贞观之风，一朝复振

免了兄弟间的不睦和对立情绪，不至于朝政动荡，有利于巩固皇权。毕竟从太宗到玄宗，唐代朝堂争斗连绵不绝，玄宗也有意整顿权力格局，消弭引发政治内斗的各种因素，诸王外放便是举措之一，如此避免了再度爆发宫廷斗争和革命的可能。藩王在地方所领之职也是虚衔，掌握不了实权。而且玄宗还时不时召藩王进京，一是联络兄弟情感，二则对外放藩王的近况予以及时掌握，便于监督。外放的藩王直到开元七年（719）到九年（721）后才陆续被召回京都，此时玄宗的地位业已稳固，来自皇权威胁的各种挑战均已消解，皇帝乾纲独断，即便诸王兄弟在侧，亦有能力平衡各方权力，维持政局平稳，因此诸王外刺是巩固皇权的需要，而今召他们回京同样有利于政局的安定，也为盛世的到来铺平道路。

经过姚崇、宋璟的辅佐，玄宗国家治理逐步走上正轨，与民休息，赋役宽平，政治清明，四方丰稔，百姓富庶，呈现出生机勃勃的社会景象，开元盛世的太平局面已初露端倪。玄宗登基之初，信誓旦旦，效法太宗，恢复贞观之治。如今大唐摆脱乱象，逐渐实现治理，自己大权在握，如何超越自己的祖先，玄宗不再低调，开始规划盛世蓝图，治理风格也从稳健逐步走向激进。

宋璟被免职，退居二线后，玄宗起用了张嘉贞和源乾曜。但

开元盛世：大唐的空前繁荣

是一年多后，张嘉贞便被免职，成为宋璟到张说之间的过渡宰相。源乾曜原本是给姚崇当副相，顶替去世的卢怀慎，玄宗此刻任命他为宰相，意在此人做事原则性强，为人持重，也有中枢工作的经历和经验。张嘉贞是玄宗想了好久才敲定的人选，选他的原因是此人精明强干，且为政清廉。当年有人诬告他在地方任职骄淫奢侈，贪污受贿，玄宗派人彻查后，子虚乌有。在准备惩处诬告之人时，张嘉贞面谏玄宗，认为虽然诬告不对，但是处罚诬告之人，只会让大家三缄其口，等到官员真有问题，谁还会秉直报告？这给玄宗留下深刻印象。等这对宰相走马上任以后，玄宗发现，两人的施政效果与自己想要达到的治国愿望还是有一定距离，因为此时的玄宗更希望出现一位恰如其分地宣传大唐文治武功的政府代言人，为他演唱太平颂歌，而不是一个仅仅埋首庶务、兢兢业业的事务宰相。源乾曜和张嘉贞刚好都属于"倦倦事职"的吏治官员，无法适应玄宗治国理念的新需求，玄宗又开始着手人事变动。

为了弥补宋璟之后宰相班子的短板，玄宗把人选聚焦到在外任职的张说。尽管张说贬谪在外八年，心理上产生过激烈的震荡，也有失意彷徨潦倒之时，但他并未终日惶惶，相反他从自己的政治悲剧中超拔出来，在贬谪途中，寄情山水，与友交游，创

第二章　开元新政：贞观之风，一朝复振

作许多脍炙人口的诗歌，表达"天生我材必有用"的信念和追求。既是功臣，又是太子侍读，外放地方又颇有建树，玄宗对待张说的态度也逐渐改变，如此文治武功兼具的人物，难道不是玄宗此时任相的最佳人选？开元九年（721）七月，唐玄宗任命张说为兵部尚书、同中书门下三品。张说应运再度复出，第三次拜相。开元十一年（723）二月，张嘉贞因其弟张嘉祐贪赃案牵连，被玄宗贬为幽州刺史。张说兼任中书令，取代了张嘉贞的位置。张说曾经说过一句名言，"宰相，时来则为之"。这句话可以有多种解释，但至少其中蕴含这样的含义：之所以我做宰相，是因为时代的需要。玄宗在宋璟之后，选择张说为政府首脑，学者们认为这恰好反映了玄宗利用"吏治"理顺政变乱局之后，开始转向需要"文臣"为政治统治进行理论总结和书写。自此，张说作为政府一把手，开始为玄宗描绘开元盛世的瑰丽诗篇。

玄宗在张说的任免书中称其"文成典礼""一代词宗"，将张说对于政治的价值表露得一览无余，文成典礼需要当朝师表，粉饰太平需要一代词宗。当然张说也是行政高手，譬如整顿兵制上的有效举措。一是裁军。由于突厥默啜被刺，突厥部落实力衰落，边境拥兵过重，既浪费财政，又尾大不掉，裁军20万，所有士兵卸甲归田，这与张说绥服怀柔的御边理念相关。二是改革

府兵，募兵宿卫京师。唐初的兵力来源，主要依靠府兵制。府兵属于兵役，特点是兵农合一，服役期间的农民，闲时居家种地，战时自备装备，随军出征。因为府兵服役负担不轻，一般需要中产以上条件的家庭才能支撑，所以没有人乐意去做府兵，想各种办法来逃兵役，比如把手脚弄残疾，所谓"福手""福足"。没有稳定的人力来服兵役，玄宗时京师的护卫工作人手短缺厉害，张说建议玄宗将原来的征兵改为募兵，国家为当兵的编户发放军饷，让老百姓安心发展生产，按时缴纳赋税，国家财政花钱雇佣人来当兵，组建职业军队。兵农相分，分工的专业化，职业兵的出现，彻底改变了唐代以后军制的变迁，不能不说张说的制度发明适应了当时历史潮流的发展。其次是官制改革。开元十一年（723），张说上奏玄宗，将政事堂更名为中书门下，其下设五个直属机构，即吏房、枢机房、兵房、户房和刑礼房，自此唐代中枢体制进入转型期，宰相机构开始集权。唐初实行三省六部制，政事堂是具有宰相资格的官员集体议事的场所，并非专设政府机构。集体讨论形成的决策，经中书省、门下省确认后，由尚书省负责落实办理。简而言之，中书省和门下省是决策机构，尚书省是行政执行部门。玄宗执政后，几次调整中枢人事安排，导致中书、门下两省长官兼主行政事务，而且政事堂行政机构属性不

第二章 开元新政：贞观之风，一朝复振

断加强，不断排挤尚书省的行政职能并取而代之，形成决策与行政合二为一的局面。张说的上奏改制，也是顺应开元以后的政治趋势，把长期以来三省权力地位变化所形成的状态用制度化的方式进行确认，在一定程度上加强了君权和相权的集权趋势。

除此之外，真正让玄宗看重张说的是他的文治能力。早在开元元年（713），玄宗就领略过张说以文治国的水准。唐代流行一种民俗，每年十二月，很多城镇的露天集体场所中都会有大型的歌舞游行表演——泼寒胡戏，又叫乞寒戏。表演者穿着胡服，带着兽首面具，边唱边跳，还和观众泼水互动，中间还夹杂大量的西域民间杂技和即兴歌舞，欢乐至极，借此以祈求驱邪除病，来年身体康健，俨然一个古代版的"泼水节"。这种习俗来源何地，史书记载不同，学者们的意见也不一，或认为来自波斯，或以为是起源于"依兰"，传到了印度和龟兹，又从龟兹经丝绸之路传入中原。张说曾作《苏莫遮五首》表达他对这种盛大狂欢活动的观感，"苏莫遮"是泼寒胡戏表演过程中演唱的歌曲，与泼寒胡戏可以混用。张说的诗中透露出这种胡戏来自罗马，其中有一句诗是这样写的："摩遮本出海西胡，琉璃宝服紫髯胡"，"海西"指的是"罗马"。唐代这种风俗席卷皇室和民间，中宗时，凡军演阅兵、西域来使，都要举行泼寒胡戏，皇帝还要亲登御楼观

赏。等到睿宗登位，更加沉迷于泼寒胡戏，还亲自命太子李隆基"巡观泼寒"。玄宗当政后，蕃夷入朝，惯例还是安排此戏，张说出面奏请玄宗取消这个节目。张说一反当年盛赞苏幕遮的态度，对这种赤身裸体的表演，而且演出又泼水又甩泥的颇为粗鲁的形式进行了尖锐批评。他认为，当年玄宗做太子时"巡观泼寒"，朝廷官员就劝谏，现场复杂，治安存在极大隐患，万一有人蓄意滋事，结果不堪设想；这种泼寒来自胡地，仪式粗鄙简陋，表演场面又杂乱失礼，与中原风俗大相径庭，有伤大雅；如果朝廷在外蕃请和、朝使入贡的盛大集会上，表演胡戏会影响国家形象，为了彰显大国威仪，应该向外来使者展现大唐礼乐，通过文化的传播力，达到绥远怀柔的政治目的。张说也是号准了玄宗执政思路转型的脉，这才出现对泼寒胡戏180度的态度转变，从写诗赞美到极力主张废弛。

唐人刘肃在《大唐新语》中总结了张说在玄宗朝大兴文治的成绩，从中我们可以看到张说为了迎合玄宗宣扬大唐文治武功的心理，所展开的文化建设大手笔，主要是这样一些事情：

一是，玄宗听从了张说的建议，祭后土祠于汾阴雎上。

二是，玄宗置丽正书院，聚文学之士，或修书，或侍讲，以张说为修书使，主持其事，后改为集贤殿书院，亦由张说负责。

开元十年（722），玄宗诏令丽正书院撰大典，张说负责组织文人来操办此事。

三是，开元十一年（723）冬十一月，玄宗首次亲祀南郊，祭拜昊天上帝，张说任礼仪使。

四是，张说建议封禅泰山，负责制订封禅礼仪。玄宗封禅泰山的全过程，都是在张说的引导下进行的。

五是，张说奏请修订"五礼"，希望与学士等讨论古今、删改施行。玄宗下诏同意。

六是，张说将僧一行编纂的《开元大衍历》呈给玄宗，天下始行新历。

七是，张说和源乾曜率百官上表，请以每年八月五日（玄宗生日）为千秋节。公布天下，举国庆祝。

八是，开元十七年（729）十一月，在张说的倡议下，玄宗拜谒五陵。车驾还宫，大赦天下。百姓减免当年地税一半。

《旧唐书》记载"当承平岁久，志在粉饰盛时"，随着国力不断上升，志得意满的玄宗自然希望有人能为自己的政治统治进行理论宣扬和各种能够表现君主及其政治美德的话语系统的建构。上述诸多礼乐制度和文治举措，集中反映了张说适时地揣摩玄宗的心思，迎合玄宗的虚荣心，实现其粉饰太平的政治需求，由此也达到自己权力的巅峰。但是就在张说权力如日中天之时，潜在的政治竞争和权力危机也在慢慢滋生。盛世的到来往往也伴随着危机的暗伏，所谓祸兮福之所倚，福兮祸之所伏。玄宗既需要张说这样为美化政治的文宗，亦没有放弃解决实际难题的能吏。张说的政坛竞争对手宇文融受到重用，就是在这样的背景下出现，与此同时，张说与宇文融之间为各自的政治目的、权力的争斗，最终也以张说退出中枢而告终。

张说和宇文融都是在开元九年（721）出任要职。这年正月，玄宗接受监察御史宇文融的建议，在全国范围内，开始检田括户。唐前期的赋役制度是按丁来缴纳赋税和承担国家徭役的租庸调制，国家征收赋税和派发徭役的基础是"以丁身为本"，所以户籍制度的完备和户口登记数据的完整是决定财政收入的关键。因此，国家掌控编户齐民的数量对唐王朝来说是至关重要的大事。宇文融检括户口的奏议，很快得到玄宗的支持（括户一事下章还会详述）。但精于文治的张说对宇文融括户扰民的做法极为不满，利用手中的权力压制和阻挠宇文融的工作，但是这也无法阻止玄宗对于括户政策的支持，大力重用敛财之臣，不断提拔宇文融，四年之中，宇文融从正八品监察御史迅速晋升为正五品御史中丞兼户部侍郎，官高权重，地位显赫。

第二章　开元新政：贞观之风，一朝复振

开元十三年（725），历时四年的括户工作取得阶段性的效果。在张说的建议下，玄宗带领百官浩浩荡荡地去泰山封禅。玄宗东禅泰山，是唐朝历史上唯一一次泰山封禅，其政治意义无与伦比，无疑在标识"庆成"与"告功"，也在强化李唐政权的合法正统性。而力主玄宗泰山封禅，并亲自组织实施，可以说是张说文治工作的高光时刻。按照惯例，皇帝封禅总会借机给官僚加官晋爵，塑造威权形象。泰山封禅也照例进行封赐，凡随从玄宗登上泰山顶的祠官都可以超授五品。充当祠官是升官的好机会，但是张说把这样的有利机会全部给了自己的近臣和亲信。他放手安排亲近自己的官吏参加封禅典礼中的各种工作，圈定侍从皇帝升坛祭祀的官员名单，而且决定对这些参与人员破格加官晋爵，并要张九龄写进大赦的制书之中。张九龄出面劝说，这样千载难逢的升官好机会，大家都瞪大眼睛盯着，万一处理不好，就会成为众矢之的。但张九龄的苦口婆心并没有改变张说的私心，张说仍一意孤行。随着官员名单的公布，朝廷一片哗然，很多参与封禅的官员并未得到符合实际的封赏，只加勋而无赐物，引发内外不满。宇文融在封禅大典之后，借机向张说发难。他了解到玄宗封禅后开始怀疑吏部铨选不公，而铨选是张说说了算，便建议分吏部为十铨典选，就是专门成

立选官部门绕过吏部，临时选拔十位官员来主持官员选举，削弱吏部选人的职能。玄宗认为可行，于是令苏颋、韦抗、卢从愿、宇文融等十人分掌吏部铨选。此举主要意图就是人事选举不再征询吏部意见，十位官员选官决定的名单，直接送呈玄宗审核，由皇帝决断。所以到底选谁不选谁，吏部彻底没有了发言权。既然玄宗点头让宇文融去设计十铨典选的办法，已经说明玄宗对自己主管的人事工作产生不满，成功举办封禅典礼的张说这时候有些被胜利冲昏头脑，这种情况下，他非但没有收敛锋芒，玄宗让他走个过场，同意皇帝最后敲定的选举名单时，张说不仅没有顺水推舟同意了事，反倒把名单上的所有人全部否决，搞得玄宗大为光火。随后吴兢上书，明言万乘之君岂可下行亲自参与官员的选人书判，否则有司选举岂不成了摆设？如此，十铨典选的办法也执行不下去，一年以后只好废止。但宇文融利用这件事，在玄宗与张说之间埋下了矛盾的因子。

开元十四年（726）四月初四，宇文融向张说发动正面总攻。他联合御史大夫崔隐甫、御史中丞李林甫，联名弹奏张说三大罪名，每一条都直击玄宗政治统治的敏感神经，包括放任手下贪赃枉法，以权谋私，收受贿赂，私交术士占卜。每一条的杀伤力都不可小觑，尤其私交术士一条。玄宗之所以忌讳朝官与

第二章　开元新政：贞观之风，一朝复振

术士结交，主要是他深知政治的野心家们经常会利用术士制造政治谶纬，借以达到攫取权力的政治目的。毕竟玄宗也曾借助术士和僧人的力量，依靠政变走上权力高峰，因此这些历史记忆促使玄宗三令五申，禁止私交术士。宇文融选择联名的官员也是精心挑选，皆与张说有政治过节。崔隐甫因当初玄宗提拔他做御史大夫，结果张说嫌他"薄无其文"，没啥文化，怎么能当御史大夫？崔隐甫对此一直怀恨在心。而李林甫由宇文融引荐，做了御史中丞。因此人是唐高祖李渊从父弟长平王李叔良的曾孙，也算李唐宗室子弟，通过门荫入仕（唐代除了科举入仕，还可以借助品官家族身份世袭做官），不过胸无点墨，也是张说看不上的人。这三人在弹劾张说的事情上，很快达成一致。玄宗本来就对张说越看越不顺眼，接到他们的弹奏后，下令拘捕张说于御史台讯问。经过一番审理，中书主书张观、左卫长史范尧臣依仗张说权势，作假纳贿，张说与私度僧王庆则交往，占卜凶吉都是事实，张说只好低头认罪。玄宗体念张说曾为侍读，立有大功，从轻发落，下令免除张说中书令一职，其余职务依然如故。不过有趣的是，处理完张说，玄宗顺手也把宇文融给罢免了，这也是他处理中枢内部矛盾时惯用的手法，而且屡试不爽，由此保证君权与相权之间的合理张力。

第三章

经济之盛：致天下之肥

开元年间唐代社会经济进入全面繁荣的阶段。杜甫所回忆的"开元全盛日"，即人口众多，仓廪丰实，物价稳定，百姓安居乐业。开元时期，宇文融的括户举措，为唐玄宗打开了解决开元初期经济问题的突破口。政府注意减轻农民的赋役负担，诏令蠲免租税和减轻差科役赋，以利农民休养生息。随着人口增殖和垦田面积的增加，政府重视发展基础农业，提升水利建设技术，鼓励农民开垦种植农作物，农业生产力不断提高。农业生产的发展，也刺激了手工业和商业的繁荣。

第三章　经济之盛：致天下之肥

一、宇文融括户

中国古代从战国时期就已建立了在户口调查基础上编造户籍的一套制度，以此进行基层管理和赋役征发。户籍管理制度运行的状况，更直接关系到国家治理能力的升降。唐前期的地方政务和国家治理，一切以户口的检核和户籍的编制为基础，主要以人口统计作为基础，在此基础上进行赋役征派，因为唐代初期实行租庸调制，租调的基础是均田，庸的基础是劳动力，即丁。这两项事务不仅是州县政务的核心内容，户口增减也成为州县官吏考核的关键指标。因此人口掌控是国家基层管理和资源汲取的主要推手。

但是唐代初期，出现严重的人户亡匿的情况，史料中经常称为"逃户"，所谓"天下户口，亡逃过半"，也被称为"客户""浮客""浮人""浮寓"等。高祖武德年间已出现"人多流离"的景象。贞观二年（628），由于关中大旱，农业歉收，农民饿寒交迫，无奈卖儿卖女以接衣食，四处逃亡求生，流离失所。武则天时代，逃户问题开始成为严重的社会问题。圣历元年（698），蜀人陈子昂上书说蜀川地区情形，直言四川地区逃户多达三万，甚至蜀川及江淮一带也分别出现了人数众多的由逃户组成的"光火贼"和"群盗"。圣历二年（699），凤阁舍人韦嗣立给朝廷上书，对天下户口逃逸，财政收入骤减，国家开支捉襟见肘的情况表示担忧。敦煌诗人王梵志也曾慨叹曰："天下浮逃人，不啻多一半。"据记载，神龙元年（705）的全国人口为6156141户，按王梵志的说法来推算，这一时期的逃户约300万左右。景云元年（710），睿宗也意识到户口脱籍问题的危机，在敕文中也屡次提到户口逃亡的问题。景云二年（711），监察御史韩琬上疏称，过去老百姓安居乐业的日子已经一去不回了，如今人多失业，流离失所。我这不是夸张的说法，如果粗粗地计算一下，逃户的数量应该是不可胜数。这些言论对逃户问题估计的程度不同，有的也存有夸大成分，但也明确可见，从武周到睿宗时期，国家能够掌控的均田人口大量流失，威胁到了国家财政收入和社会稳定，成为一个突出的社会问题。

至玄宗朝，中央财政收入锐减，入不敷出，难以支撑庞大的官僚制度正常运作。由于户口被严重隐瞒，导致政府失去大量的税源。开元初年，国家已经明显感受到"钱谷不入"的财政压力，地方官员对整顿户籍的工作一点不上心，反倒因为个人政绩原因，给玄宗经常报喜不报忧。但真实情况是，国家户籍登记数字和实际数字之间差距甚大，由于赋役加重、豪强倾田，大量劳动人口

第三章 经济之盛：致天下之肥

破产，纷纷逃亡，地方政府也已经到束手无策的地步，这其实也预示着唐代政治经济结构也在悄然发生变化，这种情况到了玄宗朝时进一步深化。唐代史学家柳芳在讨论唐代经济问题的《食货论》里专门提及开元年间的逃户问题，他利用大量篇幅来梳理唐代逃户的历史过程，说玄宗初年，朝政逐渐趋于稳定，国家在姚崇、宋璟、苏颋等贤能大臣的主理下，出现焕然一新的气象，四夷来寇，驱之而已，百姓富饶，税之而已。等到张嘉贞、张说执政，还是能坚守政治发展的基本方向，守而勿失。但是从张嘉贞、张说罢相以后，国家赋役加重，土地兼并的问题突出，老百姓缴不起赋税时，就只好出卖土地来偿税和逃税，这又加剧了土地向少数人手中集中，造成恶性循环，这无疑是一种饮鸩止渴的办法，劳动力人口无法继续正常的生产生活，转而流徙他地，逃欠国家赋役的现象也由此而日益严重。玄宗对此深以为患。

何以出现逃户？传统中国是农业社会，农民经济能正常生长，社会就繁荣，国家就强盛；当农民经济萎缩以至破坏时，社会就衰乱，国家就败亡。经济史研究者认为，中国传统社会农业经济是否良性发展，一是取决于有没有大的自然灾害和历朝政府是否采取惠农的积极措施；二是取决于是否发生大战乱，有没有一个安定的环境；三是取决于赋役的轻重，能不能保证农民有足够的劳动时间和适度的负担。唐初,均田农户的逃亡,不外乎也是出于上述因素。

首先,唐初农民的生产资料不足,最核心的问题是授田不均。我们知道,唐代初期实行均田制,唐人称为"田令"。宋人在追溯历史时,把"田令"改称为均田制。所谓均田的制度安排,简言之即国家授田给农民,"计口授田",唐初的字面规定,是每名男丁成年时可从政府手中获授田地100亩(实际上做不到),该男丁去世或者到了可以免老的年龄(一般为60岁,可以不给国家承担义务),这些田地便会被朝廷收回,用于授给其他人。同时进行户籍登记,限制人口流动。国家按照户籍收税,征派兵役、徭役。贞观年间,唐太宗就因为丁口授田不足而夙夜不眠,苦思解决办法。武则天时,因受酷吏来俊臣诬告,被贬为彭泽县令的狄仁杰专门针对江南地区向朝廷反映农民耕地不足的问题。狄仁杰到任时刚好是农历七月,彭泽九县遭遇旱灾,因为是百年一遇的旱情,地方没有做好预防准备,结果发生极其严峻的灾情,河床与田畴龟裂,地冒青烟,庄稼颗粒无收,野菜树皮都被百姓挖尽剥净。百姓蜂拥而至县衙,诉说灾情。狄仁杰紧急上奏,请求朝廷蠲免彭泽当年的赋税,武则天予以同意。在上奏中,狄仁杰不仅痛陈灾情的严重,更是分析了彭泽之所以灾年就

第三章 经济之盛：致天下之肥

会出现户口逃逸的原因，主要问题在于彭泽地区地狭多山，可耕土地明显不足，一户不过十亩、五亩，就算是丰收之年，缴纳完政府的额定赋税，老百姓手里的余粮不足半年生活之需，为生活所迫，乡里屡有人口逃亡。今天史学家们也从留存下来的敦煌吐鲁番文书中，发现唐代均田农户授田普遍不足，生产资料有限，农业生产发展薄弱的问题。当然还有一个事实是，随着社会发展，土地供应矛盾越突出，人地关系的冲突也就日益明显，逃户问题至开元时期不断深化，也就不难理解。

其次是赋役繁重。尽管唐代没有非常精确的数字记录，但是从官员们的奏疏中，对赋敛重数的激烈控诉，也可窥得唐代赋役征收逐渐加重的程度。早在贞观年间，赋役繁重就已存在。魏徵在批评太宗贞观之治暗伏的危机时，就曾指出，国家历年征发徭役太过频繁，尤其是关中地区，老百姓疲于应付。高宗、武后以后，开疆拓土，边事增多，赋役更加繁重。一个问题是赋税种类和数量增加。均田农户除了缴纳租调外，还要负担国家的户税、义仓储备等项目。户税分为九等，规定按户等资产多少抽取，属于资产税，始于太宗，最初不列入正式税收当中，但随着国用增多，这部分税收也日趋增加。义仓的建制主要是用于赈灾需要，在丰年收征农民一部分谷物，充入义仓，遇到灾荒之年，开

开元盛世：大唐的空前繁荣

仓放粮，一方面接济灾民，一方面平抑市场粮食价格，防止囤积居奇，哄抬物价。所以，国家规定，义仓之粟不准随意动用。但中宗神龙之后，即便没有遇到赈灾之年，义仓的粮食政府也消耗殆尽。到了开元初，不仅义仓仓粮加大储备，把仓粮输纳京师，还需要老百姓来承担运输成本，无疑大大增加了均田农户的赋役成本。另一个问题是役重。唐王朝的疆域辽阔，统治广大的国土本来耗资巨大，加之高宗、武后时起兵拓边，引发周边民族地区不断侵扰边疆地区，这些地区的农户无法生活和生产，只能奔亡异乡。唐代的府兵兵役，派出兵役时，负担重不说，关键是时间长，派出戍边之人一去几年甚至十几年。玄宗时还规定，成丁男子从军以后，到 60 岁才可以免除，也就是说到 60 岁前，男丁要时刻准备着为国家番上宿卫。当时，戍边军总数达 60 多万。强壮之民被征调，乡间只剩老弱病残者无力耕种土地，最后没有办法只好卖田度日，等田卖光，食不果腹的时候，只好脱籍逃亡。除了兵役，唐初还不断征发力役，主要用于国家公共工程建设，譬如建造园林宫殿、寺观庙宇。高宗时"乃广营宫室，劳役不休"，武则天有过之而无不及，造佛像花费一次竟达一十七万余缗，"土木之役，岁月不空"，致使"天下编户，贫弱者众"。到中宗时期，这种浪费民力的情况非但没有改善，反倒更为严重，

第三章 经济之盛：致天下之肥

就连皇后、公主也利用自己的特权，随心所欲地滥造，到睿宗时也没有收敛的态势。

三是地方官员的不作为或肆意作为。有的地方官员是"躺平"心态，在地方任职不求有功，但求无过，对于户口逃亡，听之任之，不加干预和防范。有的则为了建立政绩，获得升迁，邀功请赏，滥取租调，横征暴敛。武周圣历元年（698）五月，陈子昂上书朝廷批评四川的地方官员贪得无厌，不奉国法，鱼肉百姓，导致户口逃逸。按照田令的要求，在百姓逃亡藏匿后，按常理，这些田地该被收回，然后与该田地拥有者相关赋役，也应一并取消。但是，在实际操作中，有些地方官员出于赋税征调职责、政绩考课，并不会将逃亡者的户籍从簿册中消除。不但不消除，他们还会将本该由逃亡者承担的田租和力役，转嫁到里正和逃户亲邻头上。这种做法，在当时有个专门的名词，叫作"摊逃"。这无疑逼得更多的农民逃亡他乡，也加剧了逃田民间的私自买卖。

四是豪强侵夺兼并。唐代会给贵戚功臣赏赐封邑，侵占大量土地。除了封邑外，这些公卿豪强利用自己的政治经济特权，还会籍外占田。中宗时，太平公主气焰熏天，田园遍地。为了修建供自己游览的昆明池，不惜侵占民田。玄宗朝时，朝廷官员也是违制占田，如刑部尚书卢从愿、东都留守李憕等人。宰相张嘉贞

开元盛世：大唐的空前繁荣

曾不禁感叹，现如今朝廷中的大臣，很多人都会私自侵占土地，这些被侵占的土地越多，每年上缴朝廷的税收就会越少，而没有土地的老百姓只能选择流亡，流亡的百姓越多，缴纳赋税的人自然也就越少。这些富豪之家巧取豪夺均田户口，列入自己名下，为自己进行农业经营，从而隐占国家户口。

还有就是不可抗力，譬如自然灾害。高宗到玄宗即位之间，自然灾害次数竟高达三四十次，而且这些灾荒多发生在关中、河陇、秦凉、河北、河南等地，这些地区正是当时人口稠密的地区。仅高宗总章三年（670），全国就有四十余州遭受了旱、虫、霜冻等灾，朝廷不得已放宽了人口流动的限制，允许百姓可以到其他州县"逐食"，同时调拨江南的粮食紧急运到灾区，进行赈灾。玄宗时，自然灾害也是频仍，开元三年（715）、四年（716），中原发生蝗灾，导致山东、河北、河南的农民大量流亡。由于这些区域是唐代重要的产粮区，如果蝗灾严重，直接会导致全国粮食储备出现问题。好在姚崇主政，马上提出，各州县立刻组织人力物力，捕杀蝗虫。经过灭蝗治理，中原地区的粮食产量没有显著下降，老百姓的基本生活也得到保障，经济形势也没有出现危机。

逃亡的人口去哪里了？绝大多数的逃户是依附于大土地所有

第三章 经济之盛：致天下之肥

者，主要是充作佃农和雇农。他们由地主借给种子粮食，租给土地和房屋，因为已经不是国家均田下的著籍人口，他们只向地主缴纳地租，从而逃避了国家的赋税和徭役。也有投靠寺观的逃户。流入城市的逃户，则成为城市游民，有的会应募参加军队，有的会受雇于手工业主，有的则成为贩夫走卒奔走于肆行、市场之间，不济者只能流浪街头行乞。一般唐代逃户都是从人稠地少的狭乡，逃奔到地广人稀的宽乡，甚至更边远的地方，唐政府对这些地方的控制相对宽松，逃户可以在那里垦荒种地、重建家园。有的还买得了田地，成为自耕农。逃户异地得田垦种，则成为当地的客户。还有一部分逃户被"逼上梁山"，进入山林川泽之中，落草为寇。无论去向如何，逃逸的户口无法再为政府缴纳赋税，承担徭役，成为影响国家收入和政权安定的隐患。

唐代政府如何应对逃户问题？作为律令国家，唐代首先从法律角度对解决逃户问题加以规范和防范。为了提高地方治理的效度，法令明确了州县官府、里正以及民户等不同主体，在户口脱漏问题上的不同责任。因为关系财赋征收和国家经济，唐律中对户口脱漏所定罪责相当重，一般会处以杖刑到三年徒刑不等的刑罚。不过在实际执行过程中也设置很多变通的情况，譬如允许自首而免罪，所以在实际执行中，其实远没有法律规定那么严格。

之所以如此，还是为了最大可能地吸引逃户回归土地著籍，承担国家赋役，同时也给地方州县处理问题的灵活空间，不至于过于简单机械而教条化。但是逃户本身流动性很强，刑罚只是事后处理的惩罚，单纯借助法律的强力震慑，并不能从根本上解决逃户的问题。唐朝力图从户口逃亡的诱发机制上下手，杜绝逃户，进而解决政治和社会问题。早在武则天时期，李峤就提出一系列治理逃户问题的策略，这些举措也被后来唐玄宗、宇文融处理逃户问题时，进行了继承和发展。恰恰是针对逃户问题不断调整应对策略，玄宗朝以后，唐朝政府在户籍制度和赋役政策上出现了重大转型。

证圣元年（695），李峤提出了"设禁令以防之，垂恩德以抚之，施权衡以御之，为制限以一之"的解决逃户问题的办法。"设禁令"是采用历史上实行已久的纠告之法，以防止民户申报过程中发生欺瞒，保证自报数据的准确。"垂恩德"是承诺为返乡逃户解决生计上的燃眉之急，如蠲免赋税、赈济钱粮、修缮土地等为返乡逃户解决一些实际困难，招诱逃户返乡。"施权衡"是听凭逃户自我意愿，可以返乡归籍，亦可就地落户。"为制限"是规定逃户自首的时限是100天，百天以内，不咎既往，可以返乡或就地附籍。超过百天，则依法加重处罚，"迁之边州"，实际

第三章 经济之盛：致天下之肥

上是变相流放。可以看出，李峤的办法是宽严相济，有制度的强制性，也有体恤民情，以农民基本生存出发的人性考量。可惜的是，武则天对于李峤的政策只是部分接受，并未完整实施。因此，到中宗、睿宗时期，朝局跌宕，逃户问题依然迁延不治。玄宗即位后，着重于传统的财政增收方式，即以增益户口与丰殖农田的方式来解决逃户问题。开元八年（720）以前，为了恢复经济发展，与民休息，轻徭薄赋，避免横征暴敛，对于逃户问题也以宽容安抚为主，但收效甚微。随着政府官员增多和玄宗宣扬文治武功的需要，朝廷财政支出更为扩大，逃户问题带来的"钱谷不入"的财政压力和可能出现的政治危机，迫使玄宗反省此前检括逃户安抚从宽策略的短板，一是政策没有震慑力，二是宽政带来了懒政，地方对于逃户问题的解决无法满足玄宗的政治需求。于是玄宗"宽猛相济"，一方面继续"招携"，即以从宽安抚的手段，使逃户附籍；一方面"提搦（nuò）"，即对那些不愿附籍的逃户，捉拿惩处。由此可见，玄宗是回归到李峤的治理思路上。由于财政问题的突出，玄宗特意将钱谷问题的决断权集中于自己手中，此外还积极物色擅长理财的"计相"充实进入官僚队伍，于是宇文融括户顺势登上历史舞台。虽然此事的历史意义，要在多年以后才会显现出来。宇文融给玄宗提议括户一事是在开元

开元盛世：大唐的空前繁荣

九年（721）正月，立刻得到玄宗支持。此后，随着括户的进展，宇文融的官职也不断提高。宇文融每一次任职的变化，也标志着括户的新进展。

与玄宗中意的姚崇、宋璟、张说这些科举出身的宰相不同，宇文融出身官宦世家，是隋朝重臣宇文弼的玄孙，从宇文这个姓氏上，就可以得知他具有鲜卑血统。祖父宇文节贞观年间担任尚书右丞，办事干练，因为不受亲贵私托行事，被太宗大加赞赏，后来位列宰执。可惜好景不长，宇文节因为牵涉房玄龄二子房遗爱（太宗之女高阳公主的驸马）谋反一事，最终配流桂州，客死异乡。自此，宇文家族在政坛上一路走下坡路，宇文融父亲宇文峤经年仕宦，也仅做到莱州长史。宇文融入仕早年都在基层历练，开元初累转富平主簿，在地方上就从事财政工作，显示了极强的行政能力和雷厉风行的政治才干。因为富平属京兆府管辖，离长安较近，宇文融遇到了人生转折的贵人。源乾曜和孟温相相继为京兆尹，十分看重宇文融的才干，便向玄宗推荐，官拜监察御史，品级并不是很高，正八品，但此职权限不小，意见可直达天听。于是，时势造英雄，恰巧令玄宗头痛的逃户问题正处于非常棘手的时期。开元九年（721）正月，作为监察官员的宇文融适时地上书唐玄宗，建议括户，增加租赋收入。所谓括户，就是

第三章 经济之盛：致天下之肥

检查清理户口，让国家掌握准确的户口经济数据。很快，宰相源乾曜为宇文融的建议做了背书。

宇文融不愧是具有吏才的干将，凭借自己从政地方的经验，以及迎合玄宗治理逃户需解决的急切核心问题，只用了12天的时间，就制定了一整套完整的实施计划。在此之前，没有朝臣能贡献一套可以落地实施的具体政策，即便李峤，也只是提供了治理的思路和方向。

唐玄宗看到宇文融的详细举措大喜过望，可谓宣之臣口，正合主心。二月，皇帝便下令宇文融制定实行检括之法，并下旨擢升宇文融为从六品兵部员外郎，以"括地使"身份主持这项工作，开始长达六七年时间的括户行动。

开元九年（721）正月到开元十一年（723）八月，宇文融的举措和武则天时期的李峤没有太大差异，主要针对逃户归贯的问题，就事论事展开治理。一是要求逃户按期自首，依个人意愿返乡或者就地附籍；二是假如按期自首的逃人情愿归贯，或者不便异地附籍的，规定如何归贯的一系列行政流程，并要求予以赋租课役的减免；三是百日内不自首的逃户，则配流边远地区；四是保障归贯附籍的逃户基本生产生活的条件。可以看出，此时的政策继承了李峤宽严相济的括户思路。

开元盛世：大唐的空前繁荣

很快玄宗发现，括户政策不能只针对逃户个体来入手，更重要的是解决逃户之所以逃的问题，尤其是因为失去土地不得不逃亡的农民，解决耕地问题更为重要。开元十年（720），玄宗将土地分配问题和逃户治理联系起来，在宇文融括户政策上打上检田的补丁，要求天下寺观对于超额占有的土地以及权贵官员按官僚等级所颁授外租赚取营收作为俸禄的职田，全部收回国有，分给归贯附籍的逃户，以垦田安民。为了配合宇文融括户，玄宗两次命令朝集使检核地方括户举措的落实情况。括户检田政策在全国范围逐步展开。

虽然此次宇文融也括出了不少逃户，但由于想在短期内看到政策效果，宇文融在制度实施上更偏重强制性地让逃人归籍，以严字当头，而且归籍手续又相当繁复，地方政府也是怨声载道。唐廷不得不"虑成烦扰"，从而被迫暂停了这次括户活动。对统治者来说，这次括户多少是一种失败，在吸收了这次失败的教训以后，唐廷重新开始了第二次招诱逃户的工作。要想有成效地招诱逃户附籍，首先必须要使唐政府能有给予逃还农民一定数量土地的能力。所以在第二次括户的时候，玄宗结合第一次括户着重从"检田"入手，以检田推动括户，更多的是以安抚百姓，保障民生的角度来实现逃户治理。这一思路在玄宗任命宇文融的官职

第三章 经济之盛：致天下之肥

即可看出，开元十一年（723）十一月，宇文融受命"勾当租庸地税使"。开元十二年（724）初夏，宇文融又被任命为"括天下田户使"。

此次宇文融深入基层，巡行州县，玄宗也赋予他便宜从事的特权，可以按照不同地方情况，制定相应政策，避免一刀切的问题。在检核地方地税时，因为地税是按亩征收，借此对地方土地数量和违例多占土地的问题进行了清理。朝廷也放低身段，与地方民吏协商议定赋役负担水准，变通赋役征派手段，并且规定凡逃户归贯附籍从事农业生产，可免六年租调和徭役，只承担少量的税，大概每个丁男交1500钱，这也比正常情况下所缴纳的1900钱都要低。总体上遵循的是安民、便民、抚民的策略。逃户政策在各地推行过程中，受到民众的欢迎和支持，有的地方甚至把中央派到地方的使职官员称为"父母"，所以这个时期虽然为时较短，却是宇文融检田括户收效最大的时期，也是括户的高潮时期，实现了政府和民众在解决逃户问题上的共赢。括户政策最终收尾是在开元十五年（727），不过逃户问题在玄宗天宝年间又再度引发财政危机，问题的解决直接触发了唐代财赋体制和土地制度的彻底改变。

综而观之，宇文融括户依靠的是唐廷对于逃户问题解决的迫

开元盛世：大唐的空前繁荣

切性，以及宇文融展现出高超的行政能力和组织手段。括户活动中，他精心选拔了33名"劝农判官"分赴各州县主持工作，贯彻执行检田括户政策，清查徭役税赋伪滥，即由地方官府强加给老百姓的不合理徭役、租赋等项目，减轻纳税人的负担，杜绝新逃户的产生；清查被隐匿的土地，打击不法兼并，增加税源，从而缓解兼并潮；招募逃户，重新给他们落籍、分配土地，恢复农业生产；配套税赋改革，对新落籍的逃户实行税负从轻的政策；强化行政效率，相关事宜越过中书省直达宇文融，只需要将处理结果后期呈报给中书省即可，避免了外界力量的干预和扯皮。多管齐下，宽严相济，短时间内为唐朝增加了近百万户纳税人口，这个比例几乎是当时全国人口规模的1/10。同时，朝廷的财政收入也增加了1/10。玄宗对括户成绩非常满意，宇文融也跟坐了火箭似的升职，开元十一年（723）十一月，宇文融从监察御史提升为兵部员外郎兼侍御史。开元十二年（724）八月，因为政绩卓著，宇文融再次被破格提拔，担任御史中丞兼户部侍郎。梳理宇文融括户和履职的过程，学者们发现了一个很有意思的政治现象，玄宗时期本应由以户部为首的财政机构去应对的经济危机，最终却由监察机构完成。委派监察御史前往地方检查户口，将隐漏不报和逃亡户口搜查出来，就地入籍，并鼓励其开垦荒地闲

第三章 经济之盛：致天下之肥

田，以保证徭役、兵役的来源，增加政府的赋税收入。当然御史本有监察地方经济事务的职能，但是宇文融实施的括户政策，已经不是单纯履行巡察职责，其工作重心在于为中央政府解决财政难题。与其说他们是巡察使，不如说他们是真正的财政使。玄宗即位后，逐步将政府财权控制在自己手中，因此面对逃户引发的财政危机问题，玄宗更希望通过专职官员的霹雳手段迅速加以解决，而不是在三省中枢机构中议而不决，迁延不前。"唐朝中央政府为了应对经济危机，授权监察官行使财政职能，仍然是以低成本的改革取得最大的收益。唐政府在没有大范围改变固有官僚制度的前提下，悄无声息地变更监察御史的身份和职能，使其从监察使变更为财政使，就成功地应对了这场持久的财政危机。"派遣御史出使地方州、县并非出于监察的目的，而是为了落实括户政策，绕过尚书省户部，赋予使职极大的便宜行事的权力，更高效地解决危机问题，体现了玄宗在政治治理过程中灵活多变，便宜行事的特点。但这给宇文融个人带来了政治上的危机。

由于这种非常规的运作方式形成财权高度集中于个人，加之括户的成功，使得宇文融变得炙手可热，这引起很多官僚的嫉妒和不满。部分权力被架空的宰相张说就与宇文融针锋相对，双方在人事、机构设置等方面处处针对，张说为了抑制宇文融权力膨

开元盛世：大唐的空前繁荣

胀，开始着手相权集中，议事场所政事堂改为决策行政一体化的中书门下，宇文融不甘示弱，为削弱张说的人事权，请玄宗摆脱吏部，建立独立的人事部门。结果，由于玄宗调整中枢人事设置，张说在身居监察要职的宇文融联合其他官员的弹劾下，被朝廷免职。张说被免职后，还享有很高的政治待遇。智商很高但情商不足的宇文融，就想痛打落水狗，一直意气用事地在玄宗面前讲张说的坏话，力图彻底击垮张说。结果玄宗一怒之下，将他贬出朝廷，外放地方任职。开元十七年（729），唐玄宗又不顾反对，重新提拔宇文融为黄门侍郎、同中书门下平章事，与裴光庭一起入相，昭示着聚敛之臣开始登上中枢政治舞台，也折射出财政经济运作中存在的问题还是需要类似宇文融之类的官员独当一面。宇文融为相后，又不甚检点，口无遮拦，放言"只要我在位数月，便可海内晏然"，俨然一副睥睨天下之势。后来宇文融因为担心信安王李祎（吴王李恪之孙，李世民曾孙）影响到自己的地位，便指使御史弹劾李祎。不料李祎提前疏通了玉真公主和高力士，给玄宗打预防针，结果当了百天宰相的宇文融因构陷宗室而罢相。

但宇文融之后，玄宗一直没有物色到实干得力的计相，遇到财政难题的时候，他就会痛斥其他朝臣，埋怨他们诋毁宇文融，如今国用不足，你们一个个都是吃白饭的，一点办法都没有。这反倒让宇文融更成为众矢之的，宰相裴光庭一怒之下，纠合其他官员，集中火力弹劾宇文融贪污受贿，早年政治上的不检点，成为压死宇文融的最后一根稻草，宇文融被朝廷一贬再贬，在流放广州的路上去世。令人唏嘘的是，这位以一己之力扭转大唐财政危机的功臣，史书上的评价是"幸人""括户取媚"，是导致"征利而国危"的罪人。而唐代财政新问题的出现，也成为唐代历史转折的关键所在。

二、海内富实

描绘开元盛世的经济繁荣，几乎绕不开杜甫的名诗《忆昔》：

忆昔开元全盛日，小邑犹藏万家室。

稻米流脂粟米白，公私仓廪俱丰实。

九州道路无豺虎，远行不劳吉日出。

齐纨鲁缟车班班，男耕女桑不相失。

宫中圣人奏云门，天下朋友皆胶漆。

开元盛世：大唐的空前繁荣

诗人在诗中抚今追昔，感慨开元盛世的美好光景。除了这种宏大叙事的诗歌外，亦有反映开元时期乡间恬静安宁生活的作品，王维在《渭川田家》中描写：

> 斜光照墟落，穷巷牛羊归。
> 野老念牧童，倚仗候荆扉。
> 雉雊麦苗秀，蚕眠桑叶稀。
> 田夫荷锄至，相见语依依。

玄宗开元十三年（725）封禅泰山，开启了开元盛世的序幕，国家仓廪丰实，百姓安居乐业，各行各业有序发展，社会呈现一派昂扬的气势。难怪后世史家都无比赞叹，开元之际，就是太平盛世。

唐代以农业立国。根据古气候学家研究，我国在公元600—960年的平均温度的变化大体上代表了一个百年尺度的完整的气候变迁周期，我们称它为盛唐——五代十国大年。其前一半是盛唐温暖期；而后一半则是晚唐五代十国寒冷期。隋唐三百多年，气候温暖适宜，尽管三百年中，也有寒冷小周期与温暖小周期交替，但总的来说，唐代存在较长时期的温暖期。而且唐代雨水充

第三章 经济之盛：致天下之肥

沛，自西向东，沿长江南北，形成丰沛的雨带，为南北地域的粮食和经济作物的生产提供了充足的水源。气候的温暖湿润为唐代农业经济的发展创造了条件，农业经济的发展为社会经济的整体发展和繁荣奠定了基础。

温暖湿润的气候使唐代农牧业界线北移，农耕区扩大。据学者研究表明，从战国到西汉初年，自今青海东部河湟地区向东北经陕北、陇东的泾、渭、北洛河上游，晋西北山陕峡谷流域南缘龙门山，又东北沿着吕梁山、恒山，接燕秦长城至今辽宁境内，存在着一条农牧业界线。历史地理学家史念海先生认为，到了唐代，农牧业界线变成了农耕区与半农半牧业的界线，且有所北移，如东段北移到燕山山脉以下，西南端向南延伸，达到陇山之西，东北端也可以伸向辽水的下游。而半农半牧区与牧区也形成一条界线，即由阴山山脉西达居延海，东达燕山山脉。在这样的形势下农业区形成一些发达富庶的地区，如泾渭河下游、汾水下游、涑水流域、伊洛两水下游和黄河的下游。在半农半牧区里面，已经有相当的农业基础。这不仅使唐代的农耕区扩大，而且使农耕区与牧区有一个缓冲地带，使唐代的边防有一定的当地给养支持，使唐代经济力量增强，军事防御更稳固，社会更加稳定。这既直接有利于唐代经济的发展，也为农业经济发展创造了

开元盛世：大唐的空前繁荣

一个更稳定的社会环境。

除了气候便利条件使得农耕地区扩大外，唐政府在不破坏生态平衡的前提下，还主动开拓可耕土地，适应日益增长的人口变化，达到垦土安民的效果。垦田面积的扩大，也是当时农业发展的一个标志。唐政府一方面借助宇文融检田括户的政策效果，将政府所能掌控的土地尽力劝农耕种，另一方面，屯田垦荒也是扩大耕地面积的重要举措。唐初即比较重视开山、边境营田、屯田，并有组织地移民殖边。随着边界的开拓，屯田事业愈益发达。在北方，开元初，营州都督宋庆礼于柳城筑营州城，开屯田八十余所，沙州敦煌郡每年屯田的耕种收获，除供军需外，还有盈余通过灵州，经黄河转运到太原仓，作为赈济储备粮使用，得到了张九龄高度赞扬。开元年间的屯田情况，国内现存的典籍记载甚少，日本玉井是博的《南宋本大唐六典校勘记》详细地记载了当时河东、关内、河南、河西、陇右、河北、剑南七道的屯田情况。从文中记载的七道屯田情况来看，最多的是关内道，为258屯，最少的是剑南道，只有9屯，总数为1040屯。军屯的垦田数，州、镇诸军每屯为50顷，民屯垦田数与此相同，全国屯田数约为570万亩。在边疆地区比如幽州、渔阳、淄青等地，也就是后来安史之乱闹得最厉害的一些地区，移民定居，在逃户集中地区设置州县，

第三章　经济之盛：致天下之肥

开发荒地，扩大耕地。贞观十三年（639），全国共有1511县，到开元二十八年（740）增为1573县，唐代以玄宗所设为最多。同时注重对江南山区土地的开发，以梯田开辟最为显著。沿海地区则筑堤、修渠、挖塘，建设排水、冲洗咸碱设施，改良濒海、江土壤。通过新置州县，边荒瘠地的开拓，屯田的经营，全国耕地总面积有了很大的增长，这为增加粮食产量和社会财富，促进农业生产的发展和经济的繁荣提供了先决条件。

垦田面积扩大的同时，农业耕作技术也在同步提升。譬如曲辕犁及其配套农具的推广。曲辕犁产生于何时，史书上没有明确记载。据西安李寿墓壁画、敦煌壁画和《朝野佥载》记载来看，唐前期北方地区已采用曲辕犁耕作。唐人陆龟蒙《耒耜经》里专门记述了曲辕犁的形状及与之配套的工具。直到今天，中国的一些农村地区仍然在使用曲辕犁进行农业耕作。曲辕犁最大的技术改进，是耕地时可将翻起的土推到一边，减少犁前进的阻力，提高耕地速度，而且轻便适用，犁铧大都狭小、锋利，有助于深耕细作。而深耕细作正是通过物理方式，改良土壤结构，提高土壤肥力，加强养地的有效措施。同时，耕作技术的改进，也是提高耕作效率的前提条件，只有提高了耕作效率，才能在短时间内集约利用田地，以便抢季复种。开元时期耕作方式中的集约成分进

开元盛世：大唐的空前繁荣

一步加强，据中外学者研究，当时在黄淮流域和江南许多地方，已开始盛行粟麦复种制。除此以外，水稻的一年二熟三熟制也比较突出。唐代农业生产除了强调精耕细作外，也已开始重视良种选择，抗灾能力也有所加强，其中姚崇治蝗就是典型的例子。唐玄宗初年，山东、河北、河南一带发生特大蝗灾。中原飞蝗成群结队，遮天蔽日，"飞蝗蚕食千里间，不见青苗空赤土"。蝗群所至之处，庄稼被蚕食殆尽。无论是玄宗还是民间都认为蝗灾是天降人祸，通过烧香求神来消弭灾祸，但无济于事。这些地区是唐廷粮食主产区，如果蝗灾治理不当，直接影响唐朝的经济命脉。宰相姚崇冲破阻力，破除官僚们的迷信理念，开始系统治蝗。姚崇令百姓于夜间在田边点起火堆，利用蝗虫趋光的特点集中诱杀，点火同时在田边挖掘大坑，边烧边埋，取得灭蝗成功。仅汴州就灭蝗 14 万石。此外耕作技术进步的另一方面体现在唐代水车广泛用于农田灌溉。三国时马钧发明的翻车即龙骨车，在唐代得到推广。唐代还发明了新的灌溉工具筒车，还出现了一种以水为动力的水转筒车。

传统农业靠天吃饭，一是对土地有很强的依赖性，二是农业的地域性和季节性特点明显，客观上要求把握农时，因地制宜，这就是中国古人强调的"使农以时""不夺农时"等。唐代重视

第三章 经济之盛：致天下之肥

农业生产，从国家层面上指导农民充分利用农时进行农业耕作。开元十二年（724），玄宗命天文学家太史监南宫说、僧一行等测量子午线，制定并颁行《大衍历》，并将其运用于农业生产，帮助百姓掌握农时。唐代知识界已经对土壤和气候的关系以及一般农作物的生长规律都有了比较深刻的掌握，围绕四季交替和农业生产的关系，都有明确的时间界限的划分。唐时南北气候差别，促使南北农时安排也不同。根据鲍防等人写的《状江南》组诗，可以发现江南的农时安排，已与按二十四节气顺序的农时安排不同。史学家郑学檬先生指出，《状江南》组诗按一年十二气，一气跨两节气，即一个月左右。《逸周书》二十四节气安排是根据黄河流域物候，这与《状江南》十二气安排时的物候依据不同。例如《逸周书》记惊蛰的第三候（相当于雨水的第三候）"草木始萌"，但在《状江南》孟春中已是"荇叶大如钱"。因为南方的气候比黄河流域温暖，同一节气的物候不同。白居易《立春后五日》一诗写道："立春后五日，春态纷婀娜。白日斜渐长，碧云低欲堕。残冰坼玉片，新萼排红颗。遇物尽欣欣，爱春非独我。"白居易所说的杭州立春后五日的"春态"，要比北方早一个节气。在沈括提出"十二气为一年"之前的三百年左右，《状江南》组诗反映唐人已有以"十二气为一年"的观念，这是很了不起的。

开元盛世：大唐的空前繁荣

这个以十二气为一年的节气定历，有利于把握江南农时，由此可了解到唐朝江南农业的发展是建立在科学地把握农时基础上的。春华秋实，依时而获，顺应自然规律，有利于保护生态环境的良性循环。

开元时期十分注意水土保持和有效利用。除深耕、除草、碎土、整地保墒以外还广泛施用肥料，相较于中世纪欧洲用草木灰、牛羊粪便施肥，土地休耕时间较长不同，唐代追肥技术比较领先，懂得利用人畜粪便保持地力。同时，用以维持、提高地力的水利兴修更为突出。水利是农业的命脉，一方面，唐中央政府健全水利管理体系，从组织上加强对水利事业的领导。学者研究发现，我国很早就设有水利管理机构，但直到隋末唐初，尚未形成完备的管理系统。盛唐时期，在中央设置了水部和都水监，在地方上也设置了配套的机构，从而形成了水利管理的体系。另一方面，唐代制定了保持水资源与水利工程的法令，以法律的形式保证水利工程的兴建和保护，以达到贵农的目的。开元二十五年（737），唐玄宗颁布了《水部式》（唐代法律体系表现为律、令、格、式，本丛书设有专书予以介绍，可以参考）。《水部式》是唐朝制定的关于水资源管理的专门行政法规，也是现存见于文字记载的中国最早的一部水资源专门法规，是唐代水利管理的一项重

第三章　经济之盛：致天下之肥

要创造。这部法典虽在唐朝以后失传，但20世纪初法国汉学家伯希和在敦煌莫高窟发现了部分残卷，共2600余字。从残卷内容来看，《水部式》对农田水利和水路交通的政策进行了具体的论述。除了组织机构和制度建设外，玄宗时期兴修水利的成就也非常显著，据统计，李唐一代共修有水利工程269处。《新唐书·地理志》记载了玄宗年间兴修水利工程46处，为唐前期的最高数字，灌溉面积少则数百顷，多则三千多顷。

玄宗水利兴修都是布局在农业发展的重点地区，为河北蚕绵之乡和关中平原的重点经济区，特别是他在前人导引黄河灌溉工程的基础上，予以修复与扩大，形成了关中平原的灌溉系统，在确保关中的水土保护方面发挥了良好的作用，使一些旱地变为稻田。开元诗人李华歌咏"咸阳古城下，万顷稻田新"，描绘了开元时期，关中平原生机勃勃的农业景象。随着经济重心南移，玄宗后期也将水利工程建设布局的重点移至南方。由于水利设施的修筑和维护，灌溉条件的改善，使得开元、天宝年间的实际耕地面积剧增，据统计，唐玄宗时已达到500万顷左右（汪篯先生估算为850万顷），大致相当于今天的4亿亩，在籍户口增至906.9万余户。生产力和生产效率也有显著提升，据蒙文通先生考证，唐代亩产量平均是一石半，按今天的重量计算，在150斤左右，

开元盛世：大唐的空前繁荣

比汉代亩产量提高了50%。据统计，唐代的粮食年产量是种子的20-40倍，而同时期的欧洲仅仅是1.5-2倍。这些都奠定了盛唐经济繁荣的物质基础，一方面"百姓殷富"，另一方面政府"左右藏库，财物山积，不可胜数"，奏出了盛唐繁荣、海内富实的最强音。

唐代农业繁荣，也刺激了手工业和商业的兴盛。学者们在谈论唐代的经济形态时，提醒人们注意，不能仅仅抓着"自给自足的自然经济"这个流行概念不放，应客观分析农户经济的增生性，史学家郑学檬先生有一个唐代经济的形象比喻，称之为"自然经济包裹商品经济的特殊经营模式"，也就是说，不管地主还是农民都在粮食生产的同时发展家庭副业，而副业产品除满足自身需要外，必然会出售，参与交换。交换的扩大，使得农户必然具有某种商品生产和消费者的角色。这一趋势不是所有农户都具有的，但只要有部分农户进入这一角色，商业因素就可能在一些农户或地区出现，这就是唐朝江南地区小市场出现的经济背景。唐代独立的官府和民间手工业部门已比较齐备，如纺织、冶金、机械、陶瓷、造船、印刷、制盐、制茶、药材及日用品生产等部门，许多都是从农户的副业中分离出来，逐步发展成独立的手工业部门，均有相当规模和产能，技术亦有长足进步。

第三章 经济之盛：致天下之肥

盛唐时期的官方手工业，称官手工业，主要生产和管理机构是少府监，它管理百工制作皇室器服、珍稀物品、朝会仪仗等等，下辖中尚署、左尚署、右尚署、织染署和掌冶署，五署共有工匠19000余人。官手工业的特点就是排他性，生产和供给主要针对皇室和贵族的日常消费需求，或用于赏赐。如与皇室生活关系最为密切的织染署，生产高档的丝织品，工匠都具有高超技艺，故号称"巧儿"，有绫锦坊巧儿、内作巧儿等，人数可观，其生产工艺和成品是无法对外流通的，所谓"凡绞锦文织，禁示于外"。因为需要供给皇家使用，因此官手工业在制作门类分工、技艺流程、产品质量把控等方面均有严格要求。因此，官手工业产品，制作技术高超，产品精美绝伦。譬如，绘工精致的蜡缬织绢就源出于少府监织染署。再如，1970年在西安南郊何家村出土窖藏金银器270多件，尽管归属人、埋藏年代仍有争议，但应是盛唐遗物，其中一件状如皮囊形制的银壶，两面各铸一马，涂金灿灿，颈系飘带，昂首扬尾，跃如舞态，生气勃勃，反映了官手工业高超的工艺水准。

与市场活跃、商品流通以及社会日常生活紧密相关的还是民间私手工业，可说是琳琅满目，尤以丝织业、制瓷业、冶金业为代表。

开元盛世：大唐的空前繁荣

纺织业。唐人的衣料以丝、麻为主，因此唐政府大力推广养蚕植桑，可谓"男耕女织不相失"。农家的屋前房后，多种有桑树。蚕桑主要产地在黄河流域，长江流域以植麻为主，蚕桑也有发展。农户家庭中的妇女和未成年人等半劳力人群基本从事养蚕以及纺织工作，其所产物品既可交纳租庸调的"庸调"（绢、布）又可满足家庭消费，有余时则出售，交换必需品，如盐、布、农具等等。据统计，开元末年到天宝初年，全国庸调收入绢约740余万匹，麻布1350余万端，绵180余万两，折算成人均数（以48909800口计）为每人上交3.34平方米绢布，0.22两绵。可见租庸户自产之绢、布、绵产量之可观。因此也促成了纺织品交换和流通的市场需求，进而刺激私营纺织作坊的发展。私营纺织作坊主要分布在城镇之中，唐代城镇中大量兴起了坊、作、铺，多数是手工业作坊。而唐代最大的私营纺织作坊应属定州何明远家。定州属河北道，唐代河北向有"蚕绵之乡"的美誉，唐代中后期，河北成为全国丝纺织业技术最发达、丝纺织品产量最多的地区。《朝野佥载》描写了何明远的织坊经营状况，称其家有绫机五百张，拥有近万名从业者。河南道也是丝织产区，民营生产的织品投放市场数量也颇可观。开元年间，沐州刺史王志愔一次就从市场买进三千匹丝织品，沐州是河南道政区治所，作为商品

第三章 经济之盛：致天下之肥

的织物集散中心，商品成交量十分可观，这也反映了当时民营丝织业的一定规模。

北方丝织技术也不断传入南方，促进南方丝织业的普及。江东节制薛兼训令军中没娶妻的军人，到北方娶织女，南方到北方娶织女，是引进丝织人才、技术的一种办法。随着经济重心南移，江南道丝织品勃兴，逐步成为全国第三大蚕丝与丝织业的区域，主要集中在今浙东与苏南一带，出现以地名命名的特色织品，如丹阳郡的绫衫缎，晋陵郡的折造官端绫绣，会稽郡的罗、吴绫，吴郡的方文绫，驰名国内，成为后起之秀。

陶瓷业。盛唐制瓷业有较大的发展。一方面，唐代政府限制用铜制造器物，王公庶民需要瓷器以充当必需的餐具、茶具、酒具、冥器和装饰品；另一方面，陶瓷工匠经过长期的摸索，也已积累了丰富的生产经验。这就为盛唐时期制瓷业的发展提供了良好的条件。民间瓷窑遍布河南、河北、江西、江浙等地。有名的窑口有越州窑、鼎州窑、婺州窑、岳州窑、寿州窑、洪州窑、邢州窑等。这些名窑可烧制各种杯盘碗碟等日常瓷器，也生产壶、瓶、罐等可用来盛酒的器具。制作陶瓷的工艺水平明显提高。瓷器的制造要经过原料洗炼、胎釉配合、成形上釉、烧结加彩等一系列工序。根据陶瓷史学家研究，盛唐时期的瓷器以高岭土为原料，瓷胎一般结构细密紧致，多青、白二色。不同窑口烧制的色彩不同，根据地域，大体南方尚青，北方尚白，形成了"南青北白"的格局。瓷器在唐代民间的使用比较普遍，属于日用器，日常需求量很大。茶圣陆羽一介寒士，也会购入邢窑、越窑的名瓷备用。堪称盛唐瓷品之花的唐三彩，是唐代陶瓷制造业的创举。所谓三彩，就是在无色釉的白底胎上涂上釉化的矿物粉，经烧窑氧化成黄、绿、褚三色，是谓三彩。后来烧制工艺又多加改进，色彩向多彩演进。最常见的颜色有黄、白、绿、紫、褐，唐三彩因为工艺复杂，原材料昂贵，基本都供官方使用，一般作为生活用品和艺术品，或者作为冥器进行陪葬。

冶金铸造业。研究者发现，中国古代铸造业萌芽于陶器与农具制造。制陶的成型技术、模范技术以及青铜铸造技术、铁器制造技术之间的联系，形成中国传统工艺技术的特点，给予中国制造业工艺技术以深刻影响。唐代铸造业主要在炼钢、炼铜（包括铸钱）和炼银三个方面，尤以炼铜为著。因为涉及铸钱、武器生产，中央少府所辖诸冶监、军器监分别掌管铸造生产之务，由官方负责。对于国家铜铁矿藏，则由民间自发开采，官方利用税收方式进行宏观管理。除了西北边地之外，国家不对冶金铸造进行限制，私营铸造业也日趋发达。盛唐的铜器、制镜业就声名远

第三章 经济之盛：致天下之肥

播。唐代铜镜的铸造达到了炉火纯青的地步。唐前期扬州已能制造较为名贵的"江心镜"，也称"百炼镜"。白居易曾有专诗《百炼镜》描述与这一铸镜技艺相关的风俗："百炼镜，镕范非常规，日辰处所灵且祇。江心波上舟中铸，五月五日日午时。琼粉金膏磨莹已，化为一片秋潭水。镜成将献蓬莱宫，扬州长吏手自封。人间臣妾不合照，背有九五飞天龙。人人呼为天子镜，我有一言闻太宗。太宗常以人为镜，鉴古鉴今不鉴容。四海安危居掌内，百王治乱悬心中。乃知天子别有镜，不是扬州百炼铜。"《唐国史补》也记载江心镜的冶铸十分不易，镜子会被炼上几十上百遍，制作过程很难，非常容易破损。唐代传奇里曾流传，开元三年（715）五月十五日，扬州给玄宗进贡江心镜一面，此镜直径九寸，代指九州，镜背铸有盘龙一条，栩栩如生，长三尺四寸五分，借喻三才——天地人、四象——青龙白虎朱雀玄武、五行——金木水火土。铸镜人还为此镜赋诗一首："盘龙盘龙，隐于镜中。分野有象，变化无穷。兴云吐雾，行雨生风。上清仙子，来献圣聪。"开元中，天气大旱，玄宗下旨求雨。僧人一行说："要找到一件东西，上面有龙的形状的，才可以求到雨。"玄宗让他到宫内府库各处去查看，说都不像龙。几天后，一行指着一面古镜，镜背上有条盘龙，高兴地说："这上面有一条真龙啊。"

开元盛世：大唐的空前繁荣

就把古镜带入道场求雨，过了一晚就下雨了。当然这只是传说。1998年印尼爪哇海阿拉伯沉船出水的文物中，发现了扬州百炼镜实物，为唐乾元元年（758）所造。中宗时，扬州出产一种镂刻金花银叶的方丈镜，精美异常，受人追捧，但是价值不菲，玄宗时普及简朴化，受到士庶的欢迎。沈从文先生在《唐宋铜镜》一书中分析，唐镜中比较精美的鸾卸长绶镜、飞龙镜和特别是加工精制的金银平脱镜、镙钿镜大多完成于开元天宝年间。

盛唐农业生产的连年丰收，手工业的繁荣为商业的发展创造了物质前提，带动了市场交易和商品经济的兴旺。早在唐初就有"俗喜商贾"的说法。唐传奇《独异志》记载一则故事颇有意思，王元宝是长安富商，玄宗曾问王元宝知不知道自己家里有多少财富，于是王元宝打了一个比喻，说"臣请以绢一匹，系陛下南山树，南山树尽，臣绢未穷"，如此摆阔夸富，玄宗不但没有生气，反而感叹，我以前听人说至富可敌至贵，今天终于见识到了，我是天下至贵，你是天下至富。尽管这只是笔记故事，但也可以看出唐代对财富与财富拥有者的普遍尊荣，朝廷对巨商大贾的礼遇优容，使自古相传的轻商观念发生动摇，趋于淡化。

进入盛唐，重商观念渐有市场，虽然国家意识形态领域，仍强调重本抑末，但是事实上，商业发展日臻繁盛，成为唐代经济

第三章 经济之盛：致天下之肥

生活不可或缺的组成部分。开元以后，若以两京为中心，东到汴、宋，西到凉州、成都，北到太原，南到荆、襄，都有结党连群运货往返的商客出没其间。杜佑对盛唐商旅繁荣的景况进行了细致的描述，他说，自开元十三年（725）以后，物价便宜，国内从东到西，从南到北的商道上，都建有酒店旅馆招待往来的商旅，而且为方便商旅外出，每家旅店都备有驿驴供商人租赁使用，即便是远途贸易，也不用担心遭遇盗贼和抢劫。有如此多为商旅提供服务的店肆，我们可以看出当时交通的发达和商业的繁荣。

商业的发展，必然导致繁华都市的出现。除首都长安、东都洛阳外，唐代著名的都市还有扬州、益州、杭州、广州、泉州等，都是唐代商业活动最重要的场所。唐代前期，全国的商业城市以长安、洛阳为首。长安城是大唐帝国政治、经济、文化的中心，也是国内、国际工商业贸易中心。盛唐长安市场行业众多，东市有二百二十行，店铺栉比，摊点密集，货物丰富，品种多样，商贾辐辏，车水马龙，既有满足贵族需求的奢侈品消费，丝绸、瓷器、珠宝，也有可提供平民百姓日常生产所需的物资和日常消费的日用品。东市由国人商贩主导，西市则多为胡商所居。长安居民坊里中也有各色商铺，还有类似今天书店的坟典肆。大宗商品和外贸商品，可以去东市、西市选购。而普通的日用品，

开元盛世：大唐的空前繁荣

则可以在街巷中就近购买。刑人必于市，西市还专门设有执行死刑的地方，聚众行刑，可见西市的热闹程度。

东都洛阳，居天下之中，是大运河的中心，唐玄宗就曾指出其独特的地理优势，天下之枢纽，水陆交通发达。洛阳具有"均万方之来贡，引鱼盐于淮海，通粳绉于吴越"的交换集散货物的有利条件，然后西运长安，北输河朔，商旅货贩之盛，仅亚于长安。唐代前期的洛阳，也设有南、北、西三市，商业发达。最大的商业活动区是南市（即东市），面积颇大，占地两坊，有一百二十二个行、三千多个肆、四百多个店。全国各地的奇珍异宝通过水陆运输到南市，再由南市发往欧亚非等国家。而其他国家的香料和蔬菜等物资也运往南市，再流向全国。

扬州地处长江三角洲地带，既连长江，又依运河，处在长江与运河的十字交叉点上，与内地交通十分方便；另外，又靠近海洋，是当时重要的入海通道和重要港口。商人和物资往来频繁，络绎不绝，成为江淮及东南地区的货物集散地，富甲天下，时人称扬一益二。当时流通的商品主要有盐铁、茶叶、瓷器和铜镜等，十里长街，店铺林立，诗人张祜曾用"十里长街市井连"来描绘扬州商业区的盛况。

唐代商业的繁荣除大都市外，还表现在市镇和乡村的集市和

第三章 经济之盛：致天下之肥

草市上。唐前期实行坊市制，市只能设在州县以上的行政机构所在地，对市场的设置及交易的时间、空间都有明确的规定。不过在中宗时，开始三令五申，禁止在不是州县的地方设市，而且还禁止在两京坊市内擅自增设商铺的行为，这说明其实京城和地方州县都有突破坊市制的行为。随着商品生产和交换的发展，官府也放宽规定，允许在不是州县的贸易中心置市。像草市、市镇这些原被政府禁止的市场类型，越来越多地出现。这表明商品交换的空间限制被打破。夜市的出现，商品交换的时间限制也局部被打破了，交易时间的延长，是商品经济繁荣的客观要求，也是盛唐商业发展的一个标志。

水陆交通在繁荣的经济贸易活动的驱使下变得十分发达。盛唐最发达的是陆路交通，以两京为中心形成四通八达的交通网络。长安是全国陆路交通的枢纽，史念海先生统计，由长安向全国辐射的主要陆路通道就有14条。连接首都长安和东都洛阳，也称"两京道"，是当时交通最为繁忙的线路。开元年间，全国有驿道六七万里，共设有驿站1639所，其中陆驿1297所，水驿260所，水陆兼用86所。每30里设一驿站，陆驿备有马匹，水驿备有舟船，在驿站附近还有私人开设用以接待客商的饭馆旅店，提供吃饭、休息、住宿等服务，类似当今的服务区。盛唐的水路交通也很发达，漕运系统也是商业性物流渠道。武则天时，漕运通达四方，交易频繁，货畅其流，以至于朝廷要对这些关津要口征收关市税。玄宗目睹了漕运河道上来来往往，昼夜不息的商船、货船，愈加重视大运河关键河段的治理。开元二年（714），河南尹李杰修复梁公堰，使沟通淮河、黄河的汴河得以疏导。开元十五年（727），将作大匠范安改善汴河河运，使大运河发挥效能。开元二十二年（734），瓜州沙涨成堆，使长江江面变狭，减弱了江潮入运河水势，影响水运，于是刺史齐瀚开了一条12.5公里的伊娄河，船只可以从京口直接渡江，史称"岁利百亿"。开元二十八年（740），河北道魏州刺史卢晖徙通永济渠，自石灰窠开西渠，引流至城西，注入魏桥，"以通江、淮之货"。开元二十九年（741），朝廷在三门峡北岸另凿开元新河，使漕船避开滩险流急的黄河正流，并开始濒河置仓，分段转运，每年漕运粮食二三百万石。

天宝初，陕郡太守韦坚主持凿通广运潭，虽说工程的初衷是要修复关中漕运，以利财政物资的转运，但广运潭开通后，韦坚在开航仪式上，召开了别开生面的全国轻货博览会。黄仁宇先生说，此人若生在近代的欧洲，必为商业经理能手。运河上，当时二三百只运船，不仅仅载有政府所需的漕粮，也满载着江淮各地

第三章　经济之盛：致天下之肥

的名优特产，各船皆署名牌标识，又辅之以歌舞表演。广陵郡船，堆积广陵所出锦、镜、铜器、海味；丹阳郡船，即京口绫衫段；晋陵郡船，即折造官缎绫绣；会稽郡船，即铜器、罗、吴绫、绛纱；南海郡船，即玳瑁、真珠、象牙、沉香；豫章郡船，即名瓷、酒器、茶釜、茶铛、茶碗；宣城郡船，即空青石、纸笔、黄连；始安郡船，即蕉葛、蚺蛇胆、翡翠。船中皆有米，吴郡即三破糯米、方文绫。漕运河道物资运输种类的日益多样丰富，意味着工商业的繁荣促使人们对消费资料也产生了多元化需求。

国内交通四通八达，商业城市极为繁华。对外贸易也不断增长，亚洲各地，特别是波斯、大食等国商人纷至沓来。开元初开大厦岭路，也就是今天的梅岭古道，使得南北交通大为改观，大大便利了内外贸易。由于造船业和航海技术的发展，唐代海上贸易日益兴盛，唐政府在沿海重要港口还专门设立了市舶司，专门负责对外（海上）贸易事务。

三、吾瘦而天下肥

开元二十一年（733）三月，唐玄宗在寝宫对着镜子闷闷不乐。看着镜子里自己逐渐消瘦的脸庞，就问左右，这到底怎么回事？旁边服侍的宦官立马回答，这都是让宰相韩休给陛下害的，没事就上书批评陛下，让陛下不能省心，不如把他辞退了吧。这时候韩休当宰相才一个月左右。二月时，侍中裴光庭去世，玄宗让宰相萧嵩举荐人选，补侍中之缺。萧嵩和裴光庭搭班子，没少受裴光庭的气，因此一直想给自己寻一个顺从听话的搭档，于是推荐了韩休，萧嵩觉得韩休性格恬淡平和，比较好控制。没想到韩休年纪不小，脾气也很大，为人刚直不阿，动不动就和萧嵩对着干，连宋璟都诧异，没想到韩休耿直如此。但凡玄宗执政稍有偏失，韩休就直言上谏。玄宗喜宴请朝臣宴饮，或到后苑打猎游玩，但每次都得绕过韩休，就怕他的谏言上书送到自己面前，因此都要问问左右之人，这事韩休知不知道？话音未落，韩休的奏疏已经递上来了，又将玄宗苦口婆心地教育一番。

玄宗被韩休时不时的谏言给搞得很闹心，没出半个月，就被韩休折腾瘦了，左右之人实在看不下去，劝唐玄宗说，直接把韩休免职，逐出朝廷，不就解决问题了吗！唐玄宗叹道，"吾貌虽瘦，天下必肥"，接着讲出了他的道理，萧嵩上奏事情往往顺着我的意旨，可退朝后我睡觉都难以安心。韩休常常和我论个是非曲直，可退朝后我却可以安心睡觉。我任用韩休，是为了国家，不是为了我自己啊。

第三章 经济之盛：致天下之肥

开元时期，玄宗不仅用人得法，而且对于国家发展的根本路径有着清晰的认知和总体规划，其对于国家治理、社会经济发展有独到的见解。

务农固本，促进经济繁荣，这是玄宗继承先祖重农务本思想的传统和国策，强调"为国者必以人为本，固本必以食为天"，重视农业发展和农民生产生活。

他从"衣食本于农桑"出发，多次强调不种田，则天下都要挨饿，不织布，则百姓就要受冻。养民之道，必须以耕为本，辅之以织，使耕织并举、粟帛兼顾。

开元初年玄宗设劝农使纷行天下，鼓励农民进行农业生产。把农民的耕桑作为官吏课考的重要内容。玄宗还常亲率大臣耕田，以示垂范教育太子，号令宫妃事蚕织女红。对发展农业生产和均平赋役的地方官吏给予奖励，如同州刺史姜师度在任期间，组织农民开荒，兴修水利，引洛水及堰黄河水溉田，种稻田二十万亩，唐玄宗为此对他特加奖赏，既有物质奖励，也有给予荣誉称号。营州都督宋庆礼，组织兵民屯田，数年之间，"仓廪丰实，居人渐殷"，被玄宗提升为御史中丞。有赏有罚，唐律规定，荒废土地的官吏要受法律制裁；对私自征收赋税的，要给予严厉的处分。如刺史裴景仙，私自敛绢五千匹，事发后，唐玄宗

开元盛世：大唐的空前繁荣

即把他处死。

唐玄宗重视农业，十分强调不失农时与不妨农事。前已述及，为了更好利用农时，专门制定历法。玄宗屡次颁布诏书，提醒政府，对农业生产予以关注和支持。他颁布的有关不失农时的诏敕比比皆是，如开元年间，要求御史在耕桑之时，巡行各方，予以督促。为了不妨农桑，他反复告诫地方政府，所有妨碍耕桑的事务都可以暂缓，因为"农功不可夺，蚕事须勿扰"。务农固本的实质是重农，而重农的关键是土地分配。农民有了土地，才能安土重迁，衣食有源，国家有赋可征，使得国富民安。因此，玄宗指派宇文融检田括户，不仅从大土地所有者手中检括法外土地，而且落实逃户户籍，鼓励开垦荒地闲田，劝课农桑，调动一切资源和生产力因素，发展农业生产。因此，唐宪宗在批览太宗、玄宗朝实录时，也无比钦佩，不承想自己的先祖能将农业工作做到如此细致的地步："太宗之创业如此，玄宗之治理如此！"

玄宗继承唐太宗的治国理念，实行以民为本的政策，重民保民，与民休息，使民以时，所谓"为君之道，必须先存百姓"。玄宗认识到，一是要爱民养民，二是要藏富于民，养民是富民的前提，富民是富国的必要条件。

开元初，百废待兴，玄宗十分重视轻徭薄赋来达到与民休息

第三章 经济之盛：致天下之肥

的目的。改变武则天晚年"调发伤重"，采取"赋役宽平"的原则，尽力避免因为国家的横征暴敛，地方官员上下其手，让基层社会不堪其扰，要让老百姓安心从事农业生产，耕田凿井，从而家给民足，"惠养元黎"。伴随着整顿户口和清理国家土地的问题，玄宗采取轻徭薄赋的措施，范围比较广泛，一是为了稳定劳动人口，调动劳动力生产积极性，免征正赋，随土收税。蠲免租庸，只收地税，使农民"服勤垄亩，肆力耕耘"。二是对赋役征收方式僵化，不能按实际地区状况进行调整的问题，授权地方政府，可以便宜从事，甚至可以和征收赋役的基层官吏以及承担赋役的农民一起商定征收标准、方式，并适时据此调整局部和整体的赋役政策。譬如，宇文融括户时对于逃还户归贯附籍，免除六年租调，就是在这个政策背景下实施的。开元十六年（728），招徕诸州客户，迁徙边区宽乡落户，仍然给予一定期限内的租庸优免，受到基层农户的欢迎。可见，轻徭薄赋的措施收到了应有的效果。

开元时期灾害频仍，给两京以及地方生产力造成伤害，需要政府给予赈济。这也是保民养民的重要途径。每遇自然灾害发生，玄宗都会遣使赈恤受灾百姓，调派粮食和物资进行赈济。开元十二年（724）八月，蒲、同两州春季干旱少雨，民众缺少口粮。玄宗于是下令调拨太原仓和永丰仓的储备粮分别发至两州赈灾。采取措施平抑粮价，对谷贱时囤积居奇，谷贵时高价卖出从中牟取暴利的大商人和发民难财的高利贷者进行打击，抑制兼并。为减轻丰收年谷贱有伤农民，又下令恢复义仓制度以备荒年。开元二十年（732）二月，诏令义仓春耕时贷予贫户口粮子种，至秋熟后照数征还。借贷减轻了国家的负担，同时解决农户燃眉之急。除了积极应对灾害、荒政，玄宗还会利用一些细节举措辅助赈济农民，比如灾情时出现疫病的免费医疗，开元十三年（723）正月，下令有疾苦者，而无钱医治的，令州县量加"医疗及赈恤"。同时还会通过"弭灾"的灾后应对，从精神层面来安抚民众。这种"弭灾"通常是由皇帝以"减膳食""避正殿"的方式来进行，也会以灾难的来临让皇帝开始反省自身的执政情况，检讨自己施政的不足和过错。开元十四年（726）六月，天气骤变，玄宗便要求内外官员对国家治理中的得失问题上书直言，不得有所避讳隐瞒。

玄宗还会在国家财赋分配上对农民加以体恤，主要抑制食封贵族分割国家租调。唐初食封者不过二三十家，封号多者仅千余户。中宗时，增至一百四十家以上，封户多者达万户，诸王、公主封户倍增。封户又多占肥田沃地，而且食封之家每年向封户征索租调，催租人往往从中勒索，转手买卖，或放高利贷，从中渔

第三章 经济之盛：致天下之肥

利的情况非常普遍，剥削之重，甚于官府。开元四年（716），对食封户征收租调做出改革。首先，将封户数量减少三分之一，其次，封主的租调一律由唐政府统一征收，然后由朝廷在京师统一发放，不许王侯贵族直接去向封户催索。在一定程度上，保护了小农经济。

玄宗认为"食为民天，富而后教"，"古之善政，贵于足食。将欲富国，必先利人"。国之善政，不仅仅在于使人民"有食"，而是必须尽可能地使人民"足食"，真正的富国必然是首先"利人"，即藏富于民。因此，玄宗重农，劝课农桑，改善农户生活水平，促进物质生产，增加物质财富累积。发展生产是玄宗统治的第一要务，民务稼穑，才能丰衣足食，国家兴盛才有物质基础。玄宗非常务实地把民富与国富有机联系起来。"富而后教"，颇有"仓廪实而知礼节"之义。这里"教"不仅是意识形态的教化，儒家道德规范的说教，更是将经济发展的内涵，男耕女织不相失的生产发展要义，内化进入"教"的理念，教而促富，鼓励百姓从事农业生产。

由于玄宗所处的政治格局复杂，社会生产滞缓，赋役递增，人心不安，民情思治。玄宗亲历其事，即位后便把兴利除弊、发展生产作为当务之急，老子的清静无为思想较为切合当时的时局需要。加之玄宗好道教，以《道德经》作为治国修身之本，他对于老子的清静无为而治，从统治者的角度进行了解释和发挥，认为"爱民者，使之不暴卒，役之不伤性。理国者，务农而重谷，事简而不烦，则人安其生，不言而化也。此无为也"，"清静则不扰，不扰则和平，和平则不争，不争则知耻。爱费而与休息，除烦而从简易，自当农者归陇亩，蚕者勤纺绩，既富而教，乃克有成"。即役民不伤、务农不烦、民安其生。只有这样，才能实现富国安民的理想。

在这种思想指导下，玄宗在各方面实施了清静无为之政，效法汉初黄老思想清静无为而治，赞扬曹参相齐的成功所在就是贵于清静，营造一个和平稳定的环境，以利于发展经济。那么如何才能清静呢？玄宗首先从自身的修养开始，尽量做到使自己"无事"。他引《道德经》说："我无为而人自化，我无事而人自富，我好静而人自正，我无欲而人自朴。"作为君道就是少私寡欲，并尽力在治国策略中除烦就简，玄宗形象地比喻说"土烦则草木不长，水烦则鱼鳖不大"。在制度上，规定禁奢令，减少公共营建，从而做到节用爱民，譬如，销毁宫廷中过于豪奢的"乘舆服御、金银器玩"，以供军国之用。百官服、带及酒器、马具，三品以上，饰以玉，四品以金，五品为银，其余皆禁之，妇人服饰

第三章 经济之盛：致天下之肥

从其夫、子，锦绣服装，染成皂色，从今以后天下不得采珠玉、织锦绣等，并停罢两京织锦坊，严禁厚葬等。

为了贯彻"清静为治"，开元初，玄宗在中枢人事调整中，顺势而为，求贤而治，放手任用姚崇、宋璟为相，假以事权，尽其才干，人主信任不疑，人臣则竭其力用，还根据辅相之才，因才委任，搭配得当，相得益彰。为地方物色了一批尚清静、务简易的官员，倪若水出为汴州刺史，政清净；齐澣为平阳太守，以黄老清静为治；苏颋尚简静；王丘为怀州刺史尤清严；裴宽其为政务清简；韦济以简易为政。玄宗三令五申，严禁中央部门给地方州县政务层层加码，不得干扰州县正常运转。规定中央派往各地的监察官员，按规定监督地方官员经济和社会治理，但是贵在简要，不得插手地方政务，横加干涉。通过清静无为的执政理念，为老百姓的生产和生活创造一个和平稳定的环境，君王让老百姓能得到休息，才会使农民集中精力去种田，养蚕者投入精力在纺织上。可见，前述赋役有节、与民休息也是玄宗静以抚民的重要措施之一，从而奠定了开元初期淳朴安定的社会政治基础。

第四章

文化之盛：盛唐之音，光于前代

相比于"宋型文化"的理性、内敛，"唐型文化"更加感性、奔放。诚如研究者所言，开元时期的盛唐文化绝不是某种所谓高级的、同化较低级文化的文明模式，它是一种典型的兼容并蓄的世界性文化模式，既有中外文化融合、物态变迁的时代特征，又有继承古老的传统以通变求新意的民族特质。无论盛唐诗歌，还是百花齐放的艺术门类，无论三教并举，还是信仰多元，无论"四夷一家"，还是时尚胡风，无不奏响着回响久远、大气自信的盛唐之音。

第四章 文化之盛：盛唐之音，光于前代

一、因时而兴的文学艺术

说到诗，大家肯定毫不犹豫地认为，诗就是唐诗，并将其与宋词对举。唐诗成为唐代文化的标签和名片，可以说舍其无谁。盛唐是唐代"声诗极盛时期"，天宝年间所编辑的歌曲集，其中收录的大部分是盛唐诗歌。唐代诗乐舞是一体的，著名诗人大都是坊间大家追捧的歌词作者。宋代著名女词人李清照点评道，"乐府、诗声并重，最盛于唐开元、天宝间"。在诗歌创作上明人"以盛唐为楷"，清人编《唐诗三百首》作为童蒙读物，就连如今时代发展至此，荧幕上诗词大会里吟诵最多的还是唐诗。可见，唐诗不仅仅是唐代的瑰宝，也是人类记忆的珍贵遗产。唐诗之所以流芳百世、代代相传，大体上有这样几个直观的指标，一是传世作品数量多，二是诗人人数多，三是诗歌质量高。我们根据清人曹寅编辑整理的《全唐诗》得知唐朝三百年间有2300位诗人，诗歌总数48900余首。直到今天，我们还在继续搜集散佚在世的唐诗，对《全唐诗》做补编工作。

文学史根据创作风格的差异，将唐诗发展的历程大致划分为四个阶段：初唐、盛唐、中唐和晚唐。初唐通常指唐朝建国至唐

开元盛世：大唐的空前繁荣

玄宗之前约百年，盛唐指唐玄宗至代宗约五十年，中唐是德宗至文宗约五十年，而晚唐则是文宗后期至唐朝灭亡约七十年，实际上各阶段之间并无严格的分界。与史学对唐代历史时期的划分不尽相同，史学总体上以安史之乱为界，划分为前后两期，当然叙说具体问题也会做阶段细分。大体上，初唐流行宫体诗，延续六朝风气，重视形式美，多迎合达官贵人们的审美需求。到了盛唐时期，诗人们更多取向自然、奔放、浪漫的风格。至中唐，七言诗成为主流，长诗也变得多起来，譬如白居易的《长恨歌》。到了晚唐，随着时代趋于内敛，诗人的创作尽管华丽、辞藻丰富，但透着淡淡的哀愁与忧伤。唐人也有自己对唐诗的分期看法，盛唐时期有一部重要的诗歌选集《河岳英灵集》，是盛唐时期的文学家殷璠编选而成，主要收录了玄宗开元二年（714）至天宝十二载（753，天宝三年，唐玄宗改"年"为"载"）间的诗作234首。全书分上下两卷，卷首有序和论，中间依次选录作品并对每一个诗人都逐一进行了品评，反映了唐代不仅诗歌创作实践领先，诗论成就也很高。大体上说，真正好的唐诗是在开元十五年（727）以后出现的，即以殷璠当时所见诗歌创作情况，开元十五年是唐诗分期的界限。而这个时间点，正是唐代发展的上升期。诗如时代，发展到盛唐已全面成熟。盛唐诗无论意象、声律、风骨无不尽臻

第四章 文化之盛：盛唐之音，光于前代

于完美，成为唐诗的高峰，也是中国古典诗歌的典范。

文学史对于盛唐诗的定位极高，认为盛唐诗题材广泛，内容丰富，名家辈出，灿若繁星，相互争辉。比如大家最熟悉的莫过于唐诗"双子星"李白和杜甫，韩愈就曾说"李杜文章在，光焰万丈长"。

被诗坛誉为"诗仙"的李白，创作极具浪漫主义色彩。有人将之喻为"骗子诗人"（西川语）。因为一个人的想象力太丰富，生活状态太与众不同，就会让人觉得像个"骗子"。他的创作很接地气，但同时又天马行空。在他的诗歌里，甚至你都可以不用亲临现场，就可以领略长江的孤帆远影，黄河的咆哮奔腾，庐山的瀑布奇景，蜀道的崎岖险峻。而他的那些名句，如："青天有月来几时，我今停杯一问之。人攀明月不可得，月行却与人相随。"（《把酒问月》）"日照香炉生紫烟，遥看瀑布挂前川。飞流直下三千尺，疑是银河落九天。"（《望庐山瀑布》）"朝辞白帝彩云间，千里江陵一日还。两岸猿声啼不住，轻舟已过万重山。"（《早发白帝城》）"举杯邀明月，对影成三人。"（《月下独酌四首》之一）"蜀道之难，难于上青天。"（《蜀道难》）"君不见黄河之水天上来，奔流到海不复回。君不见高堂明镜悲白发，朝如青丝暮成雪。人生得意须尽欢，莫使金樽空对月。"（《将进酒》）等，令

无数后来者折腰叹服。当你读完李白的诗歌，你会心甘情愿地让自己被李白所"骗"。诗人西川这样"吹捧"李白，"一旦我们成为李白的读者，我们就全姓李了，一旦我们姓李了，我们就不在乎李白的诗里面有什么问题了。李白就是这么一个把他的生命力完全展开的诗人，喷射语言的诗人，这样的诗人是不可重复的"。

被誉为"诗圣"的杜甫是一位杰出的现实主义诗人。与李白创作集中展现盛唐气象的特点不同，杜甫既目睹唐王朝之强盛与繁荣，也亲身经历社会离乱之动荡与不堪。杜甫的创作理性刻画安史之乱后唐王朝走向衰败的历史进程，饱含忧国忧民的深情，古今传诵不息。其诗作风格沉郁顿挫，集古今之大成，"兼人人之所独专"（元稹语），自成一家，号为"诗史"。他的二哀、三吏、三别、《兵车行》《丽人行》《忆昔二首》《茅屋为秋风所破歌》《前出塞九首》《后出塞五首》等诗篇，家喻户晓。不同诗派都从杜甫诗歌中汲取丰富的营养，而他本人也被认为是唐诗的最高峰。

除了李杜，王维、孟浩然以描绘恬静的田园和幽静的山水著称，王之涣、高适、岑参、王昌龄以抒写悲壮豪迈的边塞诗见长。他们在田园山水诗和边塞诗的创作上所达到的艺术成就也是后辈诗人难以企及的。盛唐诗诸体俱备，古体诗日臻完善，近体

第四章 文化之盛：盛唐之音，光于前代

诗更为精绝，五绝、七绝、五律、七律、排律交相辉映，诗歌语言更是直击心灵，超凡脱俗。

学者研究指出，唐代边塞诗的创作与唐以前不同，唐以前诗人没有实际感受，边塞诗作品多出于模仿和拟想，往往流为概念化。一方面，唐代诗人喜交游，在旅途中抒发胸臆，杜甫就有"无数涪江筏，鸣桡总发时"的诗句。盛唐边塞诗人更大多都有边疆游历的经验。因此，盛唐边塞诗人有才华、有抱负，又到过边疆，作品生活气息浓厚，形象鲜明，感染力强，艺术性有很大的提高。譬如高适《燕歌行》，虽然没有亲临作品所反映的战争现场，但他有往来燕赵、卢龙的旅行经历，熟悉边塞和军中生活，所作诗歌情节生动，情感细腻。在诗中写战争的激烈，"校尉羽书飞瀚海，单于猎火照狼山"；写战后的萧条，"大漠穷秋塞草腓，孤城落日斗兵稀"；写士兵妻子的盼归，"少妇城南欲断肠，征人蓟北空回首"。另一方面，文人交游，宴饮唱酬，诗赋往来，以文会友，譬如杜甫、李白、高适早年便相识，曾同游汴州，并有交游诗歌流传。互联网上也有人把李白、杜甫、韩愈、白居易等人走过的足迹在地图上进行标识，看到这些诗人一个个都是行程过万里的。

唐代诗人大都是庶族出身的举子，诗歌成为他们进入仕途的

开元盛世：大唐的空前繁荣

一条终南捷径。唐代科举分为制科、常科两类。常科科目有秀才、明经、进士、明法、明字、明算等，这些科目或盛或衰，或存或废，唯有明经、进士二科，始终作为唐朝科举的主要科目，时人有"三十少进士，五十老明经"之说。进士科也是唐代选拔高级别官员的敲门砖。到高宗时，进士科考试内容除了时务策（策论）外，还要加试贴经（类似今天的填空题，考试内容是儒家经典）和杂文二首。所谓杂文，泛指诗、赋、箴、铭、表等，测试考生的文学才华。唐代科举，以文取人。到了玄宗，明确杂文二首即诗和赋。由是，盛唐诗人大部分是进士出身。所以我们可以看到，唐朝的诗人们大都有科场应试的经历。有学者统计，王安石在编《唐百家诗选》时，收录的诗人中90%都参加过科举考试，但并非所有人都进士及第。其中进士及第者62人，占了入选诗人总数的72%；后世广为传播的《唐诗三百首》共选录77位诗人，进士出身的有46位。诗赋取士，又进一步推动了唐诗的繁荣。以科举为背景的应制诗、及第诗、落榜诗等层出不穷。更有意思的是，唐代科举不如后代在制度上十分严密，考试的举子是可以提前和主考官进行联络，有机会公开行卷和被举荐的。在当时，给名人行卷是一件公开的、不需要避忌的事，和我们今天所谓的"走后门"完全是两码事。行卷需要向主考官呈交

第四章 文化之盛：盛唐之音，光于前代

自己的作品，体裁一般都是诗赋或者小说，这无疑又可以推动唐诗创作。我们今天耳熟能详的盛唐诗人大多有行卷的经历，也有很多行卷诗流传至今，最广为人知的如朱庆馀《近试上张水部》、孟浩然《临洞庭湖赠张丞相》等。唐诗的发展促进了以诗赋取士选官的选拔内容的产生，科举制度推动了文化的普及，为诗歌繁荣提供了开放而公平的政治空间，进一步促进了唐诗的繁荣。

与盛唐开放、感性的文化气象同频，唐代诗人集体展现的是奋发向上的强烈进取精神。他们希望才华得到赏识，企盼能力得以发挥，愿能助明君治国。李白仰天长吟，"天生我材必有用，千金散尽还复来"。杜甫立志属意，"男儿生世间，及壮当封侯"。孟浩然发愤"昼夜常自强""俱怀鸿鹄志"。高适志向高昂，"万里不惜死，一朝得成功。画图麒麟阁，入朝明光宫"。他们意气风发，自强不息，或投身科举，入仕为官；或皓首穷经，布衣而死，亦无后悔；或投笔从戎，仗剑去国，卫国保家。唐诗是唐代文人生命中的血液，诗人们用诗歌歌咏向上的时代，用诗歌赞颂相濡以沫的友谊，用诗歌叩开走上政治舞台的大门，奏响嘹亮明媚的盛唐之音。正如文学家林庚先生所言："盛唐气象在生活的每个角落都是充沛的。它夸大到'白发三千丈'时不觉得夸大，它细小到'一片冰心在玉壶'时不觉得细小。正如一朵小小的

蒲公英,也耀眼地说明了整个春天的世界。它玲珑透彻而仍然浑厚,千愁万绪而仍然开朗,这就是历代向往的属于人民的盛唐气象。"

除了唐诗,盛唐在艺术上也开创出辉煌成就,充分彰显盛唐气象这一时代风貌的便是书法、音乐、舞蹈、绘画等艺术门类的争奇斗艳。

李泽厚在《美的历程》中指出:"以李白、张旭等人为代表的'盛唐',是对旧的社会规范和美学标准的冲决和突破,其艺术特征是内容溢出形式,不受任何形式的束缚局限,是一种还没有确定形式、无可仿效的天才抒发。"唐朝的书法和唐朝的诗歌一样,都经历了初唐的过渡,在盛唐发展到高潮。从初唐到盛唐,书法取法晋人的妍丽和北朝的质朴,中和形成雄宏大气的书风。唐代草书的发展,也将盛唐宏达而奔放的文化气质,天衣无缝地融入书法的书写之中。张旭醉后呼号疾走或以头濡墨的狂草,以一种新的笔墨运动方式超越了草书的一般范式,映射了唐人无拘无束又激情进取的风流气质。韩愈在欣赏张旭书法时感慨,"喜怒窘穷,忧悲、愉佚、怨恨、思慕、酣醉、无聊、不平,有动于心,必于草书焉发之",似乎不用这种狂放的书写方式,无以表达书者饱含的情绪。目睹张旭作草的诗人皎然,观罢诗云:"先贤草

第四章 文化之盛：盛唐之音，光于前代

律我草狂，风云阵发愁钟王。须臾变态皆自我，象形类物无不可。阆风游云千万朵，惊龙蹴踏飞欲堕。"怀素草书号称"天下独步"，其草书《自叙帖》被誉为"铁画银钩"的经典之作。怀素的草书超越规矩，热情奔放，狂逸酣畅，他对自己下笔的形容是"奔蛇走虺势入座，骤雨旋风声满堂""笔下唯看激流电，字成只畏盘龙走"。李白曾作《草书歌行》："少年上人号怀素，草书天下称独步。墨池飞出北溟鱼，笔锋杀尽中山兔……起来向壁不停手，一行数字大如斗。恍恍如闻神鬼惊，时时只见龙蛇走。"可见怀素草书的自由洒脱。张旭、怀素二人合称"颠张醉素"。由于官方和科举考试需使用正书，因此唐楷在书法史上占据重要地位。玄宗时期，楷书最具代表性的是颜真卿。颜真卿取法前代篆、隶书体，融入楷书书写，创作出厚重大气、苍劲古朴的书体，史称"颜体"，代表作为《多宝塔碑》。颜真卿行书也多为后世师法，其作《祭侄文稿》被誉为天下第二行书，仅次于王羲之。玄宗也是书写高手，尤善隶书。开元五年（717），玄宗请陆玄悌、魏哲等人，将太宗时期购买的二王、张芝、张旭等人的书法作品1510卷，重加整理，玄宗题写"开元"二字为印。

唐代中外文化交流达到了空前的规模，唐人广泛吸收了中外文化精华，加以提炼、融合和升华，加之玄宗本人的好尚，在音

开元盛世：大唐的空前繁荣

乐和舞蹈的创作上也展现出独特的魅力。据考证，唐代的乐舞机构相当庞大，太常寺的乐舞机构有太乐署和鼓吹署，宫廷的乐舞机构有教坊和梨园。太常寺掌管雅乐，负责礼仪、祭祀等宫廷重大活动时所用的乐舞；教坊掌管俗乐，负责娱乐性的乐舞。开元年间增设的教坊汇集了全国大部分的演艺人员，进行音乐舞蹈演出。开元二年（714）成立的皇家音乐舞蹈学院——梨园，由玄宗亲自担任院长，教太常乐工300余人专门练习法曲和各种乐器技艺。玄宗还是优秀的指挥家，乐工合奏时，有谁奏错音，他都可以立即发现并纠正。梨园还从事古乐的收集整理和新曲的创作研究，以演奏法曲和试奏唐玄宗的作品为主。玄宗是一位多才多艺的皇帝，音乐造诣很高，善于演奏琵琶和笛子，最喜欢打羯鼓，他也会亲自演唱诗歌。玄宗好乐到什么地步，居然将音乐创作作为考核地方官员宦绩的标准之一，组织地方官进行乐舞比赛，实属有些不可思议。不过精通音律的玄宗也创造了不少盛唐名曲。如《紫云回》，据说是玄宗梦游月宫，仙子为他演奏仙乐，玄宗梦醒后记谱而得。最有名的是《霓裳羽衣曲》，创作传说和《紫云回》非常相似，也是玄宗中秋夜游月宫而得。此曲是否玄宗亲手所作未有定论，不过史载，曲谱是经玄宗润色过的，曲名也是玄宗钦定的。由于玄宗创设并领衔梨园，梨园也就成了整个

第四章 文化之盛：盛唐之音，光于前代

皇家宫廷演出的代表，后世戏剧界将梨园作为自己的代称，玄宗也成了梨园的祖师爷。

音乐史的研究表明，唐代宫廷音乐主要有雅乐和燕乐。雅乐一般是在祭祀大典、朝贺册封等典礼场合演奏，即所谓的"庙堂之乐"。宫廷多数场合会演奏的是燕乐，一般是宫廷宴饮娱乐时使用的音乐，所以也叫俗乐。唐代的燕乐大量吸收了少数民族地区和外国音乐，分为十部，即燕乐（曲）、清商、西凉、高丽、天竺、龟兹、疏勒、安国、康国、高昌，总称为大唐十部乐。凡是宫廷举行大宴及各种重大活动，就要奏十部乐，犹如一支大型的交响乐团演奏一般，场面非常宏大。胡乐传入中原，影响汉地音乐风格的同时，西域的歌舞也在不断吸收汉地音乐的因素，形成乐舞文化上的双向交流特色。譬如龟兹乐、高昌乐、疏勒乐中表演所用的笙、筝、羯鼓、排箫、阮咸等乐器便来自中原的音乐元素。"胡人吹玉笛，一半是秦声"所反映的便是这一现象。唐代的民间乐舞发展也是生机勃勃。包括民歌和曲子以及说唱与变文，说唱的主要形式是俗讲，是佛教唱诵佛经的音乐形式，其讲唱的底本就是变文。

盛唐的绘画，摆脱了初唐以前的细润风尚，转向雄宏正大之风。玄宗亦喜绘画，以墨竹最为擅长。盛唐绘画主要成就在于佛

开元盛世：大唐的空前繁荣

教绘画和山水绘画，代表人物有吴道子和王维。画圣吴道子早年在洛阳为寺庙和道观画壁画而成为画家，不到二十岁就技艺超群。玄宗看到吴道子的画后，就召他入宫成为御用画师，并赐名道玄。据说吴道子曾跟随书法家张旭学习书法，因此学者认为从他绘画迅速而流畅的线条，应该很有可能。坊间还传说，他画壁画时，可以一笔画一个正圆。吴道子主要以道释画为主，创立"吴家样"的宗教绘画风格。因为他善用线条作画，并创造出一种莼菜条画法，线条类似西湖出产的莼菜，两端纤细，中间粗重，圆润流畅。其所画人物衣褶，线条勾勒衣纹饰带，飘飘若飞，栩栩如生，故有"吴带当风"之誉。其画作逼真到什么程度，《唐语林》记载了一则故事，吴道子访问寺院老僧，老僧极为无礼，吴道子一气之下，在寺院墙壁上画驴一头，然后离去。不料晚上老僧房间突然冲进一头驴，把屋子弄得乱七八糟，老僧发现吴道子所画驴变活了，立马赔礼道歉，请吴道子把所画的驴抹去。《历代名画记》里也描述，吴道子画龙，其鳞甲飞动，天要下雨时，龙四周即生烟雾。当然这些都是神化吴道子的记录，但从另一个侧面反映出吴道子画技之擢拔超群。令人惋惜的是，目前还没有确定有吴道子真迹的作品流传于世，如今能看到的吴道子画作，也都是后人临摹的作品。与吴道子同时代的王维，是

第四章 文化之盛：盛唐之音，光于前代

诗人也是画家，他首创泼墨山水画，具有从写实走向写意的艺术突破，董其昌将其视为山水画南派之祖，画风亦受佛教影响，代表作有《辋川图》。不过学者也认为，王维并无经得起考证的作品流传下来，现在署名为王维的作品还有待发掘更多的证据。李思训是李唐宗室，其画作工巧繁复，金碧辉煌，被视为山水画北宗创始人。

二、信仰多元兼容

儒、道、佛是中国传统文化的主体。虽然我们今天不会把儒家称为宗教，但随着佛教中国化以后，历史上经常将儒、道、佛并称为"三教"。三教的分合贯穿近两千年中国思想文化史，对中国文化乃至中国社会的变迁产生巨大影响。唐代是儒、道、佛三教关系互动的关键时期。据学者统计，"三教"一词在唐代出现频次极高，历代正史中，"三教"一词共出现69次，仅《旧唐书》就出现24次，比除了《新唐书》之外的其他二十二史中此词所出现的次数加起来的总和还多，而《全唐文》出现"三教"一词竟高达74次。综合考察唐代宗教发展历程，学者认为唐代对于三教发展的政治态度调整大体经历了三个重要阶段，第一

开元盛世：大唐的空前繁荣

阶段，唐初三帝（高祖、太宗、高宗）统治时期，实行的是"三教共存、道先佛后"的政策；第二阶段，武则天与唐中宗统治时期，实行的是"三教共存、佛先道后"的政策；第三阶段唐睿宗统治时期，制定了"三教并行、不分先后"的政策，终唐之世，遂成为定制。

开元初，玄宗致力于扫清武则天崇佛政策留下的遗产，清理女主政治的社会影响，对于武则天追捧的佛教予以抑制，在一定程度上打压过于狂热的佛教势力，如裁减僧尼，禁创新寺，禁止百官与僧尼往来，禁止俗人抄经铸像，等等。这些政策看上去是在抵制佛教，实际上玄宗仍然延续了几位先皇极力打压某教而推崇另一教的传统："唐前期处于初创政权的艰难和权力斗争压力下的皇帝，无论选择崇道抑佛还是崇佛抑道，究其根源，都是在设法制衡各方势力，使其能处于王权可控之中，从而为政治统治服务。"随着政治统治的深入，国力的增强，开元之治的逐步达成，儒学获得了意识形态的垄断地位，道教和佛教之间曾经争论不休、剑拔弩张的论衡，已然偃旗息鼓，在社会各阶层都形成了自己的信仰基础。尚功利而又聪明的玄宗顺势而为，改变了限制佛教的政策，开始利用佛教，下诏剃度僧尼，建寺造像，礼遇高僧，支持译经、注经的活动。开元四年（716），印度高僧善无畏

第四章 文化之盛：盛唐之音，光于前代

来到唐都长安，玄宗便将他"尊为教主"。为了平衡知识界、宗教界的势力，稳固统治，玄宗作为国家的最高统治者，以注三教经典的方式，完成了对三教并立政策的确认。可以不夸张地说，玄宗是三教最好的理论代言人。

开元七年（719），玄宗开始组织学术班子，酝酿《孝经》的注释活动。三年后，玄宗领衔注释的《孝经》在全国颁行，并作为大学教材使用。随后，他又请著名儒家学者元行冲做"疏义"，以便更好地向公众传播和理解自己所注的《孝经》。当然这时候玄宗还完全没有预料到，《孝经》在未来迎娶杨玉环，进行舆论宣传，发挥了至关重要的作用。此后，唐玄宗继续关注《孝经》、研究《孝经》，并且有了新的领悟。至天宝二年（743）五月二十二日，重注的《孝经》颁布天下。今天西安碑林博物馆所藏唐玄宗书丹《石台孝经》，就是天宝四载（745）所刻，内容是玄宗八分隶所写的《孝经序》。玄宗所注《孝经》具有强大的生命力，成为历代诸多注本中最流行的版本。

像几位前任李唐皇帝一样，玄宗也崇道，而且晚年时，浸淫于道术而不自拔。这一点，我们下文还会述及。他一生都研究《道德经》，并于开元四年（716）开始亲注《道德经》，约于开元二十年（732）注释完毕，并要求地方刊刻石碑用以宣传。从持

续的时间看，玄宗花了很大的精力来完成这项工作。注释完成后，他还分别请道士司马承祯以及朝臣，对注本进行讨论，征求修改意见，可见其对此重视程度。玄宗注《道德经》，是从自己治国理政的切身体验出发，并非玄学的解释，所以阅读和理解的门槛不高，有意思的是，在注释中，玄宗还有意识地利用了佛教的思想。今天在河北易县所存《唐玄宗御注道德经幢》，刻于开元二十六年（738），由唐代的著名书法家苏灵芝书写。碑文虽有部分残损，但绝大部分完好，是现存最早、保存最为完好的《唐玄宗御注道德经》碑石。

御注《金刚经》是御注三经中最后完成的，也是玄宗从国家的层面对佛教的扶持和利用。开元二十三年（735）九月，御注《金刚经》颁行天下。唐玄宗在《金刚经》注释过程中，向高僧道氤讨论请教，注释完《金刚经》后，又请道氤写成《御注金刚经疏》六卷，更好地补充和完善御注本。但就在注本公开颁布时，却出现一个小插曲。得知注本完成的消息后，时任中书令的张九龄带领群臣适时地连上两封奏状。第一封是张九龄等一众官员第一次看到御注所做的贺表，对御注本的价值和意义进行了总结，认为御注本的完成，和前面儒家、道家经典的注释相配合，形成平衡三教最好的方法，并提出"三教并列，

第四章 文化之盛：盛唐之音，光于前代

万姓知归"的理念。第二封是读完御注后，张九龄请求玄宗颁布注本，让天下人"朝闻夕死"，有利实现"三教同归"。应该说御注本完成，接下来公布是顺理成章的事情，何况宰相还极力赞成，但有趣的事情发生了，玄宗拒绝了宰相张九龄的提议。与此同时，佛教领袖却上书请皇帝颁布御注，玄宗答应了。从这微妙的不同中可以发现，唐玄宗知道，他的"三教并行"政策的最后一块拼图就是《御注金刚经》。佛教信仰者在御注《孝经》《道德经》问世之时，就开始苦苦等待，等待着代表权力和秩序的皇帝兑现这最后的、久违的拼图。这一场政治表演，玄宗需要的是佛教主动迎合帝王政治的需求，宗教领袖亲自上书恰好展现出信众渴求皇帝为佛教赋予皇家的荣耀。最终，《御注金刚经》挟帝王之力被列入大藏，正式对外公布。注本的版本产生很大反响，对禅宗的发展起到很大促进作用。《御注金刚般若波罗蜜经》石刻全文在北京房山云居寺石经中发现，是国内仅存的孤本，刻于唐天宝元年（742）八月十五日。石经的拓本由国家图书馆、北京大学图书馆等处收藏，并已出版公布。另该注本有现藏大英图书馆的敦煌写本（S.2068），首尾残缺，约保存了房山石经本的80%。

御注三经，表面上儒、道、佛平起平坐，然国家政治统治的

开元盛世：大唐的空前繁荣

意识形态，包括玄宗在内的唐代统治者都没有放弃儒家已被奉为正宗的基础，玄宗即言，"弘我王化，在乎儒术"，道、佛则重在劝善、教化等社会层面，借助彼此的"相资互用"，最终实现王化政治。

除了佛教和道教之外，唐代对各类宗教兼容并蓄，允许其传播，祆教、景教、摩尼教、伊斯兰教先后进入唐王朝的政治中心，并且逐渐流行于全国许多地区。

波斯人把西亚三大新宗教（即三夷教）祆教、景教和摩尼教传入了长安，其中以祆教为最早。祆教是公元前6世纪由波斯人琐罗亚斯德（Zoroaster）所创立的宗教。波斯人称之为琐罗亚斯德教。萨珊王朝时被奉为国教。以波斯古经《阿维斯塔》（Avesta）为经典，通过崇拜圣火，实现与神的沟通。中国历史上称其为祆教、火祆教、拜火教。由于祆教几乎不传汉人，也就导致其经典罕见汉文译本。这也是玄奘在西行记录中，没有描述祆教的一个很重要的原因。新罗僧人慧超在《往五天竺国传》中，谈到"从大寔国已东，并是胡国，即是安国、曹国、史国、石骡国、米国、康国……又此六国总事火祆"，这六国即中国历史上的昭武九姓，散居中亚撒马尔罕（今乌兹别克斯坦）周围。从慧超旅行的记录看，中亚进入伊斯兰化时期，当地居民在相当长时

第四章 文化之盛：盛唐之音，光于前代

期内，仍保持着祆教信仰。祆教最早传闻于中国，可以追溯到三国时期。当时是从西域佛教僧侣及商人中带来一些有关祆教的传闻。南梁《高僧传》记载，印度高僧维祇难，原为祆教徒，后被佛法降服，而皈依佛教。随着中亚的粟特人，即昭武九姓，穿梭于西域各国及长安之间，祆教沿丝绸之路到长安，然后到中原，南北朝时已流传到中国南方。至唐武德四年（621），置祆祠及官，"常有群胡奉事"，承认其合法地位。长安西市是波斯人聚居的地方，这里祆祠林立，盛况空前。

摩尼教与祆教发于同源，崇尚光明，也被称为"明教""明尊教""末尼教""牟尼教"。摩尼教属于古代伊朗宗教之一。三世纪由摩尼创立。武周延载元年（694）摩尼教高僧拂多诞入华觐见武则天，受到武后的赏识，在中原正式传教。其后又凭借回鹘的势力而在长安等地建立寺院，广为流传。不过当时中国流行的摩尼教并非直接来自古波斯的摩尼教，而是在摩尼教东传过程中形成的中亚摩尼教团。摩尼教的东传有依托佛教，现存最早的汉译摩尼教经典《摩尼教残经》，武后时期翻译，其中已经有很多佛教术语的使用。开元十九年（731），朝廷请在长安的摩尼教传教士编写《摩尼光佛教法仪略》，其中有很明显的佛教、道教和摩尼教融合的痕迹。不过开元二十年（732），玄宗禁止了摩尼

教公开传播,只能在信众群体内信仰。禁令之后,"摩尼教"在汉文史料中便殆无踪影。安史之乱后,回鹘可汗皈依了摩尼教。大历六年(771),回鹘人请置大云光明寺,其选址俱在江南,很可能是出于粟特人建立商业网络之需。武宗会昌五年(845)毁佛事件,摩尼教也被波及,逐渐转为民间秘密宗教。

中学历史课本里曾出现的景教,是古代基督教聂斯托里派(Nestorianism)的汉译。基督教聂斯脱里派在东罗马被视为异端,逐出教会,其信徒逃至波斯,流落中亚和中国。5-6世纪,景教已传入中国北方。杨衒之《洛阳伽蓝记》提到过"异国沙门""乃至大秦国",这里的大秦国(罗马)沙门,指的就是景教教徒。太宗贞观十二年(638),该教传教士大秦国阿罗本由波斯来到中国,开始在长安传教立寺。所建寺院,分别称为"波斯胡寺""景教寺""大秦寺",玄宗时统一定名"大秦寺"。长安大秦寺立《大秦景教流行中国碑》和敦煌遗书中有《大秦景教三威蒙度赞》,就是景教在中国流传的宝贵资料。现藏于西安碑林博物馆的《大秦景教流行中国碑》于建中二年(781)立,僧景净撰文,吕秀岩书并题额。从碑文文字中可见景教在中国流传,受佛教、道教的思想影响十分明显。

伊斯兰教,亦名为"回教""清真教",是阿拉伯半岛麦加城

第四章 文化之盛：盛唐之音，光于前代

穆罕默德创立的宗教，为世界三大宗教之一。唐高宗龙朔初年大食国打败波斯，伊斯兰教亦随之进入波斯，并逐步代替了波斯本土信仰的祆教，继而向东传播。伊斯兰教东传进入中国，主要依靠海路和陆路。最初是通过海路，波斯商人从波斯湾或阿拉伯海出发，过孟加拉湾、马六甲海峡，入南海至广州、泉州、杭州、扬州等地经商，用大食、波斯、东南亚等地的商品换取丝绸、陶瓷、茶叶等货物，也将伊斯兰教通过商路传播至各地。海路贸易也影响到阿拉伯帝国的政治决策，阿拔斯王朝的曼苏尔在公元762年重建新都，选址巴格达。其决定性原因乃是"这里有底格里斯河，可以把我们和老远的中国联系起来"。玄宗中期，大食波斯商人开始在华定居，形成广州和扬州两处番坊。与东南沿海商贸不同，大食波斯人陆路入华主要是通过政治和军事活动，在大食国使节中，也有托使节之名行贸易之实的穆斯林商人。永徽二年（651），大食始遣使朝贡。开元初，再次遣使来朝，并进贡马匹珠宝等。玄宗曾给大食将军屈底波写信，请他派将领来华，目的是了解伊斯兰教。怛罗斯战役以后，唐朝开始真正了解伊斯兰教。伊斯兰教在长安是否有建清真寺，史无明载。目前位于西安鼓楼西北隅的化觉寺，即东大寺，因寺内有天宝年间御史王鉷撰写的《创建清真寺碑记》，而被认为是唐代伊斯兰建寺的证据。

但中外学者最终论证，寺是明代所建，碑是明人托伪制作。不过在广州发现穆罕默德的母舅旺各师墓志，提及贞观年间，旺各师曾来到长安，奉命建造清真寺，但具体时间、建寺地址、寺名均不得而知。中国伊斯兰教史的研究表明，安史之乱后，援唐平叛的大食军人也落籍内地，成为内地穆斯林的祖先。他们与当地居民组成家庭，形成土生蕃客。其中，出现了深谙中国文化的知识分子群体，如考取唐朝进士的大食人后裔李彦升、四川的波斯人后裔李珣兄妹、泉州的阿拉伯后裔蒲氏家族等，也进一步推进了伊斯兰教的中国化。

唐代的开放风气使这个时代的人们对于宗教信仰有自由的选择权，除了道教、佛教，民间的各种信仰也得到充分发展。史学家根据唐代地方信仰的发展态势，发现唐代对于为数众多、来源各异的地方信仰，国家并不将其简单作为"淫祠"加以止禁，更多是通过地方政府的认定，将其纳入国家礼制系统而赋予官方地位。因民间信仰名目繁多，地域特色各异，兹不一一列述。

三、胡风漫长安

唐代皇室本有胡族血统，鲁迅就说"唐室大有胡气"。虽然

第四章 文化之盛：盛唐之音，光于前代

李唐自称是汉人，但李唐皇室本身就是一个掺杂着少数民族血脉的家族。如李渊的母亲独孤氏、妻子窦氏均是胡人，李世民的妻子长孙氏也是胡族出身。十分有趣的是，有史家专门去探讨唐代皇帝外貌的胡族特征，认为李渊的"阿婆面"长相，是鲜卑人典型的"面团团"的外貌特征。太宗更具胡人特点，一脸络腮胡子，而且上唇胡须呈枣红色，并向两边明显上挑，很典型的中亚男子外貌特点，而且他会讲突厥语。太宗长子李承乾，醉心突厥风俗，装扮突厥的发型，穿突厥的衣服，还学突厥的鼓乐，经常自比突厥可汗，放着现成的皇太子位子不自重，未来皇帝的宝座不愿登，却总是想着等自己当了皇帝，率领几万人马到金城，投奔到李思摩可汗帐下，去当一个"设"（"设"是突厥汗国的高官），这样的日子，岂不比当皇帝快活啊？而且他也很擅长讲突厥语，其思维、行为方式，完全是胡人的一套。可见，李承乾年少也很贪玩。在李唐起兵之初到建国初期的朝臣、武将圈子里，很多也是胡族出身。从唐高祖开始，"非我族类，其心必异"的观念淡薄。《资治通鉴》里曾记述过贞观年间的一场设在未央宫的皇家宴饮，邀请三品以上官员和外族首领参加。席间正当觥筹交错，酣畅淋漓之际，突厥颉利可汗起身舞蹈，来自岭南的酋长冯智戴即兴咏诗助兴，其乐融融。面对此情此景，唐高祖开怀不

开元盛世：大唐的空前繁荣

已，连连赞叹："胡越一家，自古未有也！"

李唐出于自身家族所具的民族性，自建国起，表现出不同于前代的对待胡族的理念，具有超越单一胡汉民族藩篱，兼具胡汉交融特点的新色彩。这也是经历了十六国北朝曲折跌宕的民族大融合洗礼后，唐代统治者从历史和现实出发，对处理胡汉问题所做出的理念升华。太宗即言："自古皆贵中华，贱夷狄，朕独爱之如一！"混一戎夏的理念，改变了过去夷夏之防和民族隔离的界限，从实践层面和心理层面打破民族壁垒，形成了唐代开放的天下观和"世界性"。

太宗之后的高宗、武周时期以及玄宗统治时期，延续"胡越一家"的对外政策。这种"混一戎夏"的理念，也受到外族群体的认可，从草原民族尊唐朝皇帝为"天可汗"可见一斑。当年迎娶金城公主的吐蕃赞普尺带珠丹给玄宗的上书中就提到，我和李唐皇室是亲戚，今天与金城公主和亲，更是亲上加亲，同气连枝，天下百姓，普皆安乐。

唐代自上而下，对胡人和胡人文化的包容和接纳，使得政府官僚机构任官也不拘一格，吸收了大量的胡人进入管理层，据统计，唐朝751位（人次）刺史中，外族就有76位（人次），约占1/10，这还不包括已经被汉化了的外族人。同时还重用蕃将，玄

第四章 文化之盛：盛唐之音，光于前代

宗时期，就以蕃将代替汉族将领镇守边疆，史学家马驰赞扬"他们大都能以国家主人翁的姿态，以自己的血肉之躯去参与唐朝的缔造、发展和捍卫"。如此一来，上行下效，普通民众也见怪不怪，社会上各行各业的营生中，外族人非常普遍。有数万外族人长住长安，从事外交、商贸、餐饮、文化、宗教等活动，也有短暂来访，进行货物贩运、求学、游历活动的异国人士，不计其数。这种状况一直持续到晚唐，当时长安人就说，如今长安城里，外族人与长安人一起混居，与长安人结婚生子，长安城里的小孩都快变成胡人了！对这些外国人口和外国文化，唐代并没有拒之于千里之外，反而敞开胸怀予以拥抱。对这些远道而来的外国人，不仅为外族人提供住所、市场、交游空间，朝廷的典客署、鸿胪寺、礼宾院等机构，协调掌管对外事宜，为来唐的外国使节提供食物、翻译、医疗、丧葬、赐物、封官等优惠。并且从律令的角度，在法治层面上为外族人和大唐在官方、私人往来的稳定性方面提供法律保障，譬如制定外来人居住法、外族人违法的属地管辖原则等，为各方人士在长安生活、经商、求学提供安全便利的社会环境。允许胡汉通婚，外族人可以在长安娶妻生子，买地置业。唐玄宗30个女儿有5个嫁给了胡族大臣，皇室如此，自不用说民间胡汉通婚数量的可观。上文提及的阿拉伯人

开元盛世：大唐的空前繁荣

在本地化后，就与汉人女子通婚，有的也繁衍形成有影响的地方家族。因此，旅居唐朝的外族人，商人可以在长安、洛阳、广州、扬州和成都等通都大邑，坐贾行商；留学生可以入国子监求学，参加为外国人专设的宾贡科举，入仕为官；有才艺的可以入宫演艺或当街卖艺；宗教徒或翻译宗教经典，或巡游问道，或传播外来宗教等。

正如学者指出的，经过唐代以来多年的经营，"长安胡风大盛"，外族人开设邸店经营各种买卖，蔚然成风；酒馆艺人的胡食、胡舞、胡乐吸引着李白等一流诗人流连忘返；远道而来的西方珍宝更是唐人追捧的时尚；胡人还把异域风格的各类艺术、工艺，如玻璃器、金银器等也带来大唐，如此等等，不胜枚举。可以说与既有的传统中华文化一道，形成了经济繁荣、开放活跃的大唐盛世。正是唐人的"大有胡气"，在文化上和政治统治策略上积极开放，较少狭隘的民族偏见，才形成了比起以往任何一个时代都更为广大辽阔的"天下"，无论是东亚文化圈的国家，还是与中华保持朝贡关系的国家，都被纳入"天下"的范畴。在这种良性互动之下，立国大半个世纪的大唐塑造了最为开放、"爱之如一"的世界主义。

美国史学家费正清在《中国：传统与变革》一书中讲道："作

第四章 文化之盛：盛唐之音，光于前代

为横跨中亚陆上商路的东端终点，以及有史以来最大帝国都城，长安城市挤满了来自亚洲各地的人。"胡风漫长安。盛唐时期，作为国际都市的长安吸引着来自亚洲、非洲、欧洲等国家的使节、商人、学者、艺人、僧侣、留学生和其他人群，他们不远万里，跋山涉海，来到长安朝拜、进贡、求学、经商、定居。长安城成为外国人聚集最多的大都会。据统计，与唐朝交往的国家多达70多个，在长安旅居的包括突厥人、回鹘人、铁勒人、吐火罗人、粟特人、波斯人、大食人、天竺人、日本人、高丽人、百济人、新罗人、中亚人、非洲人等。贞观初年，仅突厥人"入居长安者，近且万家"，按一户五口计算，也有50000人。在长安常驻的外族人口大概在10万，约占长安全部人口的1/10。今天在陕西历史博物馆里，随时都可以看到陈列在展柜中造型逼真活泼、憨态可掬的胡人俑、骆驼俑、胡人牵驼俑等等，应该是当时长安城胡人聚集历史的生动反映。章怀太子李贤墓道壁画《客使图》从官方层面展现了唐王朝与外族政权友好往来的盛况。壁画中前来出使的有大食人、吐蕃人、高昌人、东北少数民族、日本人、高丽人以及东罗马人。

四处涌来的外族人，尤其是商人，为长安带来极为丰富的舶来品。安史之乱前，"诸道商胡兴贩，每岁输异方珍货计百万

开元盛世：大唐的空前繁荣

数"，其中不少是输送至长安城贩卖。描写唐代外来物质文化最有名的美国博物学家薛爱华在所著《撒马尔罕的金桃》（又名《唐代的外来文明》）中就统计了唐代的外来物有18类，多达200多种，他说："整个唐代都没有从崇尚外来物品的社会风气中解脱出来。"譬如有各种各样的动物，狗、马、象、犀牛、豹、鹰和鹦鹉等，杨贵妃有一条"康国小狗"，颇像今天的京巴狗。这些动物有时也会训练作为马戏表演之用。漂洋过海而来的各种香料，人们用来熏衣、沐浴、建宅、抹墙、娱乐等。各种异域的珠宝，成为帝王和贵族们的赏赐和装饰用品。与中原迥异的药品也被玄宗君臣用于养生延年。大多数物品被作为商品，多在长安城的东西两市流通交易，尤以西市最为繁华，因为西市是胡商聚集的地方，他们在这里经营服装店、饭店、旅店、日用杂货店，等等，主要经营牛、马、羊、茶叶、绢帛、药材、瓷器、香药、皮裘、珠宝等商品，除了外族特产外，像酒店饭店还会经营各色富含民族特色的美食美酒，长安出产的名酒有"西市腔""蛤蟆陵郎官清""阿婆清"，还有效法波斯风味的"三勒浆"，大大丰富了长安人的日常生活消费。唐代诗歌中长安外来物品的描写，数不胜数。譬如李白《清平调》"解得春风无限恨，沈香亭北倚阑干"，沈香即沉香，就是波斯人经海路带入中国，玄宗用其建造

第四章 文化之盛：盛唐之音，光于前代

沉香亭。《将进酒》中"琉璃钟，琥珀浓，小槽酒滴真珠红"，描写的就是从西域传来的葡萄酒。

物质文化的频繁交流背后，是深受盛唐人喜爱的具有浓郁异域风情的外来文明，长安城内随处可见不同生活习俗的相互交流。唐人奉行"拿来主义"，在衣食住行玩各个方面将胡风胡韵胡俗融入日常生活中。唐人对北方游牧民族的毡帐感兴趣，甚至在长安城里也搭起了帐篷。前面提到李承乾在东宫，让宫中长得像胡人的侍从，五个人一组，搭毛毡篷来住，自己则在东宫空地搭建一座毡帐，"设穹庐自居"。贵族出游，和今天一样，喜欢搭帐篷野餐，搭的帐篷也是和胡人的毡帐类似。这是居住方面的胡风表现。吃的方面，"贵人御馔，尽供胡食"。唐代长安流行胡食，尤其是西域胡商出售的火烤、水蒸和油炸的各式胡饼，也叫五福饼。玄宗时，"时行胡饼，俗家皆然"。就连安史之乱后，西逃蜀地途中，玄宗充饥所食依然是胡饼。唐代长安的胡麻饼很有名，白居易曾有《寄胡麻饼与杨万州》诗曰"胡麻饼样学京都，面脆油香新出炉"，尤以升平坊制作的最佳。此外还有用羊肉、葱白豉汁和盐制作而成的烧饼、油酥饼、搭纳以及流行于中亚和印度的手抓饭饆饠（也有考证认为是一种有馅的面点）等。自汉代张骞出使西域，葡萄便已传入内地，酿酒使用的马乳葡萄也随

开元盛世：大唐的空前繁荣

着酿酒工艺进入长安，葡萄酒、龙膏酒、波斯名酒三勒浆等代替了中国传统的米酒，成为士人百姓的新欢。盛唐鲍防《杂感》诗云："汉家海内承平久，万国戎王皆稽首。天马常衔苜蓿花，胡人岁献葡萄酒。"唐代饮食亦常用石蜜、胡椒等胡地香料。石蜜比较昂贵，玄宗常拿来作为养生材料。

当时，以虚帽、翻领、襟袖窄小、条纹裤和软锦靴为特征的胡服，是盛唐男女热衷的时髦款式，因此胡服也被称为"时服"。元稹《法曲》说："胡音胡骑与胡妆，五十年来竞纷泊。"李唐建立之初，宫人所着主要为幂，全身障蔽，永徽以后代之以帷帽，从头遮蔽到颈部。开元初则代之以胡帽，不久发生改变——骑马宫人或露发髻，或着男衣。太宗时期，长安城中民间已是"胡着汉帽，汉着胡帽"，颇难辨识。史料记载，长安城金吾卫在抓捕逃犯时，因为逃犯身着胡服，混在人群中，很难辨认，可见当时胡服之流行。初唐至盛唐，服饰变化也表现出男女大防思想的逐渐削弱，妇女的衣着更加"胡化"。从今天所见唐代壁画中表现的女性衣妆，就可以形象地感知女性服饰的开放度。唐诗所言"粉胸半掩疑暗雪""长留白雪占胸前"，就是盛唐时期所流行的一种袒领服饰，以及"绮罗丝缕见肌肤"的着衣风格，有人认为，这些应该都是受希腊、罗马的外来服饰影响。

第四章 文化之盛：盛唐之音，光于前代

最受盛唐人欢迎的胡舞，是出自中亚的旋转如风的胡旋舞、腾跳踢踏的胡腾舞和罗衫半掩的柘枝舞。开元间，西域康国、史国、米国给李唐贡献胡旋舞女，"美人舞如莲花旋"。白居易新乐府《胡旋女》云："胡旋女，胡旋女，心应弦，手应鼓。弦鼓一声双袖举，回雪飘飘转蓬舞，左旋右转不知疲，千匝万周无已时。"胡旋舞经过宫廷教坊的教习，在宫廷和长安市坊间流传起来，成为玄宗最喜欢的舞蹈之一，杨玉环、安禄山皆因此受宠得志。胡腾舞的得名与胡旋舞类似，因其以腾跃为特色，是以命名为"胡腾"。舞者来自西域石国及凉州胡儿。此舞动作激烈刚健，表演者全为青年男子。陕西历史博物馆壁画珍品馆中有一幅来自苏思勖的壁画《乐舞图》，表现的就是唐代流行长安的胡腾舞。胡旋舞和胡腾舞属于健舞，是唐代胡舞的代表。还有窄袖薄罗衫的柘枝舞，亦出自西域石国。与胡旋舞和胡腾舞不同，柘枝舞是女子双人舞蹈，表演既有健舞之美，又有软舞之美，是一种刚健与婀娜兼而有之的舞蹈。柘枝舞雅致柔美，颇受宫廷和贵族喜爱。开元年间，崔令钦在所著《教坊记》中列"健舞"乐曲，便提到了柘枝。《教坊记》是对当时宫廷教坊中教坊制度、逸事及乐曲内容等方面的记载，可见柘枝舞在玄宗初年已经在宫廷乐曲中占有一席之地。长安民间亦流行柘枝舞，文人在宴乐席间，也会以柘

枝舞助兴,且留下歌咏诗篇,譬如白居易的《柘枝词》《柘枝妓》等。娱乐方面,唐代风靡的波罗毬戏(又名击鞠)是一种马上击毬运动,是从波斯传入的。参加者以鞠杖击毬,以先入网为胜,名"头筹"。寒食节皇帝往往专门赐给臣子们贴彩之球,以供戏乐。玄宗在当临淄王时已是击毬能手,吐蕃名手也成为其手下败将。长安城中不分贵贱,上自帝王、下至平民都热爱此项运动。盛唐长安人也会过洋节,上文我们提到的泼寒胡戏(乞寒胡戏),类似于今天傣族的泼水节,很受长安人欢迎。此戏源出何处颇有争议,但可以肯定非中原产物,常在冬季岁末举行,表演中胡汉皆裸露形体,泼水跳足,意为乞求寒冬顺时而至。睿宗时,曾下诏在长安城表演此戏,请还是太子的玄宗微服观赏,与民同乐。玄宗朝时,逐步废弛。

胡风的盛行,也潜移默化地影响着长安城居民的社会生活理念,更趋于开放和豁达。《开元天宝遗事》记载,长安仕女可以时不时到郊外市里游玩、斗花、听戏、看球,也可以在春季和男子一起到野外踏青、饮酒赋诗。甚至原本毫无自由的宫女们也可以于上巳日,与家人相聚游玩。张萱所做名画《虢国夫人游春图》,虽说描绘的是上层社会妇女郊外春游的场景,但是从画中女性人物神态从容,乘骑步伐轻松自如,就可以感知

第四章 文化之盛：盛唐之音，光于前代

盛唐女性的时代特色。尤其是画中对于从上至下风尚的"女着男装"的刻画，更说明唐代施加在女性身上的束缚是少之又少。普通妇女更可主动追求爱情，未婚少女可私定终身，已婚女子也可以离婚、改嫁，宰相宋憬之子娶的就是寡妇薛氏，而皇室公主改嫁也多达数十名。唐律规定，成年子女未征得家长同意，已经建立了婚姻关系的，法律予以认可。受西域在中古时代流传的试婚风俗影响，唐代社会还出现试婚风俗。

美国当代学者约瑟夫·奈说："倘若一个国家的文化处于中心位置，别国就会自动向它靠拢；倘若一个国家的价值观支配了国际秩序，它就必然在国际社会中居于领导地位。"这俨然王维所描绘的"九天阊阖开宫殿，万国衣冠拜冕旒"的现代演绎。潮涌般进入长安的外族族群，带来了不同于中原的异域风情文化，而更吸引他们的是盛唐文明。唐代周边许多国家派遣使者前来拜访、学习，尤其以中亚、西亚国家和日本、朝鲜半岛上的来华人员最多。唐朝时，新罗、日本曾经都多次派遣唐使、留学生和学问僧来长安交流和学习，以阿倍仲麻吕、吉备真备和崔致远为代表。这些来华留学生在长安学习了中国先进的科技和文化，甚至包括国家制度模式，比如日本很早就渴望采纳唐朝的文化和政治模式。649年日本的改革就是在仿照唐代制度建立中央集权君主制国家。

开元盛世：大唐的空前繁荣

即便在938年独立的越南，也继续采用唐的书写文字、度量衡和货币制度，儒家文化在这里繁荣兴旺。这些遣唐使、留学生和学问僧归国时带回唐代的丝织品、瓷器、漆器、铜器、乐器、文化典籍，成为重要的外部世界与唐代文化交流的桥梁。当时，中文是中国人、朝鲜人、日本人共同阅读、理解的通用文字，虽然可能会以不同的方式发音，但更重要的是，蕴含在中文里的核心概念和价值观，随着共享的书写体系而在更广范围传播。此外，佛教经中亚传入中国，再从中国传入朝鲜、日本、越南地区，也促成东亚世界形成共同的信仰体系。日本学者井上靖在谈论唐代日本学习中国文化时说："唐代的文化是与印度、阿拉伯和以此为媒介甚至和西欧的文化都有交流的世界性文化，所以学习唐朝也就间接地学习世界文化。"盛唐文化的强大辐射力和深远影响，让东亚世界都沐浴在同一种文明氛围中，至今仍能在这些国家和地区明显感受到。20世纪30年代，鲁迅先生曾说："唐代的文化观念，很可以做我们现代的参考。那时我们的祖先们，对于自己的文化抱有极坚强的把握，决不轻易地动摇他们的自信力，同时对于别系的文化抱有极恢廓的胸襟与极精严的抉择，决不轻易地崇拜或轻易的唾弃。这正是我们目前急切需要的态度。"

第五章

盛世隐忧：先理而后乱

开元盛世是唐代极为繁荣的时代，但"气盛而微"，繁华背后也隐含着危机。张九龄与李林甫相位之争导致的政坛动荡，玄宗统治心态的转变，加之天子的风流韵事与奢侈享乐，时局与舆论已不是他关心的重点。"福兮祸所伏，祸兮福所倚。"唐代社会在其发展繁荣过程中，新的社会矛盾在不断积累、深化，一系列危机在酝酿、发酵之中。边疆危机与地方势力的崛起，是其政治危机；"均田制"、租庸调制破坏，是其经济财政危机；货轻钱重是其金融危机；加之中央政府治理模式的变化，无法抑制社会矛盾的深化。各种危机因素合力拉扯，开元盛世的历史也就画上了句号。

一、张九龄与李林甫：相位之争

众所周知，开元年间，政局稳定得以长期维持多年，是同当时的宰相政治分不开的。史称"开元中，上急于为理，尤注意于宰辅"。李白做翰林学士时，曾与唐玄宗有一段精彩对话。一日，玄宗闲暇无事，便召集翰林院诸学士在便殿赐宴饮酒。君臣们诗酒唱和，其乐融融。玄宗喝得半酣，斜倚龙椅，醉眼蒙眬地问李白："爱卿，如果评论一下任用人才，我朝和则天天后朝孰高孰低啊？"清醒的李白没有直接回答高低问题，只说异同。他说："天后执掌朝政的时候，国事由奸臣小人把持，所以政出多门，法令常变，老百姓无所适从。而且朝廷选拔人才的方法也像小孩上街买瓜，不管瓜的味道如何，只看着肥大的拣，选出来的良莠不齐。而我朝选人取士好像大河中淘沙取金，高山上剖石采玉一样，认真、严格、仔细，选拔出的人当然是当世的精英，栋梁之材、安邦治国之才，国家自然也就繁荣昌盛。"玄宗听完，喜笑颜开，连声说道："学士说得太好了！说得太好了！"君臣尽兴

第五章 盛世隐忧：先理而后乱

而散。史载，开元之盛，所置辅佐，皆得贤才。

史学家胡如雷先生曾对开元时期宰相政治做了历史分析，认为开元相权演变分三个阶段，也恰好将开元之治从政治风格上分为三个时段，开元初期是君子当权，小人失势，至中期则奸邪、忠贤并用，末期是直臣失权而奸佞猖獗，也展现了玄宗执政先理而后乱的变化。第一阶段是姚崇、宋璟、张说为贤相，政治态势昂扬，吏治清明；第二阶段是开元二十二年（734），张九龄为中书令，李林甫以礼部侍郎拜相，裴耀卿为侍中，当时尚属贤佞并进时期；第三阶段即李林甫专相。随着奸佞势力由小到大，从不得势到受宠，朝廷中的斗争必然由不大尖锐而日趋尖锐和复杂，所以越到开元后期，宰相间的矛盾越显得突出。开元二十四年（736年），在任用牛仙客的问题上张九龄与李林甫展开了公开的斗争，结果玄宗站在李林甫一边，牛仙客终获实封，朝廷上呈现出小人得势的一派衰象，贤相政局落幕。至此，"开元之治"也就画上了历史的句号。所谓"开元任姚崇、宋璟而治，幸林甫、国忠而乱"。转折都来自于一代贤相张九龄和"口蜜腹剑"李林甫之间的相权之争。

写出千古绝句"海上生明月，天涯共此时"的张九龄，是一位少年天才，虽出身寒微，但自幼聪颖敏慧，勤奋好学，7岁即

开元盛世：大唐的空前繁荣

写得一手好文章，闻名乡里。唐代文人喜以文会友，13岁时，张九龄就带着自己的作品，拜谒广州刺史王方庆，王方庆读到他的文章，不由啧啧称奇，不忍释卷，爱不释手，逢人便赞叹，此子前途不可限量，未来可期。武则天长安二年（702），张九龄进京应进士第，提交的答卷惊艳全场，让主考官沈佺期看得连连击节赞叹。沈佺期是武周时期文坛翘楚，与宋之问并称"沈宋"，是唐诗七律的奠基人。次年，张说因拒绝为张易之兄弟诬陷魏元忠作证，被流放到钦州，及第后归省岭南的张九龄与张说在韶州相见，一见如故，也为日后张九龄在仕途上的发展埋下了贵人相助的伏笔。后来再次拜相的张说看到张九龄的文章，作为开元一代文宗、文坛领袖的他直呼，看来我诗坛第一的位置要让贤了！接连被两位文坛大佬赞赏，张九龄在长安城一下子文名炽盛。25岁进士及第的张九龄，意气风发，进入仕途，担任秘书省校书郎，从此进入长安的文士交游圈。

先天元年（712），睿宗制科取士，欲拔擢天下文士，时任太子的李隆基亲自主持策问，张九龄也参与了选拔。李隆基针对当时存在的弊政提出三个问题：如何改革选官之法？如何改革军事制度？如何发展农业生产？张九龄对答如流。关于选官问题，他强调君主要善于抓住选才关键，在求取人才上不惜精力，因才选

第五章 盛世隐忧：先理而后乱

人。关于武备问题，他主张必须未雨绸缪，居安思危，勿好大喜功，随意扩张。关于农业生产，他主张地方官员选人到位，能者为吏方能安地方，流民自会归籍，农业生产必然会有序发展。因为回答切中时弊，李隆基立马定张九龄为第一名，擢升其为右拾遗。张九龄在对策中所表明的主张，奠定了他在日后参政和执政时的政策思想基础。张九龄从进士及第到担任右拾遗，只用了十年时间，这十年是唐代政治风雨变幻的十年，张九龄生逢其时，等到张说重回政治中枢，张说便将其视为心腹，助其成长为开元之治的王佐之才。

初入仕途的张九龄锋芒毕露，充分展现了性格上爱憎分明、刚直不阿的特点，颇有初生牛犊不畏虎的冲劲。玄宗即位后，调整中枢人事，将刘幽求、郭元振、张说等政变功臣逐渐外放，疏远"谲诡纵横之士"，访求"纯朴经术之士"，起用持重富有经验的姚崇为相。步入中央政坛不久的张九龄，没有敏锐感知玄宗在人事问题上的战略调整，写了一封《上姚令公书》，针对姚崇的吏治改革问题发表了不同意见。没想到一石激起千层浪，政治老手姚崇对理想主义的毛头小子张九龄十分不满。可能由于早期自己仕途太顺，又有贵人相助，满怀政治抱负的张九龄低估了政治游戏的风险，即使姚崇选人有瑕疵，但张九龄大可不必死磕到底,两人矛盾不断升级。此时能为张九龄说话的张说已经离开中枢,玄宗正仰仗姚崇重整政局,几番对决后,年轻气盛的张九龄也明白要和老臣姚崇过招,自己还是嫩了点。开元四年(716),张九龄索性找个借口,以生病为由,上书玄宗,请求辞官还乡。归乡后,他写下了"时哉苟不达,取乐遂吾情"的诗句,表达自己的无奈之情,但潇洒的豪气丝毫未减。在岭南时,张九龄也没闲着,主动请缨,修复扩建秦汉时期开拓的大庾岭路。道路开通后,形成沟通广东和中原的经济文化交流干线。

开元六年(718),玄宗将张九龄召回京都,授职左补阙,逐步受到玄宗的重用和提拔。开元九年(721)九月,姚崇去世,张说拜相。在政治守护神张说的帮助下,开元十年(722)以后,张九龄迅速得到提拔,从尚书省吏部的司勋员外郎迁为中书舍人内供奉。开元十一年(723)任中书舍人,负责起草制敕。进入中书省,执掌政令草拟,意味着张九龄正式参与中枢决策。开元二十一年(733)五月,擢升为中书侍郎、同中书门下平章事,兼修国史,主理朝政。可以说,张九龄几乎复制了张说生前的仕宦履历。《资治通鉴》在点评玄宗朝宰相的执政特点时,坦言"张九龄尚直"。纵观张九龄从政履历,不管担任何种职务,肩负多重责任,尽忠职守、直道而行、耿介狷直是其突出的特点。

第五章　盛世隐忧：先理而后乱

张九龄识人独具慧眼，且公正无私，备受推崇。他在担任校书郎时，就上奏章指摘当时朝廷不重视选拔刺史、县令等地方官员，批评朝廷循资格以擢升官员的问题。开元六年（718），张九龄参与吏部考选官吏，选人公正无私，"号称详平"。拜相后，由他推荐任官的文士不胜枚举，如孟浩然、王维、韦陟、严挺之等，所选之人"皆为一时之精选"。但他又嫉恶如仇，对李林甫、杨国忠之流则嗤之以鼻。张九龄经常主管刑狱之事，执法公正。每每公堂审理，都要面讯囚犯，分清曲直，直接口述案件判决文卷，出口成章。所断刑案，无论轻重，量刑准确，惩处适当，时号"张公口案"。

久经历练的张九龄，具有明察秋毫、见微知著的政治本领，也体现他识人断事高超的政治才能。张九龄在安史之乱前，就准确预判安禄山有反骨，日后必反。张九龄之所以预判安禄山必反，在于他目睹了任范阳偏校的安禄山入朝奏事，态度极为傲慢，如此之人稍得权势，必目无尊长，胡作非为。看透安禄山的奸诈嘴脸的张九龄忧心忡忡地对侍中裴光庭说："乱幽州者，此胡雏也。"不久，安禄山在讨伐奚族和契丹的战斗中惨败，幽州节度使张守珪将其押送京城，奏请朝廷予以处分裁决。张九龄当机立断，力主立即将安禄山杀掉。而此时好大喜功的玄宗推行拓边策略，重赏战功，听不进张九龄的意见，为宣示所谓"皇恩"，欲将安禄山无罪释放。张九龄极言不可，力劝玄宗，安禄山狼子野心，生有反叛之相，如此骄蹇之人，若担任边疆之任，将是极大隐患；加之安禄山本为胡人，无父母、妻子、田园及先人坟墓在中原，朝廷稍不能如其意，其犯上作乱势在必行。如果不当机立断将其诛杀，肯定是养虎为患，遗祸无穷。怎奈玄宗把张九龄的话当耳旁风，一意孤行，当即赦免了安禄山，纵虎归山，终酿成安史之乱。由此可见张九龄严密的政治逻辑和敏锐的政治洞察力。天宝十五载（756）六月，安史之乱爆发，玄宗在长安陷落前仓皇奔蜀。玄宗一路西逃，尝尽了养虎成患的恶果，不由得想起当年张九龄提醒安禄山预谋造反，力主诛杀安禄山的往事，不由感慨为何当初没有采纳张九龄的建议以绝后患，越想越后悔，随即便派专人前往韶州张九龄墓前祭奠。

让史家印象最为深刻的是，张九龄超越前人犯言直谏的勇猛和果敢，清人王夫之就称他"当年唐室无双士，自古南天第一人"。为坚守正义，他数度忤怒玄宗，更不怕得罪权臣贵胄，从而名垂青史。即便对方是自己的老师，提携自己的贵人张说。在第二章关于张说的叙事中，我们曾提及开元十三年（725），玄宗封禅泰山，张说放手安排亲近自己的官吏参加封禅典礼中的各种

第五章 盛世隐忧：先理而后乱

工作，圈定侍从皇帝升坛祭祀的官员名单，而且决定对这些参与人员破格加官晋爵，并要张九龄写进大赦的诏书之中。出于对张说的尊敬与爱护，张九龄直言不讳，这样安排势必打乱原有的官员选任和迁转秩序，所选之人难以服众。张说完全没有听取张九龄的意见。结果不出所料，封禅结束，张说徇私迁转官员之事便闹得沸沸扬扬。

张九龄逆鳞批评玄宗的史实不胜枚举，让玄宗也倍感压力。开元十七年（729），玄宗规定每年千秋节，也就是皇帝生日当天，朝廷要举办大型宴会，与民同乐。生日当天，群臣要给玄宗赠送铜镜作为贺礼，号曰"金镜"，而且形成约定俗成的规矩。我们知道，铜镜的铸造极为不易，有名的扬州江心镜打造费时费力。开元二十四年（736）的"千秋节"，玄宗过51岁生日，张九龄打算对进献金镜的事情开刀，向玄宗进谏。当群臣绞尽脑汁为玄宗置办金镜礼物进献的时候，张九龄给玄宗祝寿送了一部自编的《千秋金鉴录》，说白了，就是如何做一位贤明君主的说明书。在这部书里，张九龄认为"以镜自照见形容，以人自照见吉凶"，贺寿送镜子，最多就是对镜看看自己形容美不美，而关键是"以人自照"，要照什么？张九龄用历史上的兴衰治乱作为镜子，请玄宗来比照，看看自己的政治治理是优是劣，是美是丑，也可以借历史上的治乱经验教训来判断未来的治国之路是吉还是凶。他还做了非常形象的比喻，照普通的铜镜可以正衣冠，照我的《千秋金鉴录》可以知兴替。如果张九龄面对的是刚刚即位意气风发的玄宗，想必这份生日礼物送得恰如其分，可是此时的玄宗功成名就，粉饰盛世，并不需要这些让人听起来扫兴的逆耳忠言，拿到这份特殊的礼物，玄宗心中五味杂陈，不过当着群臣的面，还是对张九龄大加称赞。

开元二十二年（734），范阳节度使张守珪率部抵御契丹兵来犯，借助契丹内部权力斗争，剿杀契丹王李屈烈。意吞四夷的玄宗一时高兴，要提拔张守珪做宰相，以示奖励。张九龄一看不妙，因为他力主防止边将权柄过重，迅速出手制止。他直接问玄宗，何谓宰相？玄宗反问，你认为什么是宰相？张九龄直言，宰相代天治物，人选非常重要，不是随便什么人就可以当宰相的，如今皇上随意拿宰相犒赏功臣，这可是国家衰败的迹象啊，历史上政治出问题，大多是因为任官不当和佞臣当道导致的。玄宗一看张九龄如此坚决，只好再试探性地问道：那要不就只给他一个宰相的虚衔，不给他实权。张九龄一听，丝毫没有退让，愈加坚决地进行拒绝，不可以！名位和官职不能随便授人，这是皇帝的责任所在。张守珪打败契丹，陛下就任命为宰相，如果他再把奚

第五章　盛世隐忧：先理而后乱

和东突厥平定了，陛下还要拿什么名号赏赐？说得玄宗哑口无言，只好作罢。

再举一例。开元十二年（724），王皇后被废，玄宗把自己宠爱的武氏册封为惠妃。废后两年后，玄宗就提议立武惠妃为皇后，但朝堂大臣极力反对，最终只好作罢。不过由于玄宗的宠爱，在皇后缺位的情况下，武惠妃俨然就是皇后，一时风光无两。受宠极致的武惠妃在后宫也并没有安分守己地服侍玄宗，一门心思在谋划如何让自己的儿子坐上太子之位，进而母凭子贵，当上皇后。在武惠妃的野心撺掇下，玄宗开始准备要废掉太子李瑛，改立武惠妃的儿子寿王李瑁为太子。废立太子，这是关系国家政治命运的大事，张九龄犯颜直谏，坚决反对。开元二十四年（736），玄宗又提废太子一事。武惠妃看张九龄一直不松口，为了去掉这个绊脚石，就派宦官牛贵儿去游说张九龄改变主意，这下可好，不仅没有扭转张九龄的想法，反倒被张九龄一顿臭骂，把牛贵儿轰出了府第，还跑到玄宗那里直接告了武惠妃一状，明言立储之事岂能是后宫所论之事。由于张九龄的坚决反对，废立太子的事情就被暂时搁置了。

应该说，张九龄的仕宦生涯是唐代读书人的样板，少年得志，怀揣理想，位极人臣，经纬谋猷，实现了那个时代读书人普遍追求的盛世梦想。但是，他怎么也没想到，玄宗皇帝不顾他的极力反对，执拗地要提拔一个并无学术的李林甫来给自己辅政，而张九龄更没想到的是，李林甫入相，成为自己政治生涯的噩梦。这也说明，作为宰相，在时代变迁过程中，终究难逃人君南面之术的政治工具的命运。

说到成语"口蜜腹剑"，人们马上就会想到李林甫。因为此语出典于其人其事。据《开元天宝遗事》载，当时社会上一些人都说李林甫甘言如蜜，可朝中官员几乎异口同声地说，李林甫虽然脸上常带笑容，而肚子里却藏着把剑。科举出身的文人集团总是对如李林甫这样门荫入仕的吏治官员嗤之以鼻，历史记述也是不断涂抹和贬低。《剑桥中国隋唐史》则不同，认为，李林甫善搞政权政术，但他也是务实的政治家、精明的行政官员和制度专家。李林甫究竟是怎样一个人？

李林甫，小名哥奴，出身李唐宗室。曾祖李叔良是唐高祖李渊的堂弟，封长平王。父亲李思诲，曾任扬州参军。论辈分，李林甫应是玄宗的叔叔，因为父祖居官，且忠于朝廷，李林甫得以门荫入仕。因为是官二代，李林甫年少时，也没有花什么心思读书，所以张九龄瞧不起他，说他不具学术。以张九龄的拔萃才华，的确分分钟秒杀李林甫，因为李林甫连字都认不全。李林甫

第五章 盛世隐忧：先理而后乱

的表弟生了个男孩，他亲笔写了一封信表示庆贺，开头是"闻有弄獐之庆"一句，搞得大家哭笑不得。古人把生男孩称为"弄璋之喜"，璋是美玉，獐是野兽，错把两者混为一谈，真可谓失之毫厘，差之千里。后来，弄獐代指写别字，苏轼就有"甚欲去为汤饼客，惟愁错写弄獐书"的诗句。此外李林甫曾在主持吏部官员考核时，见有人在公文中写"杕杜"两字，《杕杜》是《诗经·唐风》的篇名。杕是树木孤立的样子，今天可能不少人不知道这个字的读法，但是《诗经》是儒家经典，古代读书人谁不知道，可李林甫就是不认识。他对在旁的韦陟说，这个杖杜是啥意思？韦陟也不好意思揭穿他无知，只好低头装聋不作回答。从此李林甫便得了"弄獐宰相""杖杜宰相"的别号，但这些都不妨碍李林甫仕途的高歌猛进。

开元初年，李林甫在太子府任千牛直长的职务，负责主管宫门禁卫。如果单单凭才干、凭治绩，靠正常的铨选途径，要从微不足道的千牛直长爬到"富贵极矣"的相位绝非易事。然而长袖善舞的李林甫凭着找门路、走关系的能耐，竟然得来全不费工夫，很快他得到贵人相助。李林甫的舅舅是姜皎，前已述及，姜皎曾为李隆基出谋划策夺取帝位，也曾帮张说排挤宋璟。李隆基即位后，封楚国公。李林甫因为精通音律，深得姜皎的宠爱。由

开元盛世：大唐的空前繁荣

于这层关系，开元年间，李林甫改任太子中允。后来他又托人向姜皎姻亲侍中源乾曜谋取司门郎中之职，结果源乾曜直接摇头，郎官一职对品行、才学要求极高，哥奴不是当郎官的材料。因没有才学，受到士人的鄙视。正当愁苦之际，李林甫遇到了第二个贵人御史宇文融。宇文融起初并不待见他，但是李林甫察言观色，投其所好，时间长了，宇文融一高兴，就推荐他做御史中丞，也算是进入朝廷权力中心。自此，两人合作策划扳倒宰相张说，李林甫也在权力博弈过程中，升官有术，一步步走向政治高位。

开元十四年（726），李林甫任吏部侍郎。吏部负责官吏的考核及选拔，自然也是很多人眼热和巴结的部门。玄宗的大哥宁王李宪就私下找到李林甫，给他一份名单，让他将名单上的十人任命官职。左右逢源的李林甫自然不敢拒绝，可是一次暗箱操作提拔十个官员，万一东窗事发，倒霉的只有自己。经过一番绞尽脑汁的苦思冥想后，李林甫先和宁王商量，可不可以不要全部任命，留一人不用。任职公示当天，九人上榜，一人落选，原因是亲贵所托，欲走后门，不予任用，下期视情况裁定。如此一举两得，既可以讨好宁王，又在公众面前博得了"公正无私"的美誉，真是不得不佩服李林甫擅于政治平衡的"聪明"能力。

第五章　盛世隐忧：先理而后乱

李林甫不仅拉拢宗室，而且皇帝身边的宦官、嫔妃，包括后宫的奴婢，李林甫也照样会上下打点。就是要帮助他窥伺皇帝的心思，预判皇帝的态度，进而再出言进奏，总能号准皇帝政治动向的脉搏，讨好圣意。因为做足了事前功夫，李林甫在和皇帝的应答中，都能恰如其分地迎合玄宗的想法，赢得玄宗的肯定。前已提及，玄宗宠爱武惠妃，想废黜太子瑛，改立武惠妃之子寿王瑁，张九龄数次据理力谏，李林甫则沟通宦官，给武惠妃表忠心，愿护寿王为万岁计。武惠妃自然也是感激不尽，并利用当时最受皇帝宠爱妃子的势力暗中帮助李林甫。到开元二十四年（736），玄宗又要废立太子，张九龄还在长篇大论废太子不可为，已经为相的李林甫在一旁默不作声。退朝后，他却私下通过宦官给玄宗和武惠妃递话，废立太子，这是皇上家事，何必和外人多费口舌？李林甫为了政治前途，也想法攀附侍中裴光庭的妻子，也就是武三思的女儿。裴光庭去世后，裴妻因与李林甫相熟，就打算请高力士给皇帝吹吹风，看看可否让李林甫接替裴光庭，担任侍中一职。位居侍中，等于说坐上了宰相的位子。当然，聪明的高力士自不会傻乎乎地做传声筒，玄宗也没有将侍中的位子委任李林甫。不过玄宗任命韩休为侍中的消息，高力士提前告诉了裴妻，自然李林甫也就事先知道了这个消息。不过李林甫不仅没

开元盛世：大唐的空前繁荣

有因为侍中人选不是自己感到失望，反倒利用这个消息当作和韩休建立政治联系的见面礼，第一时间把这一消息告诉韩休，从而赢得韩休的好感。有了这层关系后，在李林甫的精心经营下，经过韩休的推荐，并借助武惠妃在皇帝面前的美言，开元二十二年（724），李林甫官拜黄门侍郎、同中书门下三品，与张九龄一起入主中枢。刚当上宰相的李林甫还比较低调，但是夺权的布局并未就此停步。天宝初年玄宗曾经对高力士说："我不出长安近十年，天下无事，我想高居无为，政事一概委托给林甫，你看如何？"可见，唐代中枢开始步入独相的历史进程。

入相的李林甫尽管行事风格没有太多改变，譬如把持铨选、阻塞言路、打压对手，但是他协助玄宗也展开了一系列政治、财经、军事等制度的调整，继承宇文融的财政措施，改革税法；完成府兵制向募兵制的转变；完成行政法典《唐六典》的编撰；继续完成张说中枢体制的改革等。开元二十四年（736），时任户部尚书、同中书门下三品的李林甫向玄宗进奏《长行旨》，最能体现其制度创新能力。起初，唐代在进行国家财政预算时，各级政府必须在每年八月上旬向财政部门申报本部门当年的财政结余，以及下一年度的财政开支预算，然后中央户部再对全国上报的信息加以汇总，根据岁入的可能和支出缓急做出统筹安排，最后以

第五章 盛世隐忧：先理而后乱

公文形式下达各地执行。由于每年的这些预算编制信息都须逐项逐州抄写，人力物力耗费巨大，仅一州每年的耗纸数量就高达50万张。在李林甫《长行旨》规定不再上报稳定的收支以后，流程大大简化，每州耗纸不过一两张。难怪唐玄宗在安史之乱西逃蜀地途中，对陪同的官员说，李林甫之才不多得。值得一提的是，李林甫为相，安禄山因李林甫的狡猾有甚于己，对其十分忌惮，所以李林甫在，安禄山必不敢反，科举文士不齿的权术，反倒对安禄山有一定程度的控制作用，正所谓只有恶魔才能打败恶魔。

《剑桥中国隋唐史》中曾谈论李林甫19年执政的特点，"在姚崇、宋璟和张说当宰相时，首辅宰相是在一个积极参与政务处理的皇帝手下工作的。但在李林甫的漫长任期内，玄宗越来越只关心自己的家事，日益沉溺于道教和密宗佛教，并且逐渐不再起积极的政治作用。因此，李林甫对朝廷的支配远比他的几个前任全面"。李林甫善于立法建制，且熟悉政务，为人机警，思维精细，善于将自己的政治手腕披上合法的外衣，善于假借法律、"格令"打击政敌，因而虽"朝野侧目"，仍"惮其威权"。总之，李林甫的上台与他敏锐的政治眼光和出色的行政能力不无关系，至少不能简单地定性为"口蜜腹剑"的奸臣伎俩。

张九龄因文学而拔萃，李林甫由吏干而贵极。玄宗同时升任两人为宰相,意图延续张说与宇文融的中枢格局,借助张九龄傲人的文采粉饰太平,制礼作乐,利用李林甫出色的行政能力树章立制,化解危机。设计固然理想,但是一个是有道德洁癖、自负执拗的文章魁首张九龄,一个是察言观色、见缝插针的吏治高手李林甫,出身不同,政见不一,加上步入晚年的玄宗日渐昏聩,协调官僚权力体系的能力不断下降,一碗水又端不平,宰相之间的政治角力在开元后期上演。

开元二十一年(733),张九龄拜相。玄宗就李林甫入相的问题咨询张九龄,因为韩休卸任前,郑重推荐了李林甫,武惠妃又屡次在自己耳边说起此人,他想听听张九龄的意见,毕竟要张九龄和李林甫来配合执政。张九龄深知李林甫的底细,也不管玄宗是否高兴,就直言不讳地说:"李林甫其他本事没有,就是会拉关系,走后门,陛下要知道宰相是关系国家前途命运的,如果要用李林甫这样的人当宰相,迟早有一天会搞乱朝政的。"心直口快的张九龄刚给玄宗讲完,结果又在大臣们面前数落了李林甫一番,说李林甫议事,就像喝醉酒的醉汉,胡言乱语。这话伤害性不大,侮辱性极强。其实张九龄不管面对玄宗还是群臣,他都是一把尺子量到底,不符合条件的人,就是不能提拔,这是对事不对人,不管是不是李林甫,品德才能不合格也不能委任关键职位。但是李林甫并不这么认为啊，他觉得张九龄就是在针对自己，气愤不已。不过此时，地位和权力都无法和张九龄抗衡，玄宗也很器重张九龄，李林甫不得已只能夹起尾巴做人，明面里对张九龄笑脸相迎，背地里积蓄力量，筹划如何不动声色地除掉张九龄这个"绊脚石"。就这样，张九龄在明，李林甫在暗，中枢权力内部，两种力量在不停地互相撕扯。

开元二十二年（734），在李林甫自己努力和外界的加持下，玄宗指派李林甫做了张九龄的副相，双方的角力正式展开，而这一切都发生在开元二十四年（736）。双方斗争的第一回合是关于还都的问题。

长安是唐代首都，虽说是政治文化中心，亦是国际都市，但有个难以克服的短板，就是灾荒之年的粮食供应问题。长安城人口密集，皇帝的宫廷以及朝廷百官、普通百姓，还有往来商人、外国使团等各色人群，人口基数在百万左右，粮食消耗量巨大。如果遇到灾荒，无论是发放储备粮还是外地调粮，都不足以解决问题。长安交通又不便，关中平原之东是黄河，阻隔了与河东、河北的交通，南边是秦岭、大巴山，横断了通往南方的道路，漕运解决不了实际问题。外地调粮入长安，走水路到三门峡一带，改走陆路耗时，如继续走水路，则通过三门峡时，水急浪大，江南的漕船到了黄河不熟悉水势，非常容易翻船。因此无论选用哪种方式都耗费巨大，付出的财力、人力、物力，都远远超过粮食本身的价格。直到开元二十二年（734），裴耀卿担任宰相开始改革漕运，实行分段运输的办法，陆路和漕运结合，最终才解决了长安粮食消费的问题。在此之前，唐代的办法是遇到灾年，中央政府搬迁到洛阳救食，一方面可以保证皇室、百官的饮食；另一方面也是避免与民争粮，将关中地区有限的粮食留给百姓。因此唐代天子大都有个外号叫"逐粮天子"。史书记载，玄宗当政时就有五次救食的记录。开元二十二年（734）正月至二十四年（736）十月是玄宗第五次东巡救食。这一次，就返回长安的时间，张九龄和李林甫正面展开挑战。

开元二十四年十月，东都洛阳的皇宫又发生一件怪事——闹鬼，搞得人心惶惶。是不是真闹鬼，可以不用细究。关键是，玄宗借此召集宰辅商量，是不是干脆回长安好了！张九龄的意见是，十月正是农民秋收的繁忙时间，陛下返京出行恐怕会干扰地方上秋收，要不还是等秋收结束再动身回去。玄宗估计张九龄可能会反对，没有再和他争论，毕竟他说的这个理由充分且必要，我自己不是也提倡静以养民吗？不能瞎折腾。但是闹鬼折腾玄宗啊，玄宗还是寻思要怎么说服宰相返回长安。等到张九龄出了朝

第五章　盛世隐忧：先理而后乱

堂，李林甫没有立马跟着出去，反倒一瘸一拐地在原地磨叽，玄宗一看，这不就是当年姚崇那一幕吗？"李爱卿刚才你没有发表意见，现在是不是有话要讲？"还是玄宗了解李林甫。李林甫知道玄宗内心的真正意思，立刻回答："长安、洛阳，都是陛下的住所，想什么时候回去就什么时候回去，哪里需要什么择时出发。就算返京途中干扰农时，把所过州县百姓的租税免除作为补偿，不就万事大吉了吗。我看如果陛下想回去，吩咐下去，咱们明天就可以动身返回长安。"玄宗一听，大喜过望，还是李林甫想得周到，既满足了自己返京的愿望，又解决了张九龄的顾虑，比就知道怼自己的张九龄强太多了，那就明天出发！第一回合，八面玲珑的李林甫博得玄宗欢心，占据了上风。而坚持原则的张九龄由于屡次逆鳞犯言，和玄宗之间渐行渐远。

　　回到长安后发生的牛仙客实封问题，让玄宗再一次对张九龄失去耐心。牛仙客是位军人，早年在老家做小吏，后来立了军功，被宰相萧嵩提拔做了河西节度使。在河西任职期间，恪勤匪懈，任劳任怨，政治治理成绩突出，仓库盈满，器械精良。等牛仙客上任朔方节度使后，接任的节度使就向玄宗极力夸赞牛仙客。玄宗得知牛仙客治理河西的政绩后，十分高兴，就打算嘉奖牛仙客，决定赐实封并提拔他当尚书。结果，就赏赐一事召集宰相们商议时，张九龄第一个站出来反对，他又开始咬文嚼字，给玄宗讲道理，尚书，这么重要的位置，历来都是宰相或者德高望重的人来担当，牛仙客一个河湟小吏，让他当尚书，这不让世人笑掉大牙，还说朝中无人。玄宗知道张九龄的脾性，按捺怒火，提议，那么给牛仙客加实封如何？张九龄又予以否定，实封是要给封户的，有经济利益也有政治待遇，这都是给建功立业的功臣赏赐的，牛仙客作为边将，充实仓库，修备武器，这都是分内之事，不足以拿来当什么功绩，如果真要赏赐，以他忠于职守的成绩，也就最多赐点金银绢帛就好。至于实封赏赐，大可不必。玄宗一听，知道没法再讨论下去了，于是一气之下，直接退朝。李林甫眼睁睁看着玄宗和张九龄争辩，一言不发。等到退朝，他又留下来和玄宗私聊，这个牛仙客陛下小瞧他了，他可是宰相之才啊，当尚书都委屈他了。说到底，张九龄就是个书生，不识大体，除了只会提反对意见，一无是处。

第二天，玄宗旧话重提，坚持给牛仙客实封。张九龄一如既往反对再反对。因为李林甫那句张九龄就是书生，玄宗终于不忍耐了，呵斥道，难道天下的事情都要你说了算？要是李林甫这时候肯定立马服软，当然他也不会让事情走到这一步，因为他只会顺着玄宗的意思来讲话。但是张九龄执拗到底，陛下让我做宰

第五章 盛世隐忧：先理而后乱

相，就是需要我知无不言，言无不尽，为陛下防微杜渐。这种硬气，彻底把玄宗心中的怒火点燃了，直接质问张九龄，你总是嫌弃牛仙客出身卑微，你出身又好到哪里？张九龄丝毫不惧，我的确是岭南一介布衣，比不上牛仙客这个中原人。但是我仕宦多年，出入朝廷，掌管政府出令这么多年，牛仙客不过一个目不识丁的边疆小吏，怎么能与我相比？我还是不同意给牛仙客实封。其实这时候大家已经开始意气用事，再讨论下去都是无意义的，结果自然是不欢而散。李林甫又留下来，看似轻飘飘地又给玄宗递了一句话：一个人有见识有才干就好了，何必非得是满腹经纶的文人？天子要是想用谁，干吗非得听别人的意见？其实这句话，李林甫也是为自己说的，毕竟张九龄当年也嘲笑他不学无术。不出几天，玄宗下诏，封牛仙客陇西郡公，实封三百户。以前张九龄力谏，玄宗还能勉强接受，毕竟玄宗还是以张九龄作为宰相标杆，凡是政府推荐人才，都要先问问，此人风度是不是可以和九龄媲美啊？如今来了李林甫这个时时能为玄宗"着想"的人，玄宗眼中那个风度翩翩的张曲江，已经离自己越来越远，变得越来越模糊了。

十一月，废立太子的事情，又将张九龄往政治悬崖边推了一把。废太子瑛的缘由前文已经略有说明，由于武惠妃感觉张九龄

开元盛世：大唐的空前繁荣

在反对废太子的事上一意孤行，直接找到张九龄游说，结果被张九龄把宦官带的话一字不落地奏报给玄宗，完全不顾及皇家颜面，让玄宗十分无语。紧接着，李林甫又暗地里给玄宗和武惠妃递话，陛下家事何必求谋外人。结果后宫与张九龄结梁，玄宗对张九龄越发生气，李林甫乘机在玄宗面前动不动就揭短张九龄。至此，张九龄明显意识到玄宗政治态度的变化，因为六月的时候，玄宗已经发送了让张九龄出局的信号，赏赐他一把白羽扇，其实就是给张九龄下马威。张九龄从高力士手里接过扇子，心里一咯噔，这是要凉凉啊！于是一代文豪立马泼墨挥毫，作为答谢皇帝"恩赐"的回礼，写下了《白羽扇赋》：

　　当时而用，任物所长。彼鸿鹄之弱羽，出江湖之下方，安知烦暑，可致清凉？岂无纨素，彩画文章？复有修竹，剖析毫芒。

　　提携密迹，摇动馨香。惟众珍之在御，何短翮之敢当？而窃思于圣后，且见持于未央。

　　伊昔皋泽之时，亦有云霄之志，苟效用之得所，虽杀身之何忌？肃肃白羽，穆如清风，纵秋气之移夺，终感恩于箧中。

第五章　盛世隐忧：先理而后乱

全篇寥寥数语，却满含失落与愤懑，自怨自艾，已经完全没有了当年风采昂扬的曲江风度。张九龄以白羽扇自况，赋以明志，白羽扇出身卑微，但是能够祛暑纳凉，虽不算珍贵，但也有凌云壮志，凡有所用，必粉身碎骨，在所不惜。可惜，到了秋天，白羽扇也没有了用处，被收进箱子。即使这样，白羽扇也会感念圣恩，没有怨言。玄宗看到这篇赋文后，立马答复张九龄，别误会，我不是要你走人，扇子是送你纳凉消暑的，没有任何其他意思。虽然嘴上这样说，心里未必这样想。

领教了李林甫的权谋后，张九龄决定向李林甫妥协，他写了一首《归燕诗》送给李林甫：

海燕虽微渺，乘春亦暂来。
岂知泥滓贱，只见玉堂开。
绣户时双入，华堂日几回。
无心与物竞，鹰隼莫相猜。

张九龄写这首诗的真实目的已不可考，但从内容上看，或许他认为自己并非李林甫的对手，也或许他已萌生退意，因为他把

开元盛世：大唐的空前繁荣

自己比作小小的海燕，运气好才会来到玉堂之中，我本没有一争高下的欲望，希望作为鹰隼的李林甫也不要猜忌我。

但李林甫并未因为一首求情诗而对张九龄留手，因为他抓到了张九龄的政治把柄——结党。张九龄有位好友叫严挺之，时任中书侍郎，但受到蔚州刺史王元琰贪污案牵连而入狱。早年时，张九龄曾推荐严挺之做宰相。和张九龄一样，严挺之也是很鄙视李林甫的为人。李林甫曾引荐萧炅做户部侍郎，但萧炅没有什么文化，也是个白字先生。他和严挺之一起去出席吊唁祭礼，客人坐的位置上放着《礼记》，萧炅拿起来翻读，结果闹了笑话，竟然把"蒸尝伏腊"的"伏腊"说成"伏猎"。严挺之听到后，还以为听错了，就再问萧炅，你刚才读的是啥，再读一遍？萧炅还是读"伏猎"。有"杕杜宰相"，也就有了"伏猎侍郎"。严挺之告诉张九龄："宫廷中岂该有说'伏猎'的侍郎吗？"于是张九龄就把萧炅贬出朝廷，任岐州刺史，李林甫对此一直怀恨在心。王元琰案发后，其妻百般无奈，找到严挺之想办法营救自己的丈夫。为什么要找严挺之？原来，王元琰的妻子是严挺之早年离异的前妻。聪明人应该知道，贪污受贿这种案件，尽量不要插手，结果严挺之顾念旧情，挺身而出，为王刺史各方奔走，出面说情。李林甫一看，机会来了，于是抓住此事，大做文章，明面上

第五章 盛世隐忧：先理而后乱

举劾严挺之徇私枉法，妨碍司法审判，暗地里向唐玄宗密报，诬陷张九龄、裴耀卿、严挺之是一党。在李林甫的布局下，玄宗着手处理严挺之包庇亲属的案子。宰相们商议时，张九龄还是就事论事，极力替严挺之辩护，但是他却没有意识到，整个事件背后是李林甫想借严挺之来扳倒自己。张九龄的极力维护严挺之，使得玄宗愈加对李林甫所密告的事情深信不疑，张九龄、裴耀卿、严挺之结党营私。结果张九龄、裴耀卿都被玄宗降职，李林甫升任宰相，张九龄所鄙视的牛仙客也入主中枢。

李林甫担心张九龄东山再起，于是继续抓住结党一事，构陷张九龄。开元二十五年（737）四月，监察御史周子谅弹劾牛仙客才能平庸，根本不适合做宰相，借此又援引民间谶纬，玄宗得知，大为光火，宰相是朕任命的，哪里轮到你插嘴。最终周子谅被流放而死。周子谅获罪，李林甫看在眼里，喜在心上。他摸透了玄宗的心思，知道皇帝正在气头上，就从中挑拨，说周子谅是张九龄举荐的，必须追究张九龄的责任。最终，张九龄被贬出朝廷，下放荆州。李林甫终于取得了对张九龄的全面胜利。李林甫之代替张九龄，并不是用一个好人或用一个坏人的问题，而是唐代政治转型的结果，开元年间，"所用之相，姚崇尚通，宋璟尚法，张嘉贞尚吏，张说尚文，李元纮、杜暹尚俭，韩休、张九龄尚直，各其所长"的贤相局面至此彻底落下帷幕。

二、高力士：宦官干政的前奏

在玄宗身边，有一位特殊的历史人物——宦官高力士。高力士几乎和玄宗形影不离，诛灭韦氏以及太平公主集团、太子废立、李林甫入相等政治活动都有他的身影。高力士的一生，经历了唐代五朝四代的治乱转折，可以说是开元盛世的见证者。1981年，在陕西蒲城县金粟山泰陵附近，发现了《唐故开府仪同三司兼内侍监赠扬州大都督陪葬泰陵高公神道碑并序》（简称《高力士神道碑》）。1999年10月，位于陕西蒲城县保南乡山西村的高力士墓发掘现场，又出土了《大唐故开府仪同三司兼内侍监上柱国齐国公赠扬州大都督高公墓志铭并序》（简称《高力士墓志铭》）。《墓志铭》和《神道碑》翔实记载了高力士的生平、世系、职官、事迹和封赐等，结合正史相关记载，史学家对于高力士也越发能触摸到其真实的历史形象。

高力士，原名冯元一，广东潘州（今广东省高州市）人。曾祖冯盎，是一个军事奇才，早在隋文帝时期，担任高州刺史。入唐后，被封为耿国公、高州都督、广韶十八州总管，"家雄万

第五章 盛世隐忧：先理而后乱

石之荣，囊有千金之值""颐指万家，手据千里"。贞观二十年（646），冯盎去世，朝廷谥赠左骁卫大将军、荆州都督，刻石像立于唐太宗昭陵，以彰其德。父亲冯君衡为潘州刺史。由此可见，高力士出身官宦家庭，衣食无忧，如果没有什么波折的话，在父母的呵护下，童年时的高力士应过着锦衣玉食的幸福生活，日后仕途也会平流进取。但是在高力士不到10岁时（高力士生年一说684年，一说690年），命运之神却不再垂青于他，一场浩劫让他的生活从天堂跌进地狱，而他显赫的家族也在一夜之间毁于一旦，此后他遭遇了一连串沉重的打击。武则天掌政后，开始在全国掀起了"平叛"浪潮，流放了大批政敌，而当时负责接收流放犯人的岭南地区，成为武则天关注的焦点。武则天长寿二年（692），朝廷指派司刑评事万国俊摄监察御史到广州处理岭南流人谋反之事。众所周知，武则天统治时期，惯用酷吏政治，万国俊就是有名的酷吏，《罗织经》的作者之一。万国俊到了广州以后，不分青红皂白，无论是否谋反，随意罗织罪名，流人等同于叛贼，结果滥杀流人数千。与此同时，万国俊对岭南官场也做了一次大清洗，作为地方长官的冯君衡直接面对冲击，万国俊诬陷他参与谋反，罢官抄家，籍没家族。其父被杀，家毁人散，覆巢之下，焉有完卵，年方十岁的高力士一下跌入苦难的深渊。高

开元盛世：大唐的空前繁荣

力士被强制与母亲分别，离别时，母亲叮嘱他，记得我儿胸上有七颗黑痣，还有平日你经常玩耍母亲所戴的这对金手镯，日后相见便以此为据。此后高力士充为官奴，雪上加霜的是，他还受了阉割之刑，这对还未成年的高力士来说，无疑是致命打击。而历史的记录总是轻描淡写，正史传记只记"少阉"二字，墓志铭则只字未提此事，但小小少年身体致残所遭受的苦楚，无人感知。

圣历元年（698），高力士与姐姐冯媛被岭南讨击使李千里进献入宫。其姐幼承家训，饱读诗书，善诗文。入宫后，中宗见她面目清丽，仪态大方，欲封她为才人，但她婉辞封赠，要求落发为尼。高力士入宫后，武则天见其乖巧聪慧，做事又有悟性，于是留在身边侍奉左右。武则天知道高力士系出名门，家族因为酷吏政治而罹难，于是对他特加体恤，请内廷女官专心抚养他，命内侍高延福为其义父，又让宫内儒学士教他读书。高力士不负君望，勤学苦练，文武两方面都取得了成绩，特别是射箭，几乎达到了"百发百中"的程度，加之高力士身材高大，勇武有力，"因是有力士之称"。既有"力士"之称，又为宦官高延福养子，故冒高姓，名曰力士，于是他就被称为高力士。从此冯元一就变为高力士了。这是高力士墓志和神道碑的说法，两《唐书》则记载高力士在入宫前，因为武则天好佛的缘故，已被李千里改

第五章　盛世隐忧：先理而后乱

元一为力士，与另一位男童金刚一并进献，高姓则如前所说，是他被高延福收为假子后所得。因此，《唐书》认为冯元一是先改名，后赐姓，并非入宫后得名高力士的。在服侍武则天期间，高力士曾因犯有小过，被鞭挞出宫，但因为义父高延福出自武三思家，因而高力士不久被武则天重新召回宫中。自此，高力士传送诏敕，非常谨密，大小事务随机应变，颇得武则天器重，升任掌管宫内门禁的宫闱丞。而这也成为高力士助力玄宗夺权的关键因素。

唐玄宗以藩王身份在藩邸笼络人才图谋帝位，高力士开始主动贴近李隆基，"倾心奉之"。可见，高力士政治观察之敏锐程度，用时髦点的话说，高力士也是时代的弄潮儿，乘势而为。在玄宗称帝后，高力士在诸多关键的政治时刻，"善揣时势候相上下"，依旧展现了对时事敏锐的洞察力。

多数史家认为，高力士在玄宗诛杀韦后与先天政变中都发挥了关键作用，但史书并无特别明确的记载，尤其是诛杀韦后事件。关于诛杀韦后的问题，有一个细节可能有助于我们探知高力士在其中的作用，《高力士神道碑》也提及，在兵变过程中，玄宗仗剑在前，高力士勇进于后，且日侍左右，须臾不离。可见高力士应参与了六月二十日夜战禁宫的战斗，而且表现得很积极。

247

开元盛世：大唐的空前繁荣

玄宗充分利用了宦官集团的力量，当时高力士的上级杨思勖，担任宫闱令，也是高力士的广东老乡，跟随临淄王李隆基诛杀韦氏，后与高力士一起得到嘉赏，任右监门卫将军。也有研究者尝试推断了另一种可能，高力士本身就出自武三思门下，而武三思又与韦后通私，且其子武崇训又娶韦后的女儿安乐公主，武氏实是韦氏集团的干将。武三思在太子李重俊兵变被杀后，他的残余力量，包括高力士，应该被韦后收编。总之，高力士也很可能得到韦后的信任，了解韦后集团的行动，帮助玄宗做情报工作。当然这仅仅是一种猜测，没有史实的佐证。因此，睿宗登基，玄宗登太子位，高力士是可以记一笔功劳的。

纵观玄宗经历的宫廷革命，步步惊心。推翻韦后专权，成为储君，经过同太平公主集团的殊死决斗站在权力巅峰。假使玄宗不抢先下手，先发制人，让太平公主党羽策划的于七月四日发动的政变得逞，唐朝的历史肯定是另一番景象。当得知太平公主阴谋发动政变时，面对太平公主的汹汹来势，玄宗与高力士等十几个亲信定计，取闲厩马及三百多名士兵以铁骑至承天门，高力士率兵充当前锋，诛掉太平公主的死党。高力士在七月三日事件前后的表现是毋庸置疑的。事件结束后，玄宗论功行赏，以高力士为右监门将军，知内侍省事。高力士为唐玄宗的顺利登基和统治

第五章　盛世隐忧：先理而后乱

地位的巩固"翼戴有功"。从此，作为玄宗的亲信，高力士开启了长达数十年陪伴玄宗政治统治的生涯。

高力士以功臣进位，又有特殊的宦官身份，其本人性情稳重谨密，善观时俯仰，也无骄横之气，深得玄宗信任，无论政府公务还是家庭私事，总会"时与之议"，对唐玄宗起到政治上的有力帮助和情感上的倾心关怀，这种依赖程度甚至到了"力士当上，我寝则稳"的地步。高力士也曾向玄宗表明心迹说："我生于夷狄之国，在升平时代成长，一承恩渥三十余年，当愿粉骨碎身报答皇恩。"字里行间透露着丹心侍主的决心。这份相互信任，从玄宗家族对高力士的态度也可见一斑。太子李亨，即后来的唐肃宗，曾称比自己父亲还大一岁的高力士为"二兄"，诸王公主叫他"阿翁"，驸马辈呼他为"爷"，连玄宗也称其为"将军"。当然尽管宫廷对高力士礼遇有加，但家奴的身份性质并没有因而改变。不过高力士一生对自己有准确的定位，加上受过良好的教育、过硬的武功，凭借"顺而不谀，谏而不犯"的高超政治艺术，在内廷与外朝间居中调停，"中立而不倚，得君而不骄""传王言而有度，持国柄而无权"，与玄宗相协，见证了开元之治的历史。兹举开元时期，高力士辅助玄宗施政的若干史例予以说明。

开元盛世：大唐的空前繁荣

开元初，"救时之相"姚崇上呈郎官任命名单，请玄宗最后定夺。可是，姚崇拿着名单给玄宗呈了又呈，结果玄宗丝毫不加理会，搞得姚崇进退两难，百思不得其解，不知皇帝对自己有啥意见，最后没辙，满心惶恐的姚崇只好先回自己办公室候旨。姚崇走后，高力士进谏："陛下刚刚即位，凡事应该和朝臣有商有量，作出决策。刚刚姚崇征求陛下意见，您却一言不发，我担心宰臣可能会心生疑惧。"玄宗解释说："方才正考虑其他大事，没时间和他讨论。我并不是不同意姚崇奏议，国家大事禀报奏请示即可，像这种任命郎官的事情，就不要来烦我了，姚崇他自己处理就好。"高力士马上跑去找着急等待皇帝回话的姚崇，说明缘由，姚崇才得以安心处理政务。

开元十四年（726），宰相张说被宇文融和李林甫弹劾而遭到鞠问，玄宗让高力士去看望在监狱的张说。高力士探视张说后回奏玄宗说："张说蓬头垢面坐在草席上，吃东西用的都是破破烂烂的瓦器，惶惶不可终日，还在等着朝廷惩罚呢。"皇帝顿生怜爱之意，高力士趁机向皇帝进言："张说毕竟往日尽职尽责，对国家可以说功大于过，再说他还是陛下的老师。"高力士关键时刻，敢于就事论事，言语公允，使得玄宗念及旧情，最终张说没有成为权力斗争的牺牲品而落得悲惨结局。高力士这种没有落井

第五章 盛世隐忧：先理而后乱

下石的做法，有利于缓和君臣之间的矛盾。

唐代口述史《高力士外传》记载，开元十七年（729），高力士跟随玄宗拜谒昭陵，李隆基看到李世民生前所用物品，十分震惊，没想到李世民日用之物都非常简朴。高力士在太宗昭陵寝宫发现一个小梳妆箱，内有一把柞木梳，一个黑角篦和一把草根刷子，感慨地告诉玄宗："太宗勤勤恳恳十余载，才带领国家步入升平时代，但是随身所用之物，身后什么都没有，就留下了这看上去今天普通人家都不会用的简陋东西，这是警示自己的子孙，不可侈欲无度啊！"玄宗听完，非常恭敬地拿了李世民的一把梳子放在身边，时刻提醒自己能像太宗皇帝一样节俭。不管这件事情有无人为加工的成分，仅就所述内容，虽然高力士深受玄宗宠爱，但他没有忘乎所以，时刻提醒玄宗身为皇帝的本分。

开元十九年（731），发生王毛仲事件。王毛仲是玄宗的家奴，因参加先天政变，深得玄宗宠信。最初，王毛仲为玄宗驯养战马，看似不起眼的事务，但靠着他肯钻研、业务强的本领，养马一事被王毛仲经营得风生水起，其后一路加官晋爵，到开元十三年（725）加开府仪同三司，权势十分显赫。虽然头衔高贵，但王毛仲说到底只是一个身体健全的家奴。可惜随着不断加官晋爵，王毛仲开始骄横跋扈，瞧谁都瞧不上，首先瞧不上的就是宦官，视若无睹，大家都是宫廷里的仆人，何必争个上下？其实这还不是王毛仲最大的问题，王毛仲因为给禁军提供战马，和禁军头领万骑将军葛顺福联姻，葛顺福在前文提过，也是政变功臣，因此王毛仲开始染指禁军。当时，"北门诸将多附之，进退唯其指使"。这时，玄宗开始提防王毛仲的一举一动。高力士因为受到王毛仲打压，也在想办法解决困境，他看到玄宗对王毛仲已经不太信任，于是找到吏部侍郎齐澣去给玄宗敲边鼓，探探玄宗对王毛仲的真实态度，但没想到齐澣大嘴巴，把玄宗准备敲打王毛仲的事情给泄露了，搞得玄宗很被动，结果齐澣直接被贬官。王毛仲经此一事，非但没有收敛，反而更是恣意妄为。高力士提醒玄宗，禁军渐有尾大不掉之势，北门奴官太盛，迟早会闹出乱子。开元十八年（730），王毛仲生子，高力士领旨予以赏赐，刚出生的小孩被封了个五品官。回来复旨，玄宗问王毛仲高兴吗？高力士说，王毛仲让我看他家新生儿，得意地说，我这儿子难道不应该封个三品官？高力士总是知道什么时候该说什么话。结果，玄宗就派人处死了王毛仲，和王毛仲交好的北门官员该贬的贬，该流放的流放。自此，北门禁军势力受到极大限制和制约。

开元二十二年（734），李林甫入相。其中的机缘是高力士将玄宗提拔韩休的消息，通过裴光庭的妻子提前透露给李林甫，李

第五章　盛世隐忧：先理而后乱

林甫借机告知韩休以邀功，使得韩休罢相后，极力推荐李林甫上位。看似高力士站队李林甫，实则不然。因为李林甫本身就是唐宗室，天宝以后，他结交内廷主要联系的是大宦官袁思艺，这说明高力士和他不是同一阵线。而李林甫入相前，承诺帮助武惠妃立寿王为太子。武氏为了拉拢李林甫，也屡次暗托高力士向玄宗递话，看看可否让李林甫为侍中，但高力士都没有正面回应。出于自己所处的位置，高力士巧妙地用韩休拜相的政治消息，为自己化解在政治斗争中的尴尬困境，也属权宜之计。开元二十四年（736），李林甫为了排挤张九龄，推荐牛仙客为尚书。唐玄宗欲破格重用牛仙客，张九龄表示反对，让玄宗十分不悦。玄宗召高力士问牛仙客是否应该被提拔，高力士回答说"仙客本胥吏，非宰相器"。可见高力士还是具有十分敏锐的政治分辨力。但玄宗却固执己见，并不认为自己用人不当，坚持罢免张九龄的职务。开元二十六年（738）五月，太子李瑛及其两个兄弟受武惠妃和李林甫陷害，被废并赐死。当年年底，备受宠爱的武惠妃去世，李林甫等人坚持立武惠妃之子寿王瑁为太子，而玄宗又意欲立忠王为太子，一边是宠妃之子，一边是属意的人选，皇储的问题折腾得玄宗茶饭不思。高力士趁皇帝没有公务的时候，在玄宗耳边轻声问，陛下这几日是怎么了，都没怎么吃东西？玄宗反问

253

开元盛世：大唐的空前繁荣

一句："你是我家家奴，你还不明白怎么回事？"高力士直接说："是不是因为太子人选的问题啊？"玄宗长叹一声："是啊！"高力士不紧不慢地又说："这还不简单吗！推长而立，谁敢复争！"就这简单的八个字，高力士在紧要时刻，临门一脚，球进了！推长而立，巧妙化解了因为立储问题带来的朝堂危机。中国古代皇储问题经常牵连出诸多的政治纷争和朝廷党争，作为近侍的高力士了解玄宗的为难之处，但也能揣摩到皇帝的真实心意，他只不过是借自己之口，说出了玄宗心底的真实想法，作为久经沙场的玄宗怎么不知道利用嫡长子制度的先天优势来化解立储带来的政治危机，玄宗明白，如果寿王瑁成为太子，结果就会让外界认为皇储之位可以通过阴谋诡计夺得，毕竟太子瑛是因为武惠妃和李林甫的陷害而废黜的，但多情的玄宗又割舍不下对武惠妃的情感，忠王又是几个儿子里最年长的，于是选谁举棋不定。高力士知道玄宗心目中谁是最佳太子人选，如今需要的是有一个他信任的人，在适时的机会推他一把，打消犹豫的念头。于是高力士这个正确的人，在正确的时机，帮玄宗下定决心做了正确的抉择。走笔至此，不禁遐想，如果高力士还是冯元一，如果高力士不是宦官，按照他在玄宗身边的作为，他就是一位廊庙之才啊！

史家诟病唐代政治弊病之一就是宦官专权。司马光更是把宦

第五章 盛世隐忧：先理而后乱

官专权的问题与唐代覆亡联系起来讨论，进行了尖锐批评，并且把宦官干政的始作俑者认定为玄宗，所谓"宦官之祸，始于明皇，盛于肃、代，成于德宗，极于昭宗"。

治中国政治制度史，一般会将中国传统君主政治体系从空间上划分为外朝与内朝。外朝，亦叫外廷，即政府，由百官之首宰相统领；内朝，也称内廷、中朝，主要由皇帝身边的近臣群体构成，譬如掌管吃穿住行的内官、宫廷禁卫体系，当然也包括宦官群体。应该说，内外有别，一个是皇帝私属，一个是国家公务机构。按照制度设计，内廷私属群体的活动范围及职能边界在内廷之中，与外廷政事本应截然相分，互不干扰，也无交集，可以说井水不犯河水。以宦官为例，史学家王寿南先生指出，唐朝宦官分内所掌之事有四：第一，侍奉皇帝、皇后、皇子、嫔妃；第二，皇宫之接待工作；第三，守护皇宫门户与管理宫人；第四，传达制命。再看唐代的宦官机构内侍省，五个下属部门，掖廷局掌管宫女账簿，宫闱局掌管宫门出入，奚官局掌管死亡殡葬，内仆局掌管仪仗，内府局掌管宫中张设和照明。玄宗以后，又将东宫专门服务太子的内坊局划归内侍省管辖。可见，作为制度内的规定，从机构到职能，宦官权力的边界就是局限在内廷。

不过，诚如学者所言，"宦官权力并不完全局限于内廷，这是完全可以想见的事实，因为权力从来不像政治制度理想模式布局那样边界分明"。宦官切近天子，极易受权力裹挟，即所谓的侧近政治，离皇帝的空间距离越近，权力越大。所以唐初，太宗就以东汉宦官之祸为鉴，要求抑制宦官权力，宦官品级不得超过四品。到了武则天专权，形势发生了逆转，宦官势力开始抬头。武则天为巩固自己势力，加之女主专权，开始倚重内朝，分权于内朝，内朝宦官逐渐受到器重。武则天之后，韦后、安乐公主、太平公主等后妃公主皆曾先后擅政专权，因而出现了"后氏临朝，喉舌之任出阉人之口"的政治局面。玄宗政变过程中，也培植了大量的宦官力量。玄宗政变期间，高力士是其集团中的重要成员，也是政变的重要参与者。宦官杨思勖因为在诛杀韦后之战中为玄宗看重，更是在开元初年多次奉诏带兵征伐安南、五溪叛乱的功臣。因此，从这些内侍员属的活动不难看出，他们对于皇帝的辅佐不仅仅是洒扫庭除、端茶递水的粗浅工作，围绕着皇帝，权力的传染性，使得他们的权力范围早已突破了内朝的界限，不断渗透进入国家政权活动的各个方面。因为切近天子，难免会受核心权力的影响，潜移默化之下，宦官在某种程度上会化身为皇帝的代表，口含天宪，因为宦官的特殊身份，又深得皇帝信任。汉元帝就曾指出，宦官无外党，专精可信任。他们既受到

第五章 盛世隐忧：先理而后乱

皇帝的宠信，又可以代表皇帝出现在百官面前，在内廷与外朝的政治联通中，扮演了重要角色。

尽管玄宗宠信宦官高力士等人，但姚崇强调宦官不可干政，玄宗也就没有赋予宦官太大的权力，所以玄宗执政时期，并没有出现像唐后期那样严重的宦官干权的现象。随着玄宗对中枢格局的调整，君权集中的诉求加强，玄宗开始逐步抑制中枢权力体系，压缩三省宰相的职权，更多地以近侍体系来灵活决策，譬如利用翰林学士起草诏令、直接指派宦官出使外地公干等，这些都是内廷官员权力延伸外朝的现象，玄宗之所以培植宦官势力，放纵他们登上政治舞台，这与当时的政治局势有着十分密切的联系。加上承平日久，玄宗怠于政事的情况越来越频繁，宦官逐步成为代行天子之权的权力符号。此时高力士的职权范围开始逐步超越既有规定。玄宗曾要求政府上报的各种奏章，请高力士先行处理，至关重要的上奏皇上决定。言下之意就是日常的行政处置，高力士可以自行决定了。好在高力士善知人论事、文武双全，并不是靠谄媚、逢迎和巴结侍奉玄宗，身为宦官，具有非凡的政治眼光和当机立断的能力，能在关键时刻对玄宗起到政治上的支撑作用。所以明代李贽给予高力士很高的评价："高力士真忠臣也，谁谓阉宦无人？"当然高力士有没有被权力冲昏头脑的时刻？有！譬如善于敛财；作为宦官，娶吕氏之女为妻，厚荫吕氏家族；与禁军首领结为异姓兄弟；高母去世，举办奢华的葬礼。至于为李白"脱靴"，那只是小说家一厢情愿的杜撰。

至于指责高力士擅权专断的说法，其实忽视了高力士只是近臣，而不是左右朝政的权臣，虽居要位，起过辅佐作用，宦官权力是没有得到政治制度确立的权力，只是在皇权运行过程中演变衍生出来的权力，试问有哪个宦官真做了皇帝？到底谁为高力士创造了条件，责备高力士的时候，还是要想想站在高力士背后的唐玄宗，如果离开玄宗，高力士还是高力士吗？就像史学家范文澜先生所说，"所有宦官都受高力士指挥，宦官是唐玄宗的化身，高力士是这些化身的指挥者"。这背后折射出的恰恰是中国古代中央集权君主政治体制的特色，也是其缺陷和短板。

三、浪漫天子风流债：华清一梦

中国传统社会的家国天下体系，皇权世袭、宗法制是其重要支柱，子孙越多，自己的统治就越巩固，实现子孙众多的手段，唯一的办法就是多妻。秦汉以后，随着社会生产力的发展，统治阶级有机会占有更多的财富，一夫多妻制也随着少数人占有大量

第五章　盛世隐忧：先理而后乱

的财富而日益发展，个人占有妻妾的数量也不断增加。据《旧唐书·中宗纪》记载，景龙四年（710）上元夜，中宗和皇后观灯，当天夜里给宫女们福利，可以出宫赏灯玩乐，结果管理不善，很多宫女趁机溜之大吉，没有回宫。肃宗宝应元年（762），一次就放宫人三千。玄宗时期，仅长安大内、大明、兴庆三宫和东都大内、上阳两宫，即有宫女四万人，因此，在文学作品里，玄宗总是以"风流天子"的形象出现。

《长恨歌传》里讲唐玄宗后宫"虽有三夫人、九嫔、二十七世妇、八十一御妻，暨后宫才女、乐府妓女，使天子无顾盼意"。这里讲的三夫人、九嫔、二十七世妇、八十一御妻，是周礼的规定，总共120位妻子，因为是天子，九五之尊，自然会享有最高的制度规格。不过这120位，只是皇帝的正式配偶，此外，内廷服侍体系，如上文所讲宦官机构内侍省的掖廷局掌管的宫女，也包括女官，则难计其数。

唐朝的后妃制度，参照周礼制定，包括正室为皇后，下有贵妃、淑妃、德妃、贤妃，作为夫人级，正一品；昭仪、昭容、昭媛、修仪、修容、修媛、充仪、充容、充媛，合九名，作为嫔级，正二品；婕妤九人，正三品，美人九人，正四品，才人九人，正五品，合二十七名，作为世妇级；宝林二十七人，正六

259

开元盛世：大唐的空前繁荣

品，御女二十七人，正七品，采女二十七人，正八品，合81名，作为御女级。还有一般宫女三千余人。与六部相应，设有女官六尚二十四司，即尚宫、尚仪、尚服、尚食、尚寝、尚功，分掌皇帝的饮食起居，共190人，还有女史50人。这些是有品级的，无品级的宫女人数还有很多。玄宗开元时，曾一度进行改革，以四妃不合周礼，设置惠、丽、华三妃，下有六仪、四美人、七才人，女官为尚宫、尚仪、尚服各二名。因为后宫众多，玄宗繁衍的后代子女颇多，共生育30个儿子，30个女儿，家族规模庞大。

玄宗诸后妃见于史籍者有王皇后、杨皇后、刘华妃、赵丽妃、钱妃、皇甫德仪、刘才人、武皇后、高婕妤、郭顺仪、柳婕妤、钟美人、虞美人、康美人、王美人、陈美人、郑才人、武贤仪、杨贵妃等。武皇后与杨皇后是死后追封的，只有王皇后是玄宗正式册封的皇后。与玄宗政治生命最有瓜葛的是，王皇后、武惠妃和杨贵妃。可以说玄宗政治生涯的阶段性展开刚好以生命中最重要的这三位女人为分期，事业起步期的王皇后，励精图治时的武惠妃以及醉生梦死时的杨贵妃。而三位女性也在陪伴不同时期的玄宗时展现了不同的特色，贤内助的王皇后，好权力的武惠妃和多才艺的杨贵妃。

王皇后是玄宗的结发妻子，玄宗做临淄王的时候，纳王氏为

第五章　盛世隐忧：先理而后乱

妃。王氏目睹了玄宗登上权力巅峰惊心动魄的经过。王皇后是他生活中的伴侣，更是政治上的亲密伙伴。

王皇后是官宦人家出身，来自同州下邽，今天陕西渭南，与白居易是不同时代的同乡。其家世显赫，史称"冠盖盛门"。王皇后先祖为南梁冀州刺史王神念。王神念的次子是南梁名将王僧辩，重孙是唐初著名宰相王珪。由于王皇后是王神念子王僧修一支，而宰相王珪是王神念子王僧辩一支，王皇后亦是宰相王珪的从曾孙。但到了王皇后父亲这一代时，王家基本上家道中落。其父王仁皎和双胞胎兄长王守一都曾追随玄宗参与宫廷政变，应该算功臣集团，可惜他们父子两人对政治权力都不感兴趣，却非常喜欢敛财。王皇后被废后，籍没抄家，从王守一家就查抄出不少钱财。或许出于玄宗统治初期，不欲外戚权力过大的原因，王皇后家族虽享有较高的政治待遇，但是其家族子弟并没有掌握实际权力，所以史籍中没有见到王氏亲族叔伯兄弟涉政的记载。

王皇后与太宗长孙皇后很像，都积极参与军事政变辅佐夫君取得帝位。唐隆政变时，王皇后"颇预密谋，赞成大业"。等玄宗起兵铲除太平公主集团时，有斗争经验的王皇后坚定地支持着自己的丈夫。成功升级为国母的王皇后，开始一心一意帮助玄宗协理六宫。但令她十分苦恼的是，自己没有为玄宗诞下任何子嗣。玄宗把杨妃所生李亨，即后来的肃宗，过继给了王皇后，虽然王皇后抚养李亨，"慈甚所生"，但玄宗册立太子的事情，使得王皇后对自己无子更是耿耿于怀。玄宗刘华妃生长子李琮，按理说王皇后无子，其余诸子皆为庶出，应当立长子为储，但开元三年（715），玄宗偏偏立次子李瑛为太子，原因在于太子生母赵丽妃此时正受玄宗宠爱，虽然她仅仅是歌伎出身，但可以想见王皇后所面临的后宫情况非常复杂。开元三年册立太子以后，宫闱中较为平稳的局面，随着武惠妃的得宠，而逐步发生了微妙的变化，掀起了一次又一次风波。而王皇后也将面临更大的挑战。

武惠妃是武则天的侄孙女，恒安王武攸止的女儿，按亲属关系论，是玄宗的表妹。武攸止去世以后，年幼的武惠妃就入了宫，成为宫女，应该是被接入宫中抚养。因是武氏母党，所以在宫中，武惠妃得到良好的教育，颇有贵戚华胄的风范。等玄宗登基，武惠妃已经出落成亭亭玉立的大美女，言谈举止也超越其他宫女，一下子吸引了玄宗的目光。武惠妃冉冉升起，其他的嫔妃立刻大失颜色，包括受宠的赵丽妃。受宠的武惠妃也为玄宗不断开枝散叶，她为玄宗诞下两儿一女。可能是由于近亲婚姻的缘故，三个孩子一个都没有活下来，生下来不久就夭折了。等到第四个孩子诞生，为了能够平安长大，玄宗想到一个用自然科学无

第五章 盛世隐忧：先理而后乱

法解释的办法，就是宫外抚养。交给谁抚养？玄宗选定自己的大哥，宁王李宪，就是李成器，玄宗最信任的人。宁王接旨以后，不敢怠慢，立马让夫人放下自己刚出生的儿子，专心抚养玄宗的儿子。说也奇怪，在宁王府，这个小孩就活下来了，而且茁壮成长。这个小孩就是寿王李瑁，他有一个影响唐代历史命运的妻子，就是杨玉环。

在武惠妃诞下第一个儿子的时候，王皇后压力陡增，感觉到自己地位的岌岌可危。异常焦虑的王皇后开始不断地在玄宗面前，有意无意地指摘武惠妃，开始埋怨玄宗不念旧情，哭哭啼啼地诉说当年她的父亲是如何用自己的官服换了一碗汤饼，给玄宗过生日的往事，变得如怨妇一般。今天有网络调查显示，夫妻相处，丈夫最担心妻子做的事情，排名第一的是唠叨。虽说这种调查不具备权威性，但也可以反映出一些社会意见。王皇后就做了这件最不该做的事情，适得其反，不仅没有浇灭玄宗对武惠妃的爱火，反倒让玄宗动了废后的心思。不仅动了心思，玄宗还把秘书监姜皎叫来，商量如何废后，真是"红颜未老恩先断"。

姜皎是玄宗的宠臣，当年宋璟就一直告诫玄宗不要与姜皎相狎。因为废后事关重大，在没有万全之策时，不方便拿去和宰相讨论，到时只能碰一鼻子灰，玄宗想到的是自己的哥们儿姜皎，

开元盛世：大唐的空前繁荣

让他来想办法，出主意。姜皎一来，玄宗就一通埋怨王皇后，直接告诉他，看看想个什么办法能废掉王皇后，实在是太啰嗦了。结果君臣俩一合计，就拿"无子"说事。敲定方案后，玄宗就准备启动废后流程。但是意外出现了，姜皎把废后的事情给泄露了。结果，王皇后的妹夫，玄宗的堂兄弟李峤得知消息后，赶忙跑来找玄宗，我听姜皎说陛下要废后，这不可能吧，不就是没有生孩子吗，你们都老夫老妻的，怎么还唱这出呢？这肯定是姜皎在无中生有造谣的吧！李峤这么一说，搞得玄宗既尴尬又被动。下不了台的玄宗进退两难，不得已只能丢车保帅，以姜皎散布谣言，挑拨帝后关系为由，责罚廷杖六十，发配钦州，最后在流放路上去世。清代康熙皇帝经常引用的一句话是，君不密失其臣，臣不密失其身。姜皎就是典型的臣不秘失身的实例。

就在李峤找玄宗的时候，王皇后的哥哥王守一也知道了废后的消息，立马跑来给王皇后出主意。这位贪财的哥哥不帮忙还好，一来反倒越帮越忙。王守一找来一个叫明悟的和尚，据说可以破解不孕不育的难症。办法是什么？参拜神明。按说，这种求子方式稀松平常。当年，玄宗也专门为王皇后求过子。《广异记》记载，开元初，玄宗让道士叶静能问玉京天帝，皇后有子否。结果，得到的回答是无子。可见，玄宗不会反对求子的事情。但明

第五章　盛世隐忧：先理而后乱

悟和尚的求子不仅仅是拜一拜神明这么简单，他教王皇后将被雷劈过的木头一剖为二，上书"天地""李隆基"，然后合起来戴上，再诵读咒语，"佩此有子，当如则天皇后"。这句咒语在政治嗅觉异常灵敏的玄宗看来，无异于历史上曾出现过的巫蛊和厌胜事件。这下子，王皇后的求子活动就变味了，并非一般意义上的迷信活动。"当如则天皇后"，对玄宗来说，更是刺激了他敏感的政治神经。王氏欲与则天皇后相比，武则天曾经做过些什么？王皇后这不正是想让历史重演么！由此，王皇后走上了万劫不复的道路。开元十二年（724），玄宗将她打入冷宫。第二年十月，王皇后郁郁而终。废后以后，玄宗旋赐武氏贵妃号。

今天，回首王皇后被废的史实，令人对其遭遇不胜唏嘘，但仔细揣摩，也觉王皇后所陷厌胜事件也颇蹊跷，蒙曼先生在《唐玄宗》中大胆推测，将咒语一事告知玄宗的，应该就是武惠妃。其实可以更大胆一点推测，整个事件是不是武惠妃的杰作呢？历史不容假设，但如此凑巧，王皇后的傻哥哥在废后消息泄露后就遇到了悟明和尚，而悟明又如此准确地用"当如则天皇后"挑拨到玄宗敏感的政治神经，此外，废后两年后，玄宗就提议立武惠妃为皇后，这废后事件幕后的推手难道不是武惠妃吗？

不过武氏成为皇后的计划最终也没有在生前实现。当玄宗把立武氏为后的想法让宰相们讨论时，反对声一片。为什么？玄宗得到的回答是，第一，武氏是武则天后人，是李唐的仇人，你费尽心力在朝政中驱除武则天的影响，现在反倒要立武氏后人，岂不可笑？第二，太子瑛非武惠妃所生，而惠妃自己又有子，一旦立武为后，必然易置东宫，朝政必乱。玄宗宠爱武惠妃无论达到什么程度，这是家事，朝臣无权干预。但立后是国事，如果立惠妃为后，岂不等于武则天复活。可见武则天统治给李唐政治带来的负面印象是多么厉害！所幸的是，玄宗此时还是理智清醒的皇帝，他也明白朝臣们所担忧的事情，于是玄宗决定放弃自己的设想，但对武氏的宠爱一如既往，并规定："宫中礼秩，一如皇后。"而自此之后，玄宗即便再有中意的女眷，也是只字不提立后一事，应该说玄宗君臣之间已经形成一种默契，后宫力量仅限制在内廷之中，玄宗宠信的妃嫔，可以在物质上满足其一切要求和欲望，甚至就直接以皇后的"礼秩"对待她们，但不给她们"皇后"的名分，这样就杜绝了女性分享政治权力的渠道，武惠妃这样，杨贵妃亦如此。但是中国古代皇权政治家天下的特性，虽然女性参政没有合法性支持，但是女性还是会利用伦理、家庭等社会资源来干预政治，武惠妃依然在太子的问题上，影响到玄宗的决策，从而引发废太子瑛事件和一日杀三子的悲剧。可这还是无

第五章 盛世隐忧：先理而后乱

法动摇玄宗对武惠妃的爱恋，武惠妃终于在死后实现了当皇后的梦想，玄宗追赠她为"贞顺皇后"。而武氏的去世，给玄宗带来了情感上无比沉重的打击，不过很快，风流的皇帝找到了填补寂寞空虚的办法。

中国古代的皇帝总有一些恶趣味。因为奢侈荒淫，经常被史学家点名的晋武帝司马炎后宫粉黛近万，每天晚上到底要临幸哪个妃子，就成为一个让他十分头疼的问题。他的办法常人真是没办法想到，坐着羊车，让羊在宫苑里随意行走，羊车停在哪座宫门门口，他就在哪里宠幸嫔妃。于是有个人便把竹枝插在门上，把盐水洒在地上，羊因为喜欢盐水的味道，停下吃食，于是羊车就刚好停留在插竹枝、洒盐水的宫门口，所谓"羊车望幸"。唐玄宗也不输晋武帝，唐代所流传有关他宠幸后宫的法子，完全配得上"风流三郎"的名号，比起司马炎浪漫太多，而且花样翻新。

南唐张泌所著《妆楼记·印臂》中就描绘了玄宗临幸后宫的方式。凡受过皇帝宠幸的宫女，在手臂上标下印记，印文是"风月常新"四个字，印好后再抹上桂红膏，以后水洗也不会褪色，很类似今天所谓的文身，这样就不会在短时间内宠幸同一个嫔妃。除了人不重复，还要有新鲜感。玄宗把宫女召集起来，让大家公开赌大小,谁的点数高谁便可以侍夜。于是宫中私下把这种骰子叫做"剉角媒人"。宋代陶谷的《清异录》里就记载了"摇骰赌寝"的故事。不过最浪漫和有情调的是"蝶幸"。五代王仁裕所纂《开元天宝遗事》一书中有开元末明皇曾随蝶幸临后宫佳丽的记载。玄宗命令嫔妃们插花戴朵,把亲自捕来的蝴蝶放出,自己则跟随蝴蝶在宫中散步,蝴蝶停落在哪个嫔妃的头花上,玄宗今晚便会临幸哪个嫔妃。论会玩,天下没有谁能比得过唐玄宗的。为了充实后宫,玄宗每年都要派出专门的"寻花使节",到全国各地去选美。当年武惠妃去世,唐玄宗不是闷闷不乐吗?高力士就到全国给他海选美女,在福建莆田发现江采苹。江采苹容貌出众,而且出身医道世家,家教极好,九岁就能背《诗经》,成年后更会吟诗作赋。她自比谢道韫,特别喜欢清丽脱俗的梅花,把自己屋子周围都种上了梅树,所以玄宗管她叫梅妃,极受宠爱,后被称为"斛珠夫人"。但真正让唐玄宗走出武惠妃去世感伤的还是杨贵妃。

《杨太真外传》记载,杨贵妃原名杨芙蓉,小名玉环,道号太真。开元七年(719)生于蜀州。出身名门,其高祖杨汪,系弘农华阴人,隋文帝时,任尚书左丞,后任文理卿、国子祭酒。玉环是杨汪五世孙。隋末天下大乱,杨汪投靠王世充,唐灭世

第五章 盛世隐忧：先理而后乱

充，杨汪以逆党罪被杀，其子孙徙往河东蒲州。杨玉环生父是杨汪四世孙杨玄琰，曾任蜀州司户，属基层官吏。杨家在杨玉环入宫前，政治上没有太大的权势。杨玉环有三个姐姐，即后来的虢国夫人、韩国夫人、秦国夫人。还有长兄杨铦，从兄杨锜，远房堂兄杨钊（即杨国忠）。杨玄琰去世后，年幼的杨玉环被在洛阳的叔父杨玄璬收养。杨玄璬将杨玉环视如己出，悉心培养，本来就是美人坯子的杨玉环长大成年后，多才多艺，风姿绰约，因为貌美闻名于东都洛阳，后世列其为四大美人之一，可以想见其容颜倾世。虽然生在蜀地，但长在洛阳，命运之神带给杨玉怀走入皇室家族的机会，她的人生道路自此就和其他普通的女孩完全不一样了。

开元二十三年（725），因为美貌和出身，玄宗在巡行东都洛阳时，和武惠妃一起为儿子寿王李瑁（时为李清）挑选杨玉环为寿王妃。当年年底，两人举办了盛大的婚礼。册妃制文中明言，杨玉环出身公辅之门，外貌含章秀出，性格修明内湛，妥妥的秀外慧中，做玄宗儿媳妇再合适不过。迎娶杨玉环的仪式也是极为隆重，分为册妃和纳妃两个部分。玄宗派宰相李林甫及黄门侍郎陈希烈为正副使，到杨府宣布册妃诏令。开元二十三年（725）十二月二十四日这天，杨玉环一家在家等待使者宣诏。在司仪的指导下，杨玉环接受了皇帝的册书。翻年年初，按照皇家娶亲的礼仪"来迎""同牢""妃朝见""婚会""妇人礼会""飨丈夫送者""飨妇人送者"等，完成纳妃全过程，杨玉环便与寿王共同生活于十王宅。一人得道鸡犬升天，凡与杨玉环沾亲带故的人，因为杨玉环进位寿王妃而尽享荣耀，也为日后的外戚干政埋下了伏笔。可是命运之神有时候也会开玩笑，寿王夫妇琴瑟和鸣的婚后生活才五年，作为公公的玄宗却看上了儿媳寿王妃。玄宗的家庭生活开始出现剧烈变化，而唐代国运也跟着悄然生变。

事情如何发生的？武惠妃去世以后，虽然玄宗后宫佳丽三千，也不缺侍寝的嫔妃，但是他还是郁郁寡欢，闷闷不乐。即便屡次到骊山温泉宫消闲，也无法排遣内心情感的寂寞。虽然命妇环绕在旁，心情依然郁结，难以释怀，顾前后左右，粉色如土。很快艳丽的寿王妃登场，一扫玄宗的心情阴霾。《长恨歌传》记载，高力士出谋，让玄宗临幸寿王妃。蒙曼先生认为，这个说法有误，一高力士没这个胆为皇帝做主，二高力士为人没有这么阴暗，拆散皇室婚姻去哄玄宗开心，三玄宗很可能早就觊觎寿王妃，可惜正史并没有更细节的记录。而宋人杨万里在读了《唐书·武惠妃传》后，写过一首咏史诗：

第五章　盛世隐忧：先理而后乱

桂折秋风露折兰，千花无朵可天颜。

寿王不忍金宫冷，独献君王一玉环。

不论此诗的格调如何，杨万里在诗中推测寿王自己把王妃献给了玄宗，有没有可能？也有，因为李林甫支持寿王立为太子，为了达到目的，寿王争权也极有可能出此下策。但史无明载，也只能聊备一说。

不管如何，开元二十八年（740）十月，照例来温泉宫散心的玄宗，在温泉池偶遇寿王妃。白居易在《长恨歌》中，用诗意的语言刻画了这次相遇："春寒赐浴华清池，温泉水滑洗凝脂。侍儿扶起娇无力，始是新承恩泽时。"十月的温泉宫，雾气蒸腾，影影绰绰，空气中散发着慵懒的气息，正在泡温泉的寿王妃，云鬓半偏，半倚在池边，背对着玄宗。待她回头时，玄宗看到她的正脸，仿佛一朵美丽绽放的芙蓉花，娇艳欲滴，"回眸一笑百媚生，六宫粉黛无颜色"。就这一眼，年近花甲的玄宗仿佛又回到了青春时代，温泉宫里《霓裳羽衣曲》的音乐响起，玄宗亲手给寿王妃送上了定情信物金钗钿，两人跨越年龄和辈分的倾国之恋开启，此时玄宗56岁，杨玉环22岁。

后世经常讲"脏唐臭汉"，唐代统治上层私生活逾越伦理规范的例子不少，但像玄宗公公娶儿媳妇的例子也不多。但乱伦毕竟不是什么光彩的事情，搁哪也说不过去。如果玄宗要动用君权强硬拆散寿王夫妇，也不是没有可能，但寿王是已故武惠妃的亲子，亲情还在，再说赤裸裸的方式，必定会遭受朝臣扑面而来的批评。于是玄宗煞费苦心地想到一个办法来当遮羞布，他效法高宗安排武则天为尼，睿宗女儿入道为武则天祈福的办法，让寿王妃入宫为女冠，由头是为已经去世的玄宗母亲，寿王的祖母窦太后祈福，冠冕堂皇地将寿王妃变成杨太真，再还原成杨玉环，很巧妙地让儿媳切断了与儿子的夫妻关系。学者研究发现，北朝时，出嫁女要转换身份或再嫁，可以通过出家为尼来作为与旧身份"切缘"的方式进行过渡，唐代应该沿袭的是北朝的传统。只不过玄宗崇道，从为尼变作了入道，而这种习惯也影响到日本近代出现所谓的"缘切寺"。开元二十九年（741），杨玉环脱离寿王宅，以女道士身份，入住内太真宫，日夜陪玄宗玩乐。

不管玄宗要硬来还是用曲线救国的办法，寿王对于父亲要纳自己的王妃还真是一点辙没有。为什么这么说？对寿王而言，玄宗既是父亲，更是君王，自己是儿子也是臣子，父权和君权的威压，哪一个都会让他没办法有任何怨言。而且就在玄宗临幸寿王妃不久前，因为武惠妃的谗言，玄宗就把包括太子瑛在内的三个

第五章 盛世隐忧：先理而后乱

倒霉的儿子全都赐死，更何况自己刚刚从储君争夺中败下阵来，是一个已经失去母亲庇护的靠边站的王子而已。自此之后，寿王李瑁像人间蒸发一样不见史册，只有晚唐李商隐在追忆史事时，感同身受地写下"夜半宴归宫漏永，薛王沉醉寿王醒""平明每幸长生殿，不从金舆惟寿王"的诗句，含蓄而又明白地讥讽了玄宗重色轻子的畸形恋情。

或许是为了补偿寿王，也或许是为了真正给杨玉环一个名分，天宝四载（745）七月，玄宗为寿王李瑁又娶了一个王妃韦氏，唐代的名门望族之一。十天以后，玄宗册封杨玉环为贵妃，父子俩一前一后再婚。但玄宗册封前，杨太真身份还是女冠，虽然两人暗通款曲尽人皆知，不过杨玉环没有名分，谁都不在意，顶多就是皇帝宠幸一个宫女。现在是要给名位，当年高宗娶武则天，美其名曰太宗去世后将后宫赐给高宗，死无对证好办，但现在寿王还活着，玄宗苦恼要编造怎样一个"合情合理"的理由，既可以名正言顺，又可以堵住悠悠之口，让父纳子妻听起来不那么刺耳。"善解人意"的李林甫适时地给玄宗送来了一本《孝经》，在其中录有《论语》"孟懿子问孝"的那一页夹了一张纸条，玄宗打开这页一看，开心得满脸的皱纹都变成了一个"笑"字，"孟懿子问孝，子曰无违！"真是太高明了！"寿王，朕子也。朕所欲，彼当'无违'方称'孝'！圣贤之言，实在圣明，朕当让天下臣民，尽知此理才是。"明摆着就是要让寿王亲手把自己的老婆让给自己的父亲，有时真是不得不佩服，古人真的是太狡猾、太聪明！圣人"无违之孝"的舆论宣传为册封杨贵妃彻底铺平了道路。自此，那个"旰食宵衣"的"英主"玄宗就渐渐地离我们而去，大唐命运转折点迎来的是"从此君王不早朝"的玄宗。

就在玄宗准备忙着想办法宠幸杨太真时，开元二十九年（741）十一月二十四日，宁王李宪走完了自己的人生路。接到大哥去世的消息，玄宗非常悲痛。亲人的逐个离开，让年事已高的玄宗萌生了企求长生的强烈愿望，晚年的玄宗日益沉迷于炼长生丹药。

玄宗崇道于史有名。从即位之初，他即宣布执行道先佛后的政策，并接受宰相姚崇的建议，检查天下僧尼，令滥竽充数之僧尼改回民籍，并令道士、女冠、僧尼等致拜父母。不久，又禁止百官与僧尼道士等交往，禁止民间铸佛写经等。之所以如此，也是缘于武周时代，武则天一反李唐尊崇道教的传统，大肆尊崇佛教，以强化自身作为女主的政治合法性。武周时代终结，对李唐而言，佛教已沾染了女主政治的污点，恢复原来崇道的风气更合

第五章 盛世隐忧：先理而后乱

时宜。随着政局稳定，国力逐渐强盛，玄宗对待佛教的态度亦有所变化，更希望借助佛教来实现王道政治，这一点我们在三教并举的问题中有所述及。

开元初期，玄宗不仅在国家政策上支持道教，为了治国的需要，在学术层面也大力宣扬道家，钻研黄老之术，在宫中讲习《道德经》，并亲自为《道德经》注疏，在理论上有很高造诣。从国家利益上，玄宗执政初期秉持清静无为的治国理念，不仅贯彻爱民无扰的理念，治国以节用省敛，务农固本，废除烦苛，与民休息为重，同时以道家"人君南面之术"协调君臣关系，从而在政治上有所作为。可以说，开元初期，玄宗对于道家的崇尚，以切于时用为核心，所谓崇道不尚玄虚，重道而不信道。此时玄宗并不醉心于道术活动，所结识的道士更多是与他们探讨治国之道，以备咨询顾问。对于道教仙者虚妄之说以及神仙方药之事均持怀疑态度。

开元后期，随着太平盛世的到来，玄宗对于道家、道教的认识出现变化，由不信道而转向笃信道家的修炼之术。此时玄宗仍"高居无为"，全身心投入个人享乐和长生不老，政治上则一无所为。学者们大都以此两阶段来解读玄宗与道教的关系。转折发生在什么时候？司马光在《资治通鉴》里有一个判定，认为玄宗热衷神仙道术,是从道士张果开始,民间认为此人是八仙中的张果老。

开元二十二年(734),被召入宫中的张果,因为多次帮助玄宗尝试延年益寿的神仙丹方,玄宗对其深信不疑,随后多次派人到全国多地譬如嵩山、崂山等地采药,炼制长生丹药,如今这些地方还留有玄宗当年遣人采药炼丹的遗迹。为什么玄宗会相信自称活了上千年的一个方士?司马光没有给出细节解释,不过《明皇杂录》里记载了一个关于玄宗和张果的神奇故事。唐玄宗听闻张果此人道术神奇,让裴晤到恒州去请张果入宫。但张果装死不见。不明就里的裴晤一看人怎么死了,心想既然是奇人,肯定不会和凡人一样轻易丢了性命,于是对着果老焚香膜拜,果然人渐渐复苏,活了。裴晤一看,太神奇,立马回宫给玄宗报告。玄宗一听,知道张果派头不小,于是派中书舍人徐峤拿了圣旨,以极高的规格接张果入宫。玄宗见到张果后,就问:"先生既然已经得道,为什么齿发还是如此衰朽?"张果回答:"衰朽之年,学道未成,只能是这垂垂老矣的样子。"说完就把自己花白的头发胡子一把拔干净,又敲掉满嘴的牙齿,弄得满口鲜血。玄宗一看,大吃一惊:"先生这是何故?"赶紧去清理一下,稍后我们再聊。就在玄宗纳闷的时候,张果清理完回来,可是面貌大变样

第五章　盛世隐忧：先理而后乱

子，一头乌黑的头发，一口洁白整齐的牙齿，完全没有衰老的迹象。随后，玄宗对其深信不疑，而且对高力士说，这是真神仙啊！唐代笔记为何要记录一件完全不合常理的事情，只能说明一个问题，已不再青春的玄宗开始思考生老病死这样的生命议题，并且借助道术来寻求延长生命的方法。好比刘禹锡所言，"开元天子万事足，惟惜当时光景促"。在时间面前，玄宗感知到即使自己作为帝王，也有无能为力的时候。由是，国力强盛后，富贵有闲的玄宗渴求如何来延长生命、延长今世。

开元后期，玄宗不仅研究道家理论，更多的是迷恋道家的神仙之术，胡三省对此点评说，玄宗"渐渐入于邪而不自觉"。玄宗热衷从各州县征召所谓"奇异之士"。除了张果，见诸史籍的还有罗公远、姜抚、孙额生、李退周等。其中姜抚就是个大骗子，不过《新唐书》居然为他立传。姜抚自称通不死不老之术，玄宗一听，立马和张果一样，把隐居的姜抚高规格邀请入宫。住进集贤院后，姜抚就开始吹牛，太湖的长春藤食用可返老还童。玄宗就派人到太湖四处搜罗长春藤，也不管是不是真的能长春，皇帝专设长春藤宴，给满朝文武百官一顿赏赐。这下可好，全天下皆知长春藤的妙用，纷纷搜求。把太湖长春藤忽悠成功后，姜抚又拿终南山的旱藕说事，食旱藕延年益寿。不承想有一个人不信,此人便是右骁卫将军甘守诚。别看此人是禁军将军,一个武官,但是平日喜欢研究中草药,他跑去在李隆基主持的养生大会上,戳穿了姜抚的谎言,长春藤和旱藕,都是十分常见的植物,完全不稀奇。中医都不会拿来入药,你可好,跑来骗皇帝,民间已经有很多人用长春藤泡酒喝,结果中毒身亡,一下子撕下了姜大师的画皮。姜抚一看骗局被拆穿,当机立断逃出首都。而姜抚之死更是滑稽,因为说自己是南梁人,但是不知南梁事,被人揭穿后,惭恨而亡。

结识了这些所谓的奇异人士,玄宗的崇道活动越来越侧重于宗教迷信方面,对玄宗来说,道术不仅给他带来了神奇怪异的刺激,填补了灵魂空虚,足以消闲解闷,而且又正迎合或满足了他贪寿、好色、保身等欲望,因而具有极大的吸引力。开元二十九年(741)玄宗梦见老子,让崇道活动更加疯狂。这一年,玄宗梦见玄元皇帝告诉他:"吾有像在京城西南百余里,汝遣人求之,吾当与汝在兴庆宫相见。"玄宗马上派人去城西南百里外寻找,果然在周至找到了玄元皇帝老子的画像,迎回了兴庆宫。而且还照此像复制了若干老子像,在各州开元观悬挂。玄宗梦见老子,未必不是真事,天天和神仙道术打交道,梦到不奇怪,日有所思,夜有所梦。奇怪的是,竟然能在周至找到老子画

第五章　盛世隐忧：先理而后乱

像，无疑是佞臣迎合玄宗而精心策划的结果。醉心于神仙之术的玄宗心安理得接受了玄元皇帝显灵的说法，他其实也无意辨别真伪，或许在他看来，权力的尽头就是神学。为了彰显迎老子像的福瑞，第二年，玄宗改元"天宝"，年号的变化折射出玄宗心态的变化。自此，玄宗埋首道教修仙，头等大事就是长生，月月有敕、旬旬有事，今日追赠、明日亲享，此处置观、彼处造像，又是度道士，又是改地名，皇帝炼仙丹，大臣求灵符，朝廷上下闹得乌烟瘴气。上有所好，下必行之。开元末年，投机钻营者纷至沓来，各地屡献"祥瑞"，争言老子"显灵"，神仙怪异之风大行其道。开元二十九年（741），嘉州奏"峨嵋山醮坛，有神灯遍照诸峰"，亳州奏"玄元皇帝庙中之井，涌气成云，五色相映"，陵州奏"开元观老君真容见、仪像分明，道士数十人皆见，久之方隐"。到了天宝年间，这种情况更是甚嚣尘上，玄宗也日益沉迷长生、炼丹、符瑞这些玄而又玄的道术活动。不过有学者对于玄宗炼丹问题提供了有意思的解读，由于玄宗颇精医道，其所服丹药，不完全是朱砂金丹，而是利用草药炼制的具有滋补作用的药丸，所以他没有出现像太宗服用丹药中毒的问题。而道教的气功和辟谷，对于养生也是有所益处的，玄宗长寿应该也与之有关。

　　和寻找老子像如出一辙，懂得中医的玄宗，还是心甘情愿地被姜抚欺骗。欧阳修《五代史伶官传序》说"夫祸患常积于忽微,而智勇多困于所溺",智商和情商极高的玄宗,恰恰聪明人反被聪明误。

四、气盛而微:盛世下的危机

花无百日红,人无千日好。西汉史学家司马迁说过,"物盛而衰,固其变也",警醒人们"见盛观衰"。专制君主体制下的帝王,即便再文韬武略,始终跨不出历史的周期律,盛极而衰成为常态,只不过盛衰转化的隐忧各有各的不同而已。

前已述及,玄宗开元年间,实行均田制。从制度设计上看,均田制是国家把无主荒田按照不同等级、年龄、身份的人授以数量不等的土地,使农民耕种以收取租税,只准耕种不准买卖。但土地的授给是按等级而均给,官人的永业田最多达一百顷,而一般农民为丁男者只能得一百亩。就编户而言,一百亩是限额,实际上无法足额授田,而唐前期政府是否真正有所授田,历来争议不断。据学者统计,长安附近的农民一般垦田30亩,只是均田制规定的30%。敦煌地区的农民,有户籍可查者最多为28亩,最少只有11亩,也只是均田制规定的20%,少者为10%。农民

第五章　盛世隐忧：先理而后乱

本来就只拥有有限的耕田面积，还要遭受土地集中的危机。有力者本身已田连阡陌，仍无视制度的约束，凭借特权、强迫、非法购买等手段，侵夺熟田，造成土地分配严重不均。玄宗时，曾参加宇文融括户工作的李憕就是个置地高手，任河南尹时，在伊川就有不少良田，别墅更是连排相望，被人称为"有地癖"。一个基层官员就可以如此手笔买田置业，何况王公贵族。田亩的频繁转移，加上如果发生战争和自然灾害，失地的农民出于生存压力开始从原籍逃亡。人口流动增加，户籍制度自然会受到影响。迫于此，就有了前面述及开元初，玄宗命宇文融括户的事件。

明人王夫之认为宇文融括户的办法是利国利民之举，宇文融借助派往地方的劝农判官，通过垦田供给，解决流民的生存资源问题，以减免租税的方式使流民归籍或者客居落籍，从而稳定户口人数，并保障农业生产。随着括户工作的深入，政府逐步将无法重返原籍的逃亡户就地入籍，将其列为客户，从此户籍中有了主户和客户之分。在租庸调制度改革前，唐代征收租税是以人丁为本，所谓"有田则有租，有家则有调，有身则有庸"，括户的基本原则也是以此为基础。因此玄宗的括户采取的是传统的财政增收方式，即增益户口与丰殖农田。国家规定主户要向国家交纳赋税，而客户只向佃主交纳地租，不再向国家交租调，客户从此变成了不课户。随着客户的增加，再加上国家法令规定的免租赋的户口，国家的课户不断减少，不课户日益增多，继续以人丁为本进行税赋征收，就严重影响到国家的财政收入。因此，虽说括户给唐代初期的建设带来了一定的财政基础，但是人地之间的矛盾，户籍政策和财政政策的滞后问题，并没有因宇文融括户一劳永逸地解决，土地兼并反而不断在升级，以至于玄宗开元二十五年（737）颁布田令，严格限制地产转移。而安史之乱后，国家人口核查工作力度降低，户籍人口流失情况越发严重，土地兼并集中的问题进入全新的阶段。伴随着人地关系的紧张，赋役制度没有随着土地实际情况变化做制度创新，结果国家财富在分配层面上出现失衡的状况。由于以人丁为本，税收负担和纳税人的收益和财产没有任何关联，赋税征收额度并没有因为土地占有量的增加和财富收益率的提升而递增，反而因为以丁口作为课税标准，出现减少的情况，呈现出急剧的下降的趋势。垦田面积不足的普通农户向政府缴纳足额租调，承担远高于生产产出的赋税额度，结果租庸调不仅不能使社会财富的分配不均得到缓和，反而更加剧了社会财富分配两极分化的趋势。这就是玄宗头痛"虽户口既增，赋税不益"的原因。

因为财政收入减少，财政征收体制没有改革的情况下，为了

第五章　盛世隐忧：先理而后乱

开源，中央开始盘剥地方。尤其是玄宗财政改革过程中，大量起用聚敛之臣，使得这一状况日益突出。杨慎矜，清人王鸣盛所谓的"聚敛小人"，他是隋炀帝的玄孙，开元二十六年（738）出任侍御史知太府出纳。在调度各州上供货物时，他发现诸州上供之物，或多或少都有在运输过程中被水泡过或者磕碰破损，有的是重量不足或者品相不好，杨慎矜发挥他精打细算的出纳特长，要求各州严禁上供低价质次的物品，按照当地需要上供的财政物资总数折算成价高质好的物资上缴。结果州县为了征调符合朝廷需求的物资，只好盘剥乡里，搜刮奇珍异宝，搞得怨声载道。天宝年间，为了盘剥地方，另外一位史籍上臭名昭著的计臣王鉷想出个征脚钱的馊主意，就是在财政物资转运过程中，运输费用由地方承担，结果运输费一征下来，比正常的赋税还要多。王鉷还恬不知耻地告诉玄宗，所征脚钱不是正税，可以不用放入国家国库，皇帝您留着自己花。玄宗朝时内廷有所谓皇室财政的内库，一个是琼林库，一个是大盈库。与今天的公共财政不同，唐代财政储备分为两个系统，一个是应对国家收支的国库，有财政机构户部负责管理的外库，一个支应皇帝个人消费的内库。唐代初期两个财政储备系统机构分立，分工明确，互不干扰。本身租庸调的正税收入全部划归外库，计入国家政府财政的总额。皇帝

开元盛世：大唐的空前繁荣

如果有需要用度，是由外库按照额度进行调拨充实内库的，再行开支。但是自王鉷开始，国家正税收入在进入外库前就被分割了，国家税赋收入的一大部分直接经王鉷之手划拨到大盈库，由皇帝自行开支，导致内库与外库界限逐步消失，皇室财政和国家财政相互混淆，中央财政收支变得十分紊乱。而地方政府为了完成国家赋税征收，开始在正税基础上，肆意科配，法外征税，旧的税名没有去掉，新的税名又增加了。国家税赋征收的压力不断上涨，而财政的开支规模亦不断扩张，官僚数量膨胀，政府运行成本上升，仅官俸支出开元中期比贞观时期增加了三倍，军费支出更严重，玄宗统治末期比初期增加7倍，每年支出军费1000万贯。而玄宗晚年崇道，各种宗教活动和场所建设的支出数不胜数。还有给王公贵族的赏赐、实封，以及正常的国家公共建设、办公费用的开支，玄宗朝进入天宝以后，已经明显感受到入不敷出。

唐代建立以后，就一直受到货币供应不足问题的困扰。武德四年（621），唐高祖铸开元通宝钱，取代隋代遗留在市场的五铢钱，成为唐代的法定钱币。开元年间，随着农业生产的发展、交通条件的改善，商品经济日益繁荣，市场交易需要大量货币流通，一年铸钱三十二万七千贯。但是唐代货币供应量始终不足，

第五章 盛世隐忧：先理而后乱

时常面临"钱重物轻"的经济困境，导致市场上"钱帛兼行"，商品交易极为不便，甚至还有倒退到"以物易物"的地步，成为商品经济发展的严重掣肘。开元二十二年（734），玄宗因为钱币紧缺，诏令绢帛兼用，但绢帛又不能以尺寸交易，所以想开放铸钱。张九龄上书讨论放开铸币权，提出"官铸所入无几，而工费多，宜纵民铸"。主要是认为国家铸币，供不应求，工本费高，国家亏损且效率低下，不如开放私铸。于是朝廷就铸币权的问题展开论证。裴耀卿、李林甫、萧炅等人表示反对，认为"一启此门，但恐小人弃农逐利，而（钱）滥恶更甚，于事不便"。而右监门录事参军刘秩更是提交了一篇学术论文来论证铸币权国有的重要性。在文章中他详细论证了将铜作为铸币专有使用的原因，他认为市场上货币供给量不足，主要是政府铸币成本过高，铸币使用的铜并非政府垄断，还广泛地应用于其他领域，这就造成铜的稀缺使得原料价格上涨，导致铸币成本居高不下。解决办法就是实行禁铜令。铜的使用由政府掌控，铜的价格自然会回归低位，这样铸币成本相应降低，铸币量就会增加，国家货币发行的压力就会减小，从而解决市场上"钱荒"的问题。张九龄对待是否开放铸币权的问题与刘秩不同，他在自己的建议书中，对开放铸币的理由从历史和现实的角度进行了说明。首先历史上存在开放私铸的时期，譬如汉文帝时期；其次是官铸成本过高，从经济效益而言不划算；再是货币流通不足是朝廷目前所面临的最大的问题，需要尽快解决；最后他提倡开放铸币权，也是出于钱重物轻、谷贱伤农的原因。从贞观到开元，唐代米价大体保持在一斗三四钱的水平，史家经常以此来褒扬唐代物价低廉，社会生活安定，但如果考虑通货膨胀因素的话，一百多年过去了，米价丝毫没有变动，吃亏的到底是谁？张九龄之所以建议弛禁，实际上也是从保护农民的角度出发。其实张九龄的观点是值得考量的，但张九龄忽视了汉文帝开放私铸的同时并没有放弃国家对铸钱的法律监督，即恶钱黥面之律。

双方论争所面对的一个重要社会现实就是法币不足，恶钱流行，劣币驱逐良币的问题。恶钱，是未经政府允许铸造的货币，一般都是材质轻薄、品质低劣的铜钱。恶钱主要是来自非中央政府授权的铸币机构或私人作坊铸造的钱币，多为民间私铸，不过偶尔也有官方铸造部门制作的不合规的货币流通进入市场，譬如开元通宝每文重一钱，这个重量的铜料价值就代表一文钱的价值，十文铜钱就是一两铜钱。但是政府如果为了降低成本，偷工减料，用五文钱的铜量铸造一两钱，在金属货币时代，这就是官方在作假，产生了所谓的虚价大钱，历史上也不乏其出现的时

第五章 盛世隐忧：先理而后乱

代，如汉代王莽时期，唐代的玄宗、肃宗时期。多数情况下，流通于市的大多是私铸的恶钱。从高宗时期到玄宗时期，成色不足、材质不一的钱币都在市场上有所流通，譬如铁钱、锡钱等。由于唐代商品流通频繁，铜钱需求量极大，但是供给不足，加之恶钱虽轻，也尚未完全发展到十分恶滥，因此民众日常生活中法币、恶钱兼用，已成惯例，这就迫使政府不得不承认现实，曾出台政策承认恶钱的合法地位。譬如开元二十六年（738），李林甫用绢布三百万匹兑换市面上的恶钱，但绢帛交易不便，用绢兑恶钱，变相减少了市面流通的铜钱量，造成物价腾贵，只好复行恶钱。上文曾经提及，开元六年（738），宋璟奏请禁断一切恶钱，还派监察御史萧隐之充江淮使在地方上力行禁断工作。结果严禁的同时，无法保持稳定的货币投放量，市场上无钱可用，只能出现市井不通，物价腾起。接替宋璟入相的张嘉贞上任后，立马取消了禁令，市场遂恢复正常。实际上，玄宗提出改革铸币权的问题，在很大程度上，是面对恶钱流行的社会现实，想将恶钱法币化，因为常年的禁断政策实施效果并不明显。但国家权力的缺席，必然会给铸币问题带来混乱。所以这场朝廷辩论，刘秩提供了关于国家垄断铸币必要性的大量论证，最终以玄宗禁断私铸而收尾。出于币材供给不足以及唐代冶铜业技术的限制，唐代政府

287

开元盛世：大唐的空前繁荣

货币供应短缺的问题并没有从根本上得以解决，而在唐后期进行的一系列制度转型，尤其是实施两税法财政制度变革，更加剧了通货紧缩的问题，唐政府显得十分被动。

至于唐代为什么不使用重金属货币，郑学檬先生有一个观点，认为战国、汉时期已出现金银准货币。但金、银矿是有限的，产量不足通货之需，难以取代铜钱以承担货币职责。唐朝商品交换业已打破地方的限制，商品价值也渐能体现劳动价值，所以需要贵金属货币出现以代替铜钱货币。但是，唐统治者没有把白银（已在西域、南方流通）作为货币或作为货币本位，也是由于生产力限制，导致以贵金属货币代替铜钱货币这一过程未能出现。这也是我们以往不经常关注的一个问题，值得思考。

开元时期，唐代军事地方主义逐步抬头。这种趋势首先发生在边疆地区，问题症结来自节度使，节度使的出现又涉及唐代军事制度的演变。

唐中叶军事制度方面出现的变化，是府兵制的破坏和募兵制的建立。唐代前期，军事上承袭北朝、隋代的府兵制。府兵制是义务兵制，一个最大特点是与均田制结合在一起，府兵实际上就是均田农民，这是一种建立在耕战相兼、兵农合一基础上的兵役制度。士兵闲时务农，战时从军，因为是役，所以凡上番服役的

第五章 盛世隐忧：先理而后乱

府兵所用武器和粮饷"皆自备"。我们最熟悉不过的乐府《木兰辞》，就描写了木兰替父去当府兵，临行前自备各种装备。如此国家不仅有兵可用，还节省了大量养兵费用，同时也解决了军阀拥兵自重的问题。府兵守卫的重点是京都，围绕着长安城周围集中了数量众多的军府，这种内重外轻的布局，对唐朝定都西部，以西北之兵马控东部之民具有重要意义。但是，从唐高宗、武则天以后，土地兼并问题日益突出，逃户问题的增加，府兵服役负担的加重，以及社会风尚逐渐崇文抑武，服役当兵逐渐没落，府兵制度日趋破坏。开元十一年（723），宰相张说鉴于边防军队过多，宿卫京师的府兵兵源枯竭，奏请"一切募士宿卫"，并建议边防裁军。于是，玄宗请尚书左丞萧嵩与都城及周边州县，包括蒲同岐华等州长官，在关中招募府兵和白丁共十二万，免其征镇赋役，专职宿卫京师，一年两番，单独命名"长从宿卫"。开元十三年（725），改称彍骑，并对彍骑编组，分州部署，规定入伍标准。虽然杜牧写文章讨强调兵十六卫的重要性，并感慨废止府兵制带来的边镇变乱，军阀当道，外重内轻的局面，但是还是无法阻拦府兵制向募兵制的变革，唐代的职业兵开始形成。

而节度使的出现，出于唐廷增强边防军事力量的目的。唐玄宗改革兵制的同时，在边疆地带陆续设置了十节度使，重新布局

289

开元盛世：大唐的空前繁荣

并进一步完善了边疆的防卫体制。节度使最早在睿宗时设立，主要布局在边防地区。最初，节度使只是这些边防军事区的最高军事长官，但随着权力不断扩张，逐步渗透进入地方权力系统，发展成一个地区的最高军政长官。随着征兵方式的改变，节度使的军队也逐步转向职业化，大多是世代为兵，加之军队调用方式也与府兵制下不同，军队指挥权和日常管理均由节度使统一负责，改变了府兵制下，指挥权和管理权分离造成的将不知兵、兵不知将的局面，战斗力也较之府兵更强。随着军制改革的进行，玄宗也开始准备创建武功，决意"攘却四夷"，愈益倚重边镇节度使，尤其是西北和东北的边防。在兵力布局上，中央和地方也日渐呈现外重内轻的格局。开元前，节度使任期并不固定，调动比较频繁，一般人选都是出将入相，譬如张说就出任朔方军节度大使，同时节度使作为使职衔命出使，职罢归朝，擅权专兵的现象并不存在。开元中后期，伴随着开边军事活动的开展，节度使逐渐变成固定官职，且数量日益增多，对边境各族的征战大多频频获得胜利，也助长了边镇将士尚武好战的风气，甚至边镇军队也在招募善骑射的草原民族士兵。而等到节度使可以由蕃将承担后，边镇军队中的胡人比重更是迅猛增长，安禄山就曾请玄宗准许自己的军队用蕃将代替汉将。对于这种变化趋势，裴耀卿无不担忧地

第五章 盛世隐忧：先理而后乱

对玄宗说："江南户口多，而无征防之役。"

随着节度使权力不断深入地方，处理军政，也可监管民政，可以协调御内资源为自己招兵买马，屯粮制械。而边镇地区，大多胡汉杂糅，像安禄山这样商族出身，精通多族语言，骁勇善战，在边镇为首，游刃有余，驾轻就熟，也使得统治者无法轻易放弃安禄山。开元末年，当吐蕃将自己的势力渗透进入河西走廊时，唐蕃战争一触即发。与此同时，契丹和奚也不断骚扰东北边境。出于关中核心地域的安全，玄宗首要解决吐蕃的问题，因此他选定安禄山为东北方面战略方针的执行者，来纾解自己无法双面出击的困境。而安禄山的确也给了玄宗满意的答卷，但这也恰好给予了安禄山成长和壮大的机会，河朔三镇也因此取得了事实上的政治自治。诚如陈寅恪先生所分析，观察节度使尾大不掉的问题，不能仅着眼玄宗黩武开边的野心，更要考察开元天宝时期，唐代所面临的国际环境。这大概也是朝臣屡谏安禄山必反时，玄宗都采取宽容怀柔态度的原因吧。等到李林甫专相以后，节度使"不专任、不兼统、不遥领"的监控原则随之突破，出将入相的途径也被李林甫彻底堵死，对于节度使的控制彻底失灵。加之玄宗长期怠政，君臣共治的统治模式也荡然无存，边镇的蕃将节度使逐渐脱离中央管控，促成藩镇的尾大不掉之势，军事地

291

方主义悄然抬头。至天宝年间，唐代在沿边设置的节度使，驻屯了大量军队，其中多数统帅由胡族首领担任。尤其是安禄山身兼范阳、河东、卢龙三镇的节度使，拥兵20万，最终成为挑战唐代中央政府权威的反叛军事力量。中央政府控制的禁军数量不超过10万人，而这些边镇军将合起来掌握的军队却有近50万，是戍守京师中央禁军的5倍，只要节镇反叛，威逼中央，中央几无可以用以抵抗的有效军事力量。

周边民族问题和军事地方主义的崛起，中央集权体制面临分权离心力的挑战，财政制度创新不足和货币短缺问题，由此引起的财政危机与物价波动，动摇了帝国的权力基础，恶化了民众的生存环境，以及玄宗的自我转变，不再关心外部世界，开元盛世落幕的钟声在敲响。天宝十四载（755），伴随着"渔阳鼙鼓动地来"，玄宗带着自己心爱的杨贵妃仓皇西逃，抛在身后的是硝烟四起的长安城，大唐的辉煌刹那间坍塌，留下的仅仅是"寥落古行宫，宫花寂寞红。白头宫女在，闲坐说玄宗"。

尾 声

历史锦绣，人间盛唐

    唐朝从玄武门之变到安史之乱前，在历史阶段的划分上，可以视为盛唐。陈寅恪曾评价："唐代之武功为中国历史上之空前盛业。"唐玄宗在激烈的宫廷斗争洗礼之后，大刀阔斧，除旧布新。依托贤相政治，唐代政府拨乱反正，着力让国家政治逐步恢复正轨，整个社会日益洋溢勃勃生机的活力气息——经济繁荣，物质充裕，国家版图广袤，百姓安居乐业，民族关系和谐。生活在晚唐时期的人们回忆起盛唐，都在赞叹当时生活的富足、安定和国土疆域的辽阔。今人在追忆历史的时候，也是用"最伟大的

开元盛世：大唐的空前繁荣

时代"来形容盛唐。

的确，穿越历史的隧道，透过岁月的遗存，今天我们还可以触摸到那个时代的历史脉搏，感知着大唐盛世的华美乐章。当我们翻检史籍，映入眼帘的是一个个鲜活的盛唐人物，挥斥方遒的唐玄宗、飞扬跋扈的太平公主、持重睿智的姚崇、文章冠绝的张九龄、长袖善舞的李林甫、回眸百媚的杨贵妃……当我们步入博物馆，目睹的是盛唐活色生香的生活场景，盛装出行的游春丽人、富丽浪漫的唐三彩、不惮其烦的饮茶风俗、在长安城里川流不息的各色人众……恰如卢照邻在《元日述怀》诗中所言："人歌小岁酒，花舞大唐春"，"愿得长如此，年年物候新"，生动地反映了唐人生活的惬意与恣意，也表达了彼时人们对美好生活的由衷热爱。

对于盛唐之所以"盛"的考察层出不穷，大体而言，无外乎天时、地利、人和。唐代凝聚了秦汉魏晋南北朝历史之优良传统并加以整合，"新机重启，扩大恢张，遂能别创空前之世局"。若没有全国政治从分裂走向统一，没有移民浪潮带动的经济重心南移和南北经济并进，没有南方文治与北方武功的融合，很难想象唐代会孕育出特有的海纳百川的盛唐气象，应该说盛唐是历史大势发展结出的硕果，此为天时。唐代所处时代所具有的温暖湿润

尾　声　历史锦绣，人间盛唐

的自然条件和适宜丰富的物候禀赋，提供了经济发展和人口增殖的有利基础，此为地利。唐代又以惊人的创造力在制度层面守成创新，科举制度的实施，让身份与阶层序列固化的贵族群体不断没落，文人士大夫治国平天下的主体意识重回社会主流，不同族群在历史从分裂走向统一的进程中不断深度接触，伴随着文化冲突和文化认同，形塑了唐代兼收并蓄的统治格局和开放磅礴的文化气象，此为人和。《剑桥中国隋唐史》的主编崔瑞德在评论唐代之所以有如此强大的生命力时，坦言一方面是唐代的折衷主义，即对前此四百年混乱的中国历史上生发的各种文化的整合统一；另一方面是它的世界主义，即对各种各样的外来影响兼容并蓄。诚如斯言，盛唐凭借这样的特质，以旺盛的吸引力融汇文武胡汉多元文化，吸纳异质文化是为了发展本土文化。就如同不拘一格的盛唐诗歌，可以旷达奔放如"飞流直下三千尺，疑是银河落九天"，也可以雄浑深沉至"国破山河在，城春草木深"。今天当我们回首盛唐历史，仍能感受到那个时代饱含的世界精神和宏达气魄，仍能被其中散发的文化趣味和精神魅力深深感染。

当然对盛唐之"盛"也要以历史的、审慎的态度去评判。盛唐之"盛"，来自于社会、文化的开放。但唐代的开放，也有很大的局限性。学者研究显示，由于中国处于一个半封闭的大陆性

开元盛世：大唐的空前繁荣

地理环境之中，国内土地辽阔和以农为本，使得唐朝从根本上缺乏强烈的对外交往驱动力。如前所言，盛唐文化作为强势文化，具有很强的文化吸引力，吸纳不同文化融入本土文化。但这种交流融汇背后很大程度上并没有因为唐代社会需求而主动输入，更多的是外来文化出于对盛唐文化的倾慕和模仿而使盛唐文化主动输出。加之唐代重农抑商的根本国策影响，唐代的开放缺乏充分的商品经济发展的有力支撑。由此，一旦统治者政治心态变化，政治统治转向，安史之乱又掀起新一轮异质文化对中原文化产生冲击，旧有的制度体系已经无法应对新出现的社会变化时，唐代历史的转折也就发生了，中国也从此开始转向内敛化发展的历史。尽管盛唐不过短短五十年，但放眼世界历史长河，盛唐仍是值得我们骄傲的辉煌时期，也是中国历史常论常新的黄金时代。

后 记

感谢主编耿兄元骊教授和辽宁人民出版社编辑蔡伟老师抬爱，让本书忝列唐朝往事系列丛书，真心希望自己的写作不是木桶最短的那块板，影响丛书整体水准。敲下文稿最后一个字，笔者翻看了与元骊兄的微信对话，在去年暑期很爽利地答应了元骊兄撰写书稿的邀约。不承想，这个允诺完全是挖坑给自己跳。从设计大纲到搜集资料，最后落实到文字，尽管元骊兄一直纾解写作过程中的焦虑——不求独到的学术水准，但求基本文字的可读性——但通识历史写作的难度远远超出自己的想象。一方面不能

开元盛世：大唐的空前繁荣

脱离史实用博眼球的方式来故弄玄虚，另一方面在学术准确的基准上，如何用晓畅可亲的文笔，表达纷繁复杂的历史史实，可谓极具挑战的工作。诚如包伟民老师所言："笔下生花的写作水平常常不如文学家，自不必说，很多与社会科学式研究无关的历史生活侧面，史学从业人员也未必能够充分掌握，长期专业训练养成的言必有据的习惯，又使得他们一旦下决心'不务正业'一番时，才发现自己不得不面临一个新的挑战。原来通俗读物也不是那么容易写的，必须自己先补补课。"真正集中精力写作的时间，又逢高温酷暑，所以时常挥汗如雨，"爆肝"走笔。在元骊兄花式催更的"鼓励"和"监管"下，勉为其难，尽力而为，终于在合同规定的截稿日期前定稿。

本书所涉及的时间为唐玄宗开元时期，713年至741年。29年的时间，唐代从宫廷斗争中走出，华丽转身迈向盛唐，成为瞩目世界的强大帝国，也被后世誉为中国历史的黄金时代，可供书写的内容丰富至极。由于本书篇幅所限，只能撷取历史的吉光片羽，从神龙政变讲到天宝改元前，浮光掠影地粗线条描绘开元盛世。盛唐历史的绚烂多彩，也让探寻这一历史时期的研究成果汗牛充栋。仅有关唐玄宗生平的国内研究著作和通识读物，就有郑英德《唐玄宗年谱》《唐明皇全传》，王界云《唐明皇传》，阎

后　记

守诚、吴宗国合著《盛唐之子》，许道勋、赵克尧合著《唐玄宗传》，乌廷玉《唐玄宗》，刘义瑞《唐玄宗评传》，赵剑敏《大唐玄宗时代》以及蒙曼《唐玄宗》、于赓哲《平衡的失败——唐玄宗的得与失》等等，还有众多非虚构写作作家围绕唐代历史社会进行的多元创作，以上这些文本有的重史事勾勒，有的以人物索引，有的则析制度变迁，各有所长，精彩纷呈，可以说珠玉在前，而且相关新著也还在不断出版。因此，与其说本书写作尝试用作者自己的视角解读开元盛世，不如看作综合前人成果所作的"狗尾续貂"的工作。当然在写作的过程中，笔者趁机跳脱平日埋首的学术细节问题，回顾盛唐时期的整体历史，了解"与研究无关的历史生活侧面"，以此来"补补课"。写作中对史实问题的叙述，大多是拾人牙慧，其中肯定会有各种错讹和挂一漏万的问题。因为不是戏说，所以在文字陈述中，尽力兼顾学界对相关问题的研究前沿和学者共识，譬如关于三教问题的描述，就借鉴了学者徐新源关于御注金刚经的最新研究。遗憾的是，诸多对写作提供灵感火花的学术研究，在征引过程中，囿于文稿编辑体例的要求，无法一一胪列，只能在后记中向所有作者和学界同仁致以衷心感谢。由于初次涉猎通识文本的写作，语言表达的分寸感以及流畅性，可能会因为章节议题的不同，时而刻板，时而通俗，

开元盛世：大唐的空前繁荣

  学术研究所规训出的表述习惯导致在短期内没有办法在呆板和趣味之间做到无缝切换，也请读者予以谅解，毕竟作者还只是一个在通识写作道路上，蹒跚学步的小学生。

  提交完稿件的时间恰逢国产动漫《长安三万里》热映，终于可以合上笔记本电脑，走进电影院，去追寻那并不如烟的唐朝往事了。

作者
2023 年 7 月 16 日于鹭岛